ADAC Reiseführer

Kreta

Von Erica Wünsche

Intro

Unterwegs

Ostkreta – Land in Licht und Meer 60

Westkreta – Land der Weißen Berge 88

Kreta Kaleidoskop

Karten und Pläne

Service

Kreta Impressionen

Ursprung Europas

Jahr für Jahr kommen mehr Urlauber nach Kreta. Jahr für Jahr entstehen neue Hotels, fliegen mehr Jets nach Iraklion und Chania, legen noch mehr Kreuzfahrtschiffe im Hafen von Iraklion an. Auch wenn es vielen Kretern und ihren Freunden nicht gefällt: Kreta ist ein Ziel des Massentourismus. Die Ferienprospekte versprechen 300 Sonnentage im Jahr, Badesaison von Mai bis Ende Oktober, vielfältige Wassersportmöglichkeiten, herrliche Wanderrouten, liebenswerte, gastfreundliche Einheimische, sehenswerte archäologische und byzantinische Stätten und – alles stimmt. Aber es sind eben Versprechungen: Einlösen muss sie jeder Kreta-Reisende selbst.

Eine strahlende Hochkultur

Wer sich auf Kreta an den Badestrand oder Pool seiner Hotelanlage zurückzieht, wird sich prächtig erholen. Doch ihm entgeht viel. Denn Kreta ist weit mehr als eine schöne sonnige Insel, Kreta ist die **geistige Heimat Europas**. Hier existierte lange bevor das Festland erwachte eine Hochkultur, von der das Europa der Aufklärungszeit als ›Goldenem Zeitalter‹ hätte träumen können – wenn es diese Kultur gekannt hätte! Die **Geschichte der Entdeckung** dieser frühen europäischen Blütezeit ist fast so aufregend wie die Epoche, die ans Licht kam. Bis Ende des 19. Jh standen die **Mythen** der Griechen für die Anfänge Europas, galten die Mykener (deren Sprache eine frühe Form des Griechischen war) als die ›ersten Europäer‹. Unsere Vorfahren lernten sie als Fantasiegestalten Homers kennen und staunten nicht schlecht, als Heinrich Schliemann ihre Königssitze aufspürte und ausgrub.

Oben: *Moni Preveli liegt aussichtsreich an der Steilküste über dem Libyschen Meer*
Rechts: *Die fruchtbare Landschaft um den Berg Jouchtas ist Kretas bedeutendstes Weinanbaugebiet*
Rechts oben: *Fresko der ›Damen in Blau‹ aus dem Ostflügel des Palastes in Knossos (Original Museum Iraklion)*

Zur gleichen Zeit beschäftigte sich Arthur Evans in England mit ungewöhnlichen **Siegelsteinen**, die weder ägyptisch noch mykenisch waren. Er fand heraus, dass sie von Kreta stammten: geheimnisvolle Boten einer unbekannten Epoche. Und als 1878 der Kreter Minos Kalokerinos auf einem türkischen Landgut bei Iraklion Magazine mit großen Vorratsgefäßen entdeckte, waren sie die ersten Hinweise auf diese unbekannte frühe Kultur.

Doch erst 1898, als die Insel Kreta aus dem Osmanischen Reich herausgelöst

war, konnte Evans das Grundstück erwerben. Am 23. März 1900 begann er auf eigene Kosten am Hügel Kephala, dem **antiken Knossos**, zu graben und kam 25 Jahre nicht mehr von ihm los. Was er der Weltöffentlichkeit berichtete, erregte ungläubiges Staunen: Hier gab es eine architektonisch raffinierte, riesige, verwinkelte Palastanlage; Fresken von bezaubernder Farbigkeit, die ein heiteres, ganz unkriegerisches Dasein vor Augen führten; Kultgegenstände, die von Göttinnen, Heiligtümern und Stierspielen berichteten; Archive, die auf ein perfektes Verwaltungswesen hinwiesen; kurzum: eine frühe, von tiefer Religiosität geprägte, strahlende **Hochkultur**.

Oben: *Gewebte und bestickte Wandbehänge sind wertvolle Sammlerstücke*
Oben rechts: *Die von Mönchen gemalten Bilder wie diese Ikonostase im Moni Preveli vermitteln nicht nur Glaubenssätze, sie repräsentieren die abgebildeten Heiligen*
Unten: *Ehrwürdiger, uralter Ölbaum*
Rechts oben: *Blick durch prachtvolles Grün zum Moni Kera Kardiotissa*
Rechts unten: *Der berühmte Palmenstrand von Vaï ist eine Oase für Strandurlauber*

Seither haben Archäologen an vielen Orten auf Kreta Zeugen dieser frühen Kultur gefunden und festgestellt, dass die frühgriechische Zeit unmittelbar an diese ›minoische‹ Kultur anknüpfte. Im Mythos, Kult und Rechtswesen wurde vieles bewahrt – doch der heitere, friedliche Grundtenor ging verloren. Schon die kampflustigen **Mykener**, die ab 1450 v. Chr. in Knossos herrschten, waren in dieser Beziehung aus anderem Holz geschnitzt und insofern echte Protagonisten der europäischen Geschichte. Das ›Goldene Zeitalter‹ blieb nur als Ideal im Bewusstsein Europas.

Hohe Berge, tiefe Schluchten

Landschaftlich ist Kreta von einer Vielgestalt, wie sie keine andere Mittelmeerinsel bietet. Die **Nordküste** der 260 km langen Insel ist weitgehend flach, doch dicht hinter dem Küstenstreifen steigen die aus Kalkstein aufgebauten Bergmassive bis auf Höhen von 2500 m auf. Zur **Südküste** stürzen sie in wilden Steilhängen ab. Erosion hat die Kalkberge ausgehöhlt wie einen Schweizer Käse: Auf

keiner Insel gibt es so viele **Höhlen** (mehr als 3000) wie auf Kreta, nirgends haben Winterregen und Flüsse so zahlreiche steilwandige, schmale und bizarr geformte Schluchten ins Gestein gegraben. Die viel begangene **Samaria-Schlucht** ist nur die berühmteste unter ihnen.

Farbenzauber der Natur

Dass auch die **Pflanzenwelt** mit ihren rund 3000 Arten etwas Besonderes ist, wird nicht jeder Kreta-Reisende sofort bemerken. Denn wer im Herbst die ausgetrocknete Landschaft sieht, ist eher enttäuscht. Dafür zeichnen sich dann die

te Zistrosen und signalgelber Ginster. Und ab Mitte Mai entfalten Hibiskussträucher in den Gärten ihre scharlachrote Farbenpracht, während an Bach- und Straßenrändern Oleanderbüsche verschwenderisch blühen.

Stolz und Ehre

Wer Kreta durchwandert oder -fährt, wird immer den Menschen begegnen. Sie sind zurückhaltend und stolz, hilfsbereit und liebenswürdig, und nur derjenige, der ihre Geschichte kennt, wird sie wirklich verstehen. Denn nach dem minoischen Zeitalter und der Einwanderung dorischer Stämme kamen zuerst Römer als Besatzer, dann Sarazenen, ab 1212 katholische Venezianer und schließlich für 250 Jahre muslimische Türken. Erst seit etwas mehr als 100 Jahren (1898) können die Kreter selbstbestimmt leben. Dass sie während der 700 Jahre dauernden Herrschaft Andersgläubiger ihrem **griechisch-orthodoxen Glauben** treu blieben, ja, dass dieser Glaube ihren **Widerstandswillen** prägte und stärkte, spürt auch der unwissende Besucher, der die ungezählten byzantinischen Kapellen und Kirchen, die vielen, heute z. T. verlassenen Klöster sieht. Obwohl die meisten der Kirchen klein, fast unscheinbar wirken, überraschen sie den Eintretenden mit der warmen, dunklen Leuchtkraft ihrer Fresken und Ikonen, sind Zeugen der ›orthodoxen‹ (rechtgläubigen) Welt. Heute findet auf Kreta eine friedliche Invasion statt, die nicht minder bedrohlich ist, weil moderne Lebensweise, technischer Fortschritt und materielle Profite das Leben rascher verändern als die Zeit der Unterdrückung. Jeder Ausländer sollte sich bemü-

schroffen, wildzackigen Gesteinsformen klarer und deutlicher vor dem blauen Himmel ab und im Binnenland schimmern im Herbstwind die ausgedehnten **Olivenhaine** wie Silberseen. Für Botaniker ist die aus dornigen, stacheligen und halbkugeligen Polstern gebildete **Phrygana** die interessanteste Flora Südgriechenlands, die sich mit ihren kleinen, lederharten oder zu Dornen mutierten Hartlaub-Blättern der Sommertrockenheit angepasst und durch ätherische Öle und bitteren Milchsaft dem Viehfraß widersetzt hat.

Wer kein Botaniker, aber ein Freund der Pflanzen ist, wird im Frühjahr kommen. Dann blühen zuerst blassweiß und rosafarben Mandelbäume und Asphodelen, Kirsch- und Apfelbäume; unter den Olivenbäumen breiten sich Kronenmargeriten und Mohn wie prachtvolle gelbe und rote Teppiche aus, die **Weinberge** stehen in hellem Grün, an den Berghängen leuchten zartfarbene Orchideen, ro-

hen, in Verhalten und Kleidung die Traditionen der Kreter zu respektieren.

Der Reiseführer

Dieser Führer will dem Reisenden bei der Begegnung mit Kreta, mit seiner Geschichte, den Denkmälern und Menschen helfen. Um den Band handlich zu halten, werden die wichtigsten Ereignisse der **Geschichte und Kultur** kurz vorgestellt. Der **Hauptteil** ist in drei große Kapitel unterteilt, die zunächst dem Herz der Insel, Zentralkreta, danach Ostkreta und schließlich dem mit enormem Tempo dem Tourismus erschlossenen Westen gewidmet sind. Innerhalb dieser Hauptkapitel sind die sehenswerten Stätten und Orte in **nummerierte Einzelpunkte** gegliedert, sodass jeder Urlauber rasch diejenigen Ziele ausmachen kann, die für ihn interessant sind. Den Besichtigungstexten sind **Praktische Hinweise** mit vor Ort hilfreichen Informationen angegliedert. Auf besondere Sehenswürdigkeiten, Hotels, Restaurants etc. weisen die **Top Tipps** hin, die **Übersichtskarten** in den Umschlagklappen und zahlreiche **Pläne** erleichtern die Orientierung. Die Auswahl der Sehenswürdigkeiten ist aufgrund langjähriger Reiseleiter-Erfahrung erfolgt. Dass nicht alle Wanderwege, Mountainbike-Routen, Wassersportzentren erwähnt werden können, liegt auf der Hand. Das **Kreta Kaleidoskop** mit Essays zu interessanten landestypischen Themen wie etwa der so reich vorhandenen Originalliteratur und Musik soll die Informationen vertiefen. Schließlich stammen mehrere der bekanntesten modernen Dichter und Musiker Griechenlands von Kreta. Am berühmtesten: Nikos Kazantzakis; nicht minder bekannt: der aus Rethimnon stammende Dichter Pandelis Prevelakis. Und dass jemand nach dem Welterfolg des Films ›Alexis Sorbas‹ den Komponisten Mikis Theodorakis nicht kennt, ist wohl ausgeschlossen. – **Kreta aktuell A bis Z** soll bei der Vorbereitung und dem Aufenthalt im Land in praktischen Fragen behilflich sein. Ein **Sprachführer** schließt den Band ab. Und so wünschen wir:

»Kaló taxídi!« – »Gute Reise!«

Links oben: *Auf der Lassithi-Hochebene*
Links unten: *Schaftstiefel und schwarzes Stirntuch gehören zur kretischen Männertracht*
Oben: *Der geruhsame Hafenort Sitia wird von einem Kastell beschützt*
Unten: *Romantische Altstadtgasse in Chania*

Geschichte, Kunst, Kultur im Überblick

Von Minoern und Mykenern, Fremdherrschern und Besatzern, von Widerstand, Enosis und Tourismus

Neolithikum (6000–2600 v. Chr.)

ab 6500 v. Chr. Es gibt Spuren erster Besiedlung. Einige Höhlen werden sporadisch bewohnt, Tote im rückwärtigen Teil der Höhle beigesetzt. In Knossos und Festos entstehen Häuser, die im unteren Teil aus Bruchstein, im oberen aus Ästen und Lehm gefügt sind. Werkzeug wird gefertigt aus Knochen, Stein und Obsidian, der von der Kykladeninsel Milos importiert wurde. Religiöse Verehrung belegen weibliche Fruchtbarkeitsidole.

Vorpalastzeit (2600–1900 v. Chr.)

ab 2600 v. Chr. Wichtige Neuerungen sind die Entwicklung der Landwirtschaft, stärkere Beziehungen zur ägäischen Inselwelt sowie die Einführung von Bronzewerkzeugen. Kuppelgräber entstehen in der Mesara-Ebene. Lokale Herrscher regieren in Siedlungen von Vassiliki und Myrtos bei Ierapetra. Religiöse Zeugnisse sind Tonidole der Göttin der Fruchtbarkeit (z. B. Idol von Kato Ierapetra), Kykladenidole werden importiert. Reiche Grabbeigaben, auch Töpferware, findet sich in Gräbern von Fourni (Archanes), der Insel Mochlos (Mirabello-Golf), und in Mesara. In der Keramik zeigt sich eine starke Verwandtschaft mit der Töpferware Kleinasiens (Bügel- und Schnabelkannen).

um 2200 v. Chr. Erstmals kommt die Töpferscheibe zum Einsatz. Die Goldschmiedekunst ist hoch entwickelt (Granulationstechnik). Es kommen Scheibenräder (Ochsenkarren) in Gebrauch. – Siegelsteine werden als Schmuck, Amulett und Verschluss von Behältern und Türen verwendet.

Zeit der Alten Paläste (1900–1700 v. Chr.)

ab 1900 v. Chr. Die Macht konzentriert sich auf einige Plätze. Der größte Palast steht in Knossos, weitere entstehen in Festos, Malia, Zakros, Archanes und vielleicht Kydonia (Chania). Die Paläste besitzen mehrere Stockwerke, sind vorwiegend aus Stein unter Verwendung von Holz (Erdbebenschutz?) erbaut, haben Flügeltüren und Fenster, Boden- und Wandschmuck. Die Bauten sind um einen zentralen Hof gruppiert und besitzen große Magazine. Städte umgeben die unbefestigten Paläste. Die ›Minoische Seeherrschaft‹ entwickelt sich: Handel mit Ägypten und dem Vorderen Orient, Niederlassungen auf Milos, Kythera und in Kleinasien. – Großartige Entwicklung der Töpferkunst, sog. Kamares-Ware (schwarze Oberfläche mit Ornamenten in weißer und roter Farbe). Die Religion gewinnt eine starke Bedeutung, Kultstätten entstehen in Palästen, Herrenhäusern, auf Bergen und in Höhlen. Die Hieroglyphenschrift (auf Siegeln, Steinaltar von Malia, Doppelaxt von Arkalochori, Diskus von Festos u. a.)

◁ *Fayencestatuette der Schlangengöttin (Museum Iraklion)*

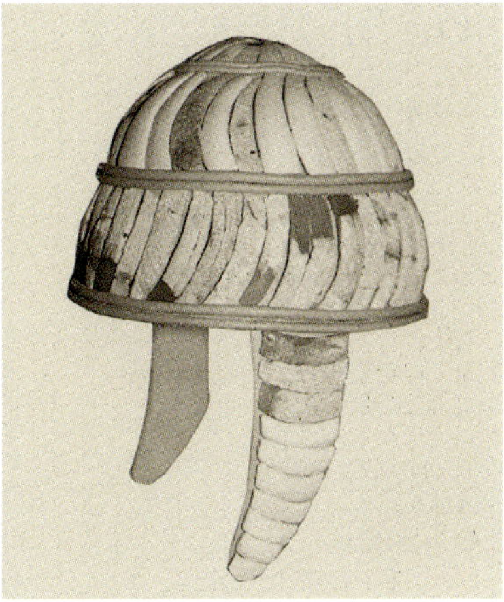

Der von Homer beschriebene ›mykenische Eberzahnhelm‹ (Museum Iraklion)

Archaische Sitzstatue einer Göttin von Prinias (Museum Iraklion)

kommt auf. – Schwere Erdbeben beenden die Alte Palastzeit.

Zeit der Neuen Paläste (1700–1450 v. Chr.)

um 1700 v. Chr. Das ›Goldene Zeitalter‹ Kretas beginnt und bringt eine Erneuerung der bestehenden Kultur auf höherem Niveau. Das politische, religiöse und wirtschaftliche Leben konzentriert sich weiterhin in den Palastanlagen. Imponierend sind hier die Lichtführung (Lichtschächte, Säulenhallen) und Abwasserleitung. Es entstehen große Städte mit mehrstöckigen Häusern und auf dem Land weitläufige Herrenhäuser. Auch Privathäuser mit z. T. reliefierten Fresken geschmückt (z. B. auf Psira, Mirabello-Golf). Ein bedeutender Seehandel entwickelt sich, Handelsniederlassungen werden errichtet in Afrika, Kleinasien und auf ägäischen Inseln. Weiterhin gibt es keine Betonung kriegerischer Elemente, obwohl Ausgrabungen eine große Zahl von Angriffs- und Verteidigungswaffen ans Licht brachten. – Blüte der Handwerkskunst (Töpferei: ›Flora-‹ und ›Meeresstil‹; Glyptik: Siegelsteine) und Landwirtschaft. Anhaltende Verehrung der Göttin der Fruchtbarkeit; wichtiges religiöses Symbol ist die Doppelaxt (Labrys). – Besondere Stellung der Frau, sie nimmt frei an allen Veranstaltungen teil, trägt Schmuck und genähte, aufregende Kleidung. Frauen werden Priesterinnen. – Entwicklung und weite Verbreitung der Linear-A-Schrift, die bis heute nicht entschlüsselt ist. Bestattung der Toten in Tonsärgen (Larnakes) oder Tonwannen mit Beigaben.

um 1450 v. Chr. Eine Katastrophe [s. S. 76] beendet die Blütezeit der minoischen Kultur; Paläste, Herrenhäuser, Städte werden zerstört und großteils nie wieder bewohnt, nur der Palast von Knossos bleibt partiell erhalten.

Nachpalastzeit (1450–1100 v. Chr.)

ab 1450 v. Chr. Achäer (nach ihrem bedeutendsten Königssitz auch Mykener genannt) übernehmen die Macht auf Kreta. Sie sprechen, wie es die Entschlüsselung der in Knossos gefundenen Linear-B-Täfelchen erbrachte, ein frühes Griechisch. Der Palast von Knossos wird wieder aufgebaut, die Schreiber müssen die minoische Linear-A-Schrift der frühgriechischen Sprache anpassen, es entsteht die Linear-B-Schrift. Auch sie dient vorwiegend archivalischen Zwecken (1953 entziffert). – Die Achäer siedeln sich auf der ganzen Insel an und leben anscheinend friedlich mit den Minoern zusammen. In der Keramik zeigt sich ein Verlust an künstlerischer Fantasie und Vielfalt, es herrscht der schematisierende sog. Palaststil, auch die Fresken wirken starrer (Thronsaal in Knossos). Grab-Beigaben zeigen stärker kriegerischen Charakter, doch noch bleibt das kulturelle Niveau hoch, wie die Grab-Beigaben von Fourni (Archanes) zeigen.

um 1380 v. Chr. Schwere Erdbeben erschüttern die Insel, der Palast von Knossos wird durch Feuer endgültig zerstört. Dennoch findet die mykenische Zeit keine Unterbrechung, in Agia Triada und Tylissos entstehen Bauten im mykenischen ›Megaronstil‹. Blüte der Metallverarbeitung. Kultidole mit erhobenen Armen.

ab 1200 v. Chr. Im gesamten Mittelmeerraum gibt es

◁ *Fresko in der Michaelskirche von Aradhena: ›Nikolaus rettet die Schiffbrüchigen‹*

Unruhen und Zerstörungen. Ende der Hochkultur auf Kreta.

Protogeometrische Zeit (1100–900 v. Chr.)

ab 1100 v. Chr. Neue Einwanderer kommen nach Kreta, vorwiegend griechischstämmige Dorer. Die eingesessene Bevölkerung wird unterjocht oder zieht sich in die Berge zurück (dann ›Eteokreter‹, wahre Kreter genannt), z. B. nach Praisos/Thripti-Berge. – In der Religion dominiert die männliche Gottheit, die Verehrung der Vegetationsgöttin wird an lokale Kulte geknüpft (Diktynna, Britomartis). – Eisen wird bevorzugtes Material für Waffen und Schmuck. Die Kleidung wird nicht mehr genäht, sondern nur mit Eisenfibeln gesteckt. In der Keramik zeigt sich eine Verarmung der Formenvielfalt und Dekorationsmuster.

Zeit der griechischen Stadtstaaten (900–67 v. Chr.)

ab 900 v. Chr. Bevorzugt in Berglagen entstehen dorische Stadtstaaten, die nach dem Vorbild Spartas organisiert und ausgesprochen kriegerisch sind. Landwirtschaft und Viehzucht werden betrieben, doch auch Handel mit Ägypten und dem Vorderen Orient. So zeigen Metallverarbeitung (z. B. die ›Kouretenschilde‹ der Idäischen Grotte) und Keramik orientalische Einflüsse.

um 650. v. Chr. Unter dem Einfluss Ägyptens entsteht der ›dädalische Stil‹: Klare Kompositionselemente, wie Dreiecksformen und Reihung, lassen auch kleinere Reliefs und Plastiken ›groß‹ wirken (z. B. Reiterfries aus Prinias). Die auf Kreta entwickelte Stilrichtung gewinnt Einfluss auf das griechische Festland. Auch in der Rechtsprechung nimmt Kreta einen hohen Rang ein (Gesetzestext von Gortis), es heißt z. B., dass sich Solon auf Kreta Anregungen für seine Gesetzgebung holte.

ab 500 v. Chr. Kreta bleibt im Vergleich zum übrigen Griechenland zurück. Dennoch profitieren die Städte vom Handel, in der Kunst werden die Stile des Festlands übernommen (schöne Grabstele des 5. Jh. aus Agia Pelagia, Museum Iraklion).

ab 200 v. Chr. Von Kreta aus operieren Seeräuber und stören zunehmend die Interessen Roms.

67 v. Chr. Der römische Konsul Quintus Cecilius Metellus unterwirft Kreta nach dreijährigem Kampf. Er erhält den Ehrennamen ›creticus‹.

Kreta unter römischer, byzantinischer und arabischer Herrschaft (67 v. Chr.–1204 n. Chr.)

ab 67 v. Chr. Kreta wird für Rom ein wichtiges Verbindungsglied zu Afrika. Die einzelnen Stadtstaaten werden aufgelöst, Hauptstadt der Provinz ›Creta und Cyrenaica‹ wird Gortis. Künstlerische Impulse gehen von Kreta nicht aus, dennoch entstehen gute Metallarbeiten (z. B. Bronzestatue eines Jünglings aus Ierapetra, Museum Iraklion). Städte werden großzügig ausgebaut (Tempel, Odeon, Theater, Bäder). Während der Friedensperiode nimmt die Bevölkerung Kretas wieder zu (Schätzung: ca. 300 000 Einwohner).

58 n. Chr. Auf der Reise nach Rom setzt der Apostel Paulus seinen Mitarbeiter Titus als ersten Bischof der Insel ein. Das Christentum findet rasch Anhänger.

105 Tod von Titus.

um 250 Bei der Christenverfolgung unter Kaiser Decius (248–251) werden in Gortis zehn Christen enthauptet (Agii Deka).

395 Kreta wird während der Regierungszeit von Kaiser Theodosius byzantinische Provinz und steht unter der Verwaltung eines Feldherrn. Das Bistum Kreta bleibt bis zum 8. Jh. dem Papst in Rom unterstellt, dann gehört es zum Patriarchat von Konstantinopel. Eine rege Kirchenbautätigkeit bezeugen nachgewiesene Überreste von 40 frühchristlichen Basiliken.

824 Aus Spanien vertriebene sarazenische Araber landen unter ihrem Anführer Abu Hafs an der Südküste und unterwerfen in kurzer Zeit die ganze Insel. Die Städte werden zerstört, die Festung Chandak (heute Iraklion) wird errichtet. Nach Chandak wird während des Mittelalters die Insel benannt: Candia. Byzanz versucht mehrfach, Kreta zurückzugewinnen.

960 Der byzantinische Feldherr und spätere Kaiser Nikephoros Phokas erobert die Insel schließlich zurück.

961–1204 Kreta gehört wieder zum Byzantinischen Reich. Es folgt eine politische und religiöse Neuordnung, die Bischofssitze werden verlegt (z. B. wird Chandak anstelle von Gortis Metropolitankirche des hl. Titus). Missionare wie Joannis o Xenos gründen Klöster (Miriokefala) und Kirchen. Kaiser Nikephoros Phokas siedelt Veteranen auf Kreta an.

11. Jh. Siedler aus Byzanz kommen nach Kreta, eine neue byzantinisch-kretische Aristokratie entsteht.

Venezianische Herrschaft (1204–1669)

1204 Eroberung von Byzanz durch die Kreuzfahrer, Kreta wird kurz darauf an Venedig verkauft.

1212 Die Venezianer bringen die Insel, auf der die Genuesen – Venedigs Handelskonkurrenten – schon 14 Festungen errichtet haben, unter ihre Kontrolle. Errichtung des ›Regno di Candia‹ für viereinhalb Jahrhunderte.

1239 Die katholische Markus-Basilika in Iraklion wird errichtet, kurz darauf San Francesco und San Nikolaos in Chania. Griechisch-orthodoxe Metropoliten und Bischöfe müssen Vertretern der lateinisch-römischen Kirche weichen, kretische Großgrundbesitzer Land und Rechte an venezianische Adelige abgeben. 14 große Aufstände erschüttern in den folgenden Jahrhunderten die Insel, der längste und für Venedig verlustreichste 1283–99 unter dem kretischen Anführer Alexios Kallergis.

1299 Im Friedensvertrag (Pax Calergii) werden Steuererleichterungen und ein verbesserter Status des kretischen Klerus erreicht. Mit großer Zähigkeit verteidigen die Kreter ihre griechische Sprache und den orthodoxen Glauben gegenüber den lateinisch sprechenden, katholischen Venezianern; die griechisch-orthodoxen Klöster werden – wie auch später in der Türkenzeit – zu Hütern der Tradition. Auf der ganzen Insel entstehen zahlreiche (fast 1000) Einraumkapellen mit Freskenschmuck.

1. Häfte 14. Jh. Der Freskenmaler Johannes Pagomenos malt u. a. Fresken in der Panagia-Kirche von Alikambos.

14. Jh. Trotz Festhaltens am ikonographischen Programm der byzantinischen Kirche entsteht aus der Nähe zu lateinischen Elementen eine ganz spezielle Kunst, u. a. erscheint Franz von Assisi unter den Heiligen (erstmals in der Panagia-Kera-Kirche, Kritsa).

1453 Konstantinopel wird von den Osmanen erobert. Viele griechische Flüchtlinge kommen nach Kreta, speziell Iraklion, und setzen neue Impulse für das geistige und geistliche Leben. Die ›kretische Renaissance‹ entsteht, sie vereinigt in einzigartiger Weise byzantinische und venezianische Elemente. Mehr als 100 Ikonenmaler in Iraklion sind sowohl für Katholiken wie für Orthodoxe tätig, Gestaltungselemente (Licht, Schatten) der italienischen Malerei beeinflussen die kretische Bildkunst. Die Blütezeit kretischer Ikonenmalerei beginnt, wichtige Vertreter sind die Maler Andreas Ritzos und Angelos Akotantos.

16.–17. Jh. Zentrum der ›kretischen Renaissance‹ ist die Katharinenkirche in Iraklion; eine Art Universität, an der Maler, Theologen, Juristen, Humanisten ausgebildet werden.

Löwenreliefs schmückten alle venezianischen Kastelle. Das Attribut des Evangelisten Markus symbolisierte hervorragend den Machtanspruch der Markusstadt ▷

1540/41 (?) El Greco wird als Domenico Theotokopoulos in Fodele geboren. Er gehört zunächst zu den Malern in Iraklion, lebt dann bis zu seinem Tod (1614) in Spanien.
2. Hälfte 16. Jh. Michael Damaskinos ist der bekannteste Meister der Ikonenmalerei.
1644 Ausbruch des fünften venezianisch-türkischen Krieges.
1645 Chania fällt an die Türken, nur drei Jahre später ist der größte Teil Kretas unter osmanischer Herrschaft.
1669 Iraklion muss nach dreijähriger Endbelagerung kapitulieren. Das Land ist verwüstet, die Bevölkerung von 287 000 auf 133 820 Einwohner dezimiert.

Türkische Besatzungszeit (1645–1898)

ab 1645 Christliche Kirchen werden in Moscheen verwandelt, andere müssen die Glockentürme schleifen (Ausnahme: Moni Arkadi, das deshalb ›Kloster mit der Glocke‹ heißt). Türkische Siedler kommen nach Kreta, viele Kreter wandern auf die ägäischen Inseln aus. Der Grundbesitz wird zugunsten von Türken neu verteilt. Es kommt zu zahlreichen Aufständen, die alle blutig niedergeschlagen werden.
1770 Joannis Kornaros malt die Großikone ›Groß bist Du, Herr‹ (Moni Toplou). Während des russisch-türkischen Kriegs kommt es zum Aufstand unter Daskalojannis aus der Sfakia. Er wird mit falschen Versprechungen nach Iraklion gelockt und bei lebendigem Leib gehäutet.

El-Greco-Denkmal in Iraklion

1821–28 Anlässlich des griechischen Befreiungskriegs erschüttern erneut Aufstände die Insel.
1830 Der ägyptische Vizekönig Mohamed Ali erhält von der Hohen Pforte (Sultan) Kreta als Lohn für die Hilfe beim griechischen Aufstand.
1840 Kreta steht wieder unter osmanischer Herrschaft.
1856 Das Gesetz zur Gleichstellung von Muslimen und Christen führt zu paritätisch besetzten Gerichtshöfen in Candia/Iraklion und Chania, und zu hohen Steuerlasten für alle.
1866–68 Der ›Große kretische Aufstand‹ gipfelt in der Zerstörung von Moni Arkadi. Die europäischen Mächte erreichen im Vertrag von Chalepa größere Mitsprache der Kreter bei der Verwaltung, u. a. Zulassung der griechischen Sprache vor Gericht.
1883 Nikos Kazantzakis, der bedeutendste Dichter Kretas, wird in Iraklion geboren (Tod 1957).
1895–97 Ein erneuter Aufstand führt zur Intervention griechischer Truppen.
1898 Der britische Konsul wird bei einer Schießerei getötet. Internationale Truppen landen: Russen in Rethimnon, Franzosen in Chania, Briten in Iraklion, dazu Österreicher und Deutsche. Kreta erhält auf Betreiben Englands Autonomie unter Oberhoheit des Sultans.

Kreta im 20./21. Jahrhundert

1898 Prinz Georg, Sohn des griechischen Königs, wird als Hochkommissar Kretas in Chania jubelnd empfangen. Doch die Kreter wünschen die Vereinigung (Enosis) mit Griechenland.
1900 Sir Arthur Evans beginnt mit der Ausgrabung von Knossos, die minoische Kultur wird entdeckt.
1905 Es kommt zu ersten Unruhen unter Führung von Eleftherios Venizelos, Anwalt aus Chania, der seit 1889 für die Liberalen in der (machtlosen) kretischen Nationalversammlung sitzt.
1906 Prinz Georg muss abdanken.

◁ Relief vom Moschee-Brunnen in Ierapetra. Nur wenige Monumente und Inschriften erinnern an die lange Türkenzeit

Viel besucht – das Delphinfresko im Megaron der Königin von Knossos ▷

1908 Eleftherios Venizelos proklamiert (erfolglos) die Enosis.
1909 Pandelis Prevelakis wird in Rethimnon geboren.
1910 Venizelos wird griechischer Premierminister und nimmt kretische Abgeordnete ins griechische Parlament auf.
1911 Der Lyriker Odysseas Elytis, Literatur-Nobelpreisträger 1979, wird in Iraklion geboren.
1913 Der Sultan verzichtet im Vertrag von London auf Kreta.

Dem großen Staatsmann Eleftherios Venizelos verdankt Kreta den Anschluss an Griechenland (1913)

Dezember 1913 Die griechische Fahne wird auf der Festung Firka in Chania gehisst – Kreta gehört zu Griechenland.
1923 Nach der vergeblichen Annexion West-Kleinasiens werden alle Griechen aus der Türkei vertrieben (1,4 Millionen); im Gegenzug müssen die verbliebenen Türken (30 000) Kreta verlassen.
1926 Ein schweres Erdbeben erschüttert Kreta und richtet in Iraklion große Schäden an. Die Betondecken und -säulen der Rekonstruktionen in Knossos halten stand.
1940 Griechenland wird von Italien angegriffen (Ochi-Tag).
20.–30. Mai 1941 Invasion deutscher Luftlandetruppen auf Kreta.
1941–45 Kreta wird von deutschen Truppen besetzt. Ein heftiger bewaffneter Widerstandskampf der Kreter fordert viele Opfer unter der Zivilbevölkerung durch deutsche Vergeltungsmaßnahmen.
1946–49 Griechischer Bürgerkrieg.
ab 1950 Städte und Dörfer werden wieder aufgebaut, die Landwirtschaft erlebt eine Blüte. Die Ausgrabungstätigkeit an minoischen und griechisch-römischen Stätten wird verstärkt.
1962 Unter Nikolaos Platon beginnen die Ausgrabungen in Kato Zakros.
1967–74 Unter der Militärdiktatur (›Obristenregime‹) in Griechenland leiden auch Kreter, z. B. Mikis Theodorakis, der einige Zeit im Konzentrationslager sitzt und dann im Ausland lebt.
ab 1970 Der verstärkt einsetzende Tourismus, zunächst an der Nordküste östlich von Iraklion und am Golf von Mirabello, fördert den Ausbau der Infrastruktur.
1972 Gründung der Kretischen Universität. Iraklion wird Hauptstadt.
1974 Nach dem Sturz der Militärjunta Übergang zur Demokratie unter dem konservativen Ministerpräsidenten Konstantinos Karamanlis.
1981 Griechenland wird EG-Mitglied. Wahlsieg der sozialistischen PASOK: Andreas Papandreou wird Ministerpräsident. Starke Inflation.
ab 1985 Kreta entwickelt sich zu einem der wichtigsten Urlaubsländer im Mittelmeerraum.
1990 Nach knappem Wahlsieg der konservativen Nea-Demokratia-Partei wird der Kreter Kostas Mitsotakis Ministerpräsident.
1993 Erneuter Wahlsieg der Pasok unter Andreas Papandreou.
1996 Nach dem Tod Papandreous wird Kostas Simitis Regierungschef.
2001 Griechenland wird Mitglied der Eurozone.
2003 Die Bemühungen der Vereinten Nationen um eine Wiedervereinigung Zyperns scheitern.
2004 In Athen werden die Olympischen Sommerspiele ausgetragen.
2005 Karolos Papoulias ist neuer griechischer Staatspräsident. Im April stimmt das Parlament mit breiter Mehrheit für die Ratifizierung des Europäischen Verfassungsvertrages.

Eine monumentale Säulenarkade schmückt den einstigen Nordeingang des Knossos-Palastes

Unterwegs

Kretas Mitte – fünftausend Jahre Zentrum der Macht

Vier kahle grauweiße Gebirgsstöcke ragen aus der lang gestreckten Insel empor: die Lefka Ori (Weiße Berge), das Ida-Gebirge, das Dikti-Massiv und die Berge von Sitia (von West nach Ost). Ida- und Dikti-Gebirge rahmen Kretas Mitte. Hier, wo im Norden rund um den Berg Jouchtas die sanften Terrassen der Weinberge die Landschaft bestimmen und im Süden die große Tiefebene der Mesara liegt, ist Kretas wasserreichstes, fruchtbarstes Gebiet. Hier ließen sich bereits im Neolithikum Menschen nieder, hier entstanden seit 2000 v. Chr. mindestens drei der großen Palastanlagen des minoischen Kreta (ein vierter in Archanes gilt als wahrscheinlich).

Dreimal wurde Kreta jahrhundertelang vom Land zwischen den Dikti- und Ida-Bergen beherrscht: Für die Minoer lag **Knossos** im Mittelpunkt ihres Inselreichs; die Besatzungsmacht Rom, für die das Mittelmeer zum ›mare nostrum‹ wurde, kontrollierte vom südlich liegenden **Gortis** aus nicht nur die Insel, sondern auch einen Teilbereich Afrikas. Die Venezianer benutzten Kreta als südliches Bollwerk ihres Herrschaftsgebiets, folgerichtig wurde das an der Nordküste liegende **Candia** (Iraklion) Hauptstadt und wichtigster Hafen. Und auch heute signalisiert die im Norden liegende Hauptstadt die Hinwendung nach Norden: Seit 1913 gehört Kreta zu Griechenland.

Kein Wunder, dass Kretas Mitte nicht nur für Historiker und Archäologen lange Zeit das interessanteste Gebiet war, sondern seit Beginn des Tourismus auch die meisten Besucher anlockt. Selbst der kürzeste Inselaufenthalt beinhaltet den Besuch von **Iraklion** und **Knossos**; bei etwas mehr Zeit sind **Gortis**, **Festos** und *Agia Triada* am Rande der fruchtbaren Mesara ›im Programm‹. In die herbe Berglandschaft des **Ida** führt der Ausflug nach **Ano Zaros** oder die Fahrt über **Tilissos** und **Anogia** auf die Nida-Hochebene. Und den Abstecher zu den lieblichen Weinterrassen um den Berg Jouchtas mit dem Städtchen Archanes und dem minoischen Gutshof Vathypetro kann man mit einer Weinprobe in Archanes beenden.

So scheint es fast selbstverständlich, dass die **Strände** zwischen Iraklion und Malia als erste für den Tourismus erschlossen und zu Hochburgen der Ferienindustrie wurden. Schon immer war Kretas Mitte stärker besiedelt als der Osten und Westen – noch heute leben zwei Drittel der Bevölkerung in diesem Raum. Möglich, dass die uralte Kulturlandschaft die Menschen besonders geprägt hat, sie schneller auf neue Situationen eingehen lässt. Jedenfalls gibt es einstweilen die meisten Hotels, Pensionen, Privatzimmer, Restaurants und Autovermieter noch immer in Kretas Mitte.

1 Iraklion

Plan Seite 22

Lebhafte, unkontrolliert expandierende Hauptstadt mit einzigartigem Museum.

Bereits in minoischer Zeit lag in der Nähe der heutigen Stadt einer der vier Häfen von Knossos. Die Dorer nannten den Ort ›Herakleia‹, nach ihrem Heros Herakles, der mit der Bändigung des kretischen Stiers die siebte seiner zwölf legendären Taten auf Kreta vollbracht haben soll. Bei den Arabern hieß die neu angelegte Festung ›Rabd el Kandak‹ (Stadt mit dem Graben), in byzantinischer Zeit wurde da-

Iraklion: Blick über den Jacht- und Fischerhafen zum venezianischen Kastell

raus ›Chandax‹, bis sich in der venezianischen Ära der Name zu ›Candia‹ abschliff, womit Stadt und Insel gleichermaßen bezeichnet wurden. Erst Anfang des 20. Jh. knüpfte die vom Türkenjoch befreite Stadt wieder an altgriechische Traditionen an und nannte sich Iraklion.

Aus der langen Periode vor 1204 blieb kein Bauwerk erhalten, dagegen erinnert vieles an die venezianische Besatzungszeit. Die von Venedig eingesetzten Großgrundbesitzer und Adeligen wurden verpflichtet, in der Stadt Paläste zu bauen und mehrere Monate im Jahr zu bewohnen. Der ›Herzog von Kreta‹ und der katholische Erzbischof residierten in Candia, die Stadt avancierte zum Mittelpunkt des politischen, wirtschaftlichen und kulturellen Lebens der Insel. Ab 1462 wurde unter dem Eindruck der osmanischen Expansion der Befestigungsring erweitert und verstärkt, von 1648 an belagerten die Türken 21 Jahre lang Candia; dramatischer Höhepunkt waren die letzten drei Jahre, als sich im venezianischen Generalkapitän (und späteren Dogen) Francesco Morosini und dem osmanischen Großwesir Kiouprouli zwei kongeniale Feldherren gegenüberstanden.

Während der erst 1898 beendeten Türkenzeit blieb die von den Kretern ›Megalo Kastro‹ genannte Stadt für Nicht-Muslime gesperrt und verlor ihre Bedeutung. Der Aufschwung im 20. Jh. wurde durch schwere Bombenschäden im Zweiten Weltkrieg unterbrochen, seit 1972 ist Iraklion wieder Kretas Hauptstadt (anstelle von Chania, das die Türken bevorzugt hatten) und erhielt seitdem mehrere Fakultäten der Kretischen Universität. 2001 wurden 294 312 Einwohner gezählt (Gesamtkreta: 601 159).

Besichtigung Auf den ersten Blick enttäuschen die Betonbauten Iraklions. Doch beim Rundgang findet man viele bemerkenswerte Zeugen der Vergangenheit. Genügend Zeit muss man auch für die Museen einplanen, sodass man gut zwei Tage für die Besichtigung benötigt.

Iraklion besitzt heute zwei Häfen, der grosse **Fähr- und Handelshafen** 1 gehört zu den bedeutendsten Griechenlands, der benachbarte **Venezianische Hafen** 2 bleibt den Jachten und Fischerbooten vorbehalten. Hier liegt am Ende der Mole das von den Venezianern erbaute **Kastell** 3, das in der Türkenzeit den Namen Koules erhielt (kule = Turm), lange als Gefängnis diente und seit der Renovierung besichtigt werden kann. *Marmorlöwen* über den Portalen erinnern an den Schutzpatron der Markusstadt, der *Minarettstumpf* an die Türken. Auch die überwölbten venezianischen Schiffs- und Lagerhallen am Hafen,

TOP TIPP

Arsenale 4 genannt, wurden renoviert. Man folgt der 25. August-Straße (Odos Ikosipende Avgoustou) nach Süden (Nr. 19: schöner Adelspalast) und trifft am Titusplatz auf die **Tituskirche** 5, die deutlich erkennen lässt, dass sie in der Türkenzeit als Moschee diente. In der nördlichen Seitenkapelle der Vorhalle befindet sich unter einem Baldachin das hochverehrte *Kopfreliquiar* von Titus, Kretas erstem Bischof und Schutzheiligen. Die Reliquie kam erst 1966 nach Iraklion zurück (bei der türkischen Eroberung brachten sie die Venezianer nach Venedig, zusammen mit der wundertätigen Marien-Ikone der Tituskirche).

An den Titusplatz grenzt die Armeria (Zeughaus, 17. Jh.), das heutige **Rathaus** 6. Der Bau ist durch einen schönen mehreckigen Innenhof mit der restaurierten **Venezianischen Loggia** 7 verbunden, dem prächtigsten Renaissancebau der Stadt (1626–28). In ihm trafen sich die Adeligen und Beamten; der aufwendige *dorische Fries* verrät, dass die Markusrepublik auch bei geselligen Anlässen ihre Stärke demonstrierte, denn die Metopen schmücken Waffen, Schilde und Fackeln (Originale im Historischen Museum). Wir sind hier im Zentrum des venezianischen Candia: In Sichtweite liegt der berühmte **Morosini-Brunnen** 8, der 1628 vom Onkel des späteren Stadtverteidigers eingeweiht wurde. Die *Reliefs* der acht Brunnenbecken zeigen Meereswesen der griechischen Mythologie und Sage, darunter auch ›Europa auf dem Stier‹. Die vier *wasserspeienden* Löwen, die das obere Becken tragen, wirken zu Recht altersschwach, denn sie stammen von einer älteren Brunnenanlage des 14. Jh. Schräg gegenüber steht die 1239 erbaute **Markuskirche** 9, einst Grablege der Herzöge von Candia. Heute dient die dreischiffige Basilika als *Kunsthalle*, in der 1990 Werke des kretischen Malers El Greco gezeigt wurden

Die nach dem Zweiten Weltkrieg restaurierte Venezianische Loggia – Kretas schönster Profanbau der Renaissancezeit – gehört heute zum Rathaus von Iraklion

und 1993 die große Ausstellung byzantinisch-kretischer Kunst zu sehen war.

Der Platz um den Morosini-Brunnen, offiziell **Platia Eleftherios Venizelou** genannt, ist Treffpunkt der Touristen und Studenten, in den kleinen angrenzenden Fußgängerzonen reihen sich Bars und Restaurants aneinander, die gegen Abend mit romantisch flackernden Windlichtern zum Aperitif und Essen locken. Auch um den recht bescheidenen *El Greco Park* gibt es Boutiquen, Bars und Restaurants, wichtiger Anlaufpunkt ist hier das **Telefonamt OTE** ⑩.

Die Straße des 25. August trifft etwas weiter südlich auf die Hauptkreuzung der Stadt (Nikephoros-Platz). Nach Osten führt die elegante Geschäftsstraße Dikeosinis zum *Freiheitsplatz* (Platia Eleftherias), den moderne Skulpturen und Palmen schmücken und an dessen Ostseite zahlreiche Straßencafés zu finden sind. Nördlich davon liegt das Archäologische Museum. Südlich des Nikephoros-Platzes beginnt die **Marktstraße** (Odos 1866). Sie wird auch Agora genannt und besitzt durch ihre Betriebsamkeit und Buntheit noch viel von ihrem alten Charme, obwohl immer mehr Händler ihre Läden hinter den offenen Ständen aufwendig ausbauen. Alles, was Kretas Boden hergibt, lässt sich hier entdecken: Gemüse, Obst, Kräuter, verschiedene Olivensorten, Weintrauben, aber auch Fleisch, Käse und die aus Salzteig gebackenen Hochzeitsbrote. Am Ende der mit Segelplanen überdachten Gasse, am Platia Kornarou, steht das anmutig wirkende **Brunnenhaus** der abgerissenen Valide-Moschee, das jetzt als Kafenion dient. Im Schatten der Bäume kann man sich ein wenig ausruhen und den Anblick des benachbarten **Bembo-Brunnens** ⑪ besser verkraften, dessen harmonische Renaissance-Proportionen durch eine kopflose, bei Ierapetra gefundene römische Statue gestört werden.

Enge Gassen führen in nordwestlicher Richtung zum **Ekaterini-Platz** mit drei

Der Lyriker Odysseas Elytis

1979 mit dem **Nobelpreis für Literatur** ausgezeichnet, doch wenig bekannt, ist der Lyriker Odysseas Elytis (1911 in Iraklion geboren, gestorben 1996). Sein **Hauptwerk** ›To Axion Esti‹ (Gepriesen sei) wurde von Mikis Theodorakis vertont. Wie Mikis Theodorakis engagierte er sich im **Widerstand** gegen die Obristendiktatur. Kein anderer hat griechische Gegenwart, Vergangenheit, Mythen und eigene Seelenwelt in so knappen, **wunderbaren Sprachbildern** assoziiert wie Elytis. Seine Gedichte zaubern die sinnenfrohe, lichtdurchtränkte Ägäis tief in die Seele.

Nicht immer zeigt sich Iraklions Morosini-Brunnen in seiner ganzen Pracht, dafür lassen sich ohne Fontänen die Reliefs genauer betrachten

Kirchen. Die **Große Minaskirche** ⓬ entstand 1862–95 im neobyzantinischen Stil und wirkt als Bischofskathedrale repräsentativ, sehr viel stimmungsvoller ist die benachbarte **Kleine Minaskirche** ⓭ aus dem frühen 18. Jh., ganz besonders dann, wenn gegen Abend die Gläubigen bei Kerzenschein die durch Glas geschützten Ikonen küssen.

Nördlich dieser beiden Kirchen steht am Rand eines kleinen Platzes die traditionsreiche **Katharinenkirche**. Sie wurde 1555 als Klosterkirche erbaut und ist heute, zusammen mit der später angefügten Nebenkirche Agii Deka, Kretas bedeutendstes Ikonenmuseum. Das Ekaterini-Kloster gehörte zum gleichnamigen Kloster vom Berg Sinai und war vom 15. bis 17. Jh. das wichtigste kulturelle Zentrum Kretas. An der hier untergebrachten Sinai-Schule lehrten und studierten Theologen und Künstler aus dem ganzen griechischsprachigen Raum, die Ikonenmaler verbanden in einzigartiger Weise byzantinische Traditionen mit Einflüssen der venezianischen Renaissance.

TOP TIPP An dieser Stelle kann nur auf die wichtigsten Exponate des **Ikonenmuseums** ⓮ (Museo Ekaterini, Platia Ekaterini, Tel. 28 10 28 88 25, Mo–Fr 10–13.30, Sa 9–15 Uhr) verwiesen werden. Darunter sind vor allem die sechs großen *Ikonen von Michael Damaskinos* zu nennen, welche 1801 aus dem Kloster Vrondissi nach Iraklion kamen. Der Maler Michael Damaskinos wird von 1570 bis 1591 in den Akten erwähnt, er arbeitete nicht nur in seiner Heimatstadt Candia/Iraklion, sondern auch in Venedig und auf Korfu; er ist der berühmteste Maler der ›Kretischen Schule‹. Themen seiner sechs Bilder sind: ›Anbetung der Könige‹, ›Abendmahl‹, ›Muttergottes‹, ›Noli me tangere‹, ›Konzil von Nikäa‹ und die ›Heilige Liturgie‹.

Vom Ikonenmuseum geht es südwärts zur **Martinengo-Bastion** ⓯, dem schönsten Aussichtspunkt Iraklions, mit dem eindrucksvoll-schlichten **Grab von Nikos Kazantzakis** (1883–1957). Der in Iraklion geborene Dichter wurde durch die Verfilmung seiner Romane ›Alexis Sorbas‹ und ›Griechische Passion‹ weltberühmt, während sein Lebenswerk, das riesige Versepos ›Odyssee‹ weniger bekannt ist. Als die Kirche dem freidenkenden Dichter ein Grab in geweihter Erde versagte, wurde er hier auf der Martinengo-Bastion zur letzten Ruhe gebettet. Der von ihm gewählte, in seiner Handschrift wiedergegebene Grabspruch lautet: »Ich erhoffe nichts, ich fürchte nichts, ich bin frei« [vgl. auch S. 58].

Die Martinengo-Bastion ist wegen der herrlichen Aussicht der meistbesuchte Platz der venezianischen Festungsanlagen. Im Norden liegen Stadt und Meer, im Westen ragt der markante Kegel des Stroumboulas auf, im Südwesten stehen die bis zum späten Frühjahr schneebedeckten Ausläufer der Ida-Berge und im Süden liegt der Jouchtas. Weil seine Silhouette einem bärtigen Männerprofil ähnelt, wird dieser seit alters ›der schlafende Zeus‹ genannt (**Tipp:** Gegen Abend liegt der Jouchtas fotografisch besonders gut im Licht).

Mehr als hundert Jahre (ab 1462) wurde an dem sternförmigen **Verteidigungsring** 16 gebaut, jeder Einwohner musste pro Jahr eine Woche lang mitarbeiten. Ab 1538 leitete der berühmteste Festungsbaumeister seiner Zeit, Michele Sanmicheli aus Verona, den Bau der noch heute beeindruckenden *Mauern* und *Bastionen*. Vier gut geschützte, z. T. reliefverzierte *Tore* unterbrachen die rund 4 km lange Mauer, sieben nach außen pfeilförmig vorspringende Bastionen entsprachen dem neuesten Stand der Militärtechnik. Mauern, Wälle und Tore wurden nach 1960 von Anbauten befreit und restauriert.

Viel Zeit braucht man für das im Schatten der Mauer liegende TOP TIPP **Archäologische Museum Iraklion** 17 (Odos Xanthoudidou 1, Tel. 28 10 22 60 92, April–Sept. Mo 12–1.30, Di–So 8.30–19.30 Uhr, im Winter jeweils nur bis 17 Uhr), auch kurz AMI genannt. Es ist das einzige Museum der Welt, in dem minoische Kultur und Kunst umfassend repräsentiert werden. **Tipp:** Wer nicht durch eine Führung zeitlich gebunden ist, sollte die etwas ruhigere Mittagszeit für den Besuch wählen.

Die Exponate sind chronologisch und nach Fundstellen geordnet. **Saal I** präsentiert Funde des Neolithikum (6000–2600 v. Chr.) und der Vorpalastzeit (2600 – 1900 v. Chr.). Darunter befindet sich Keramik im Vassiliki-Stil, deren typisches Merkmal die durch ungleichmäßiges Brennen entstandene scheckige Oberfläche ist, zudem Goldschmuck von der Insel Mochlos sowie Idole, Schmuckstücke und Dolche aus den Gräbern von Fourni. **Saal II** ist den Funden aus Knossos und Malia sowie aus den Bergheiligtümern Mittel- und Ostkretas (1900–1700 v. Chr.) gewidmet. Das sog. Stadtmosaikbesteht aus Fayenceplättchen, die zwei- und dreistöckige Hausfassaden abbilden. Zu sehen ist zudem polychrome Keramik im Kamares-Stil, deren Formen- und Dekorreichtum auffällt, sowie die extrem dünnwandige sog. Eierschalen-Ware aus der Kamares-Höhle. Vorwiegend Funde aus Festos (1900 –1700 v. Chr.) birgt **Saal III**,

Archäologisches Museum Iraklion: Die Hieroglyphen des Diskus von Festos sind bis heute nicht entschlüsselt

u. a. den berühmten *Diskus von Festos*, eine Tonscheibe mit beidseitig eingestempeltem Text aus bis heute nicht zu deutenden Hieroglyphen.

Funde aus den neuen Palästen von Knossos, Festos und Malia (1700 –1450 v. Chr.) sind in **Saal IV** zu sehen. Beachtenswert sind ein Spielbrett aus Elfenbein mit Intarsien, Idole der *Schlangengöttin* in typisch minoischer Frauenkleidung, ein *Stierkopfrhyton* (Gefäß für flüssige Spenden) sowie ein kleiner, vollplastischer Stierspringer aus Elfenbein. Höhepunkt des Saals ist jedoch das Königsschwert aus Malia, das auf dem mit Goldblech beschlagenen Schwertknauf einen Akrobat zeigt. Saal V präsentiert Funde aus Knossos und Agia Triada (1450 – 1400 v. Chr.), u. a. Tontäfelchen mit Linear-A-Schrift und der daraus entwickelten Linear-B-Schrift, die 1953 durch die Engländer Michael Ventris und John Chadwick als frühes Griechisch erkannt und entziffert wurde.

Das schönste Schmuckstück aus minoischer Zeit ist die goldene ›Biene von Malia‹. Sie wurde in der Nekropole am Meer gefunden

Archäologisches Museum Iraklion: Eine Schleife im Nacken (der Knoten) weist die ›kleine Pariserin‹ von Knossos als Priesterin aus **(oben)**. *Steatitgefäß aus Agia Triada mit Wettkampf- und Stierfangszenen* **(unten)**

Diverse Grabfunde aus der Zeit 1400–1350 v. Chr. birgt **Saal VI**. Hierzu zählen ein Ring aus dem Grab von Isopata/Knossos mit Frauen beim Tanz, ein Kästchen und Ring von Archanes mit der Darstellung einer Totenklage für den Vegetationsgott sowie ein ›mykenischer‹ *Eberzahnhelm* aus Knossos Drei berühmte Steatitgefäße aus Agia Triada aus der Zeit 1650–1400 v. Chr bietet **Saal VII**: die sog. *Schnittervase* mit einem Reigen von Musikern geführter Erntearbeiter, ein Rhyton mit Wettkampfszenen (Faust- und Ringkämpfer, Stierspringer) und den sog. *Prinzenbecher*. Als schönstes goldenes Schmuckstück hervorzuheben ist die *›Biene von Malia‹*.

Funde aus dem Palast von Zakros (1650–1450 v. Chr.) beherbergt **Saal VIII**, u. a. ein Rhyton aus Bergkristall, ein Steinrhyton mit der Abbildung eines Bergheiligtums sowie ein Steatitrhyton in Stierkopfform. **Saal IX** zeigt Funde aus Siedlungen wie Palekastro, Gournia und Psira, **Saal X** präsentiert großfigurige Tonidole (Göttin mit erhobenen Armen) aus der Nachpalastzeit (1450–1100 v. Chr.). Gefäße der protogeometrischen und geometrischen Epoche (1100–800 v. Chr.) sowie Fibeln (Nadeln, mit denen die Dorer ihre in Bahnen gewebten Gewänder steckten) sind in **Saal XI** ausgestellt. **Saal XII** beherbergt Gefäße im orientalisierenden Stil (800–650 v. Chr.).

Auf dem Weg ins Obergeschoss durchquert man **Saal XIII** (Halle mit Treppe zum Obergeschoss) mit minoischen kisten- und wannenförmigen Tonsarkophagen aus verschiedenen Gegenden Kretas. Wandbilder der Jüngeren Palastzeit (1600 –1400 v. Chr.) zieren **Saal XIV** im Obergeschoss. Zu sehen sind u. a. Relieffresken vom Palast in Knossos: Teil des Prozessionsfrieses (ursprünglich ca. 350, z. T. lebensgroße Figuren) und der sog. Lilienprinz, beide vom Südteil, außerdem den galoppierenden Stier vom Nordeingang, die *›Blauen Damen‹*, Delphine und das legendäre *Stierspiel* (Springer im Salto über Stierrücken). In der Saalmitte steht der berühmte *Steinsarkophag* von Agia Triada mit Totenritual (um 1400 v. Chr.). **Saal XV** birgt die sog. Pariserin (durch Stoffschleife als Priesterin ausgewiesen) sowie Greifen aus dem Thronsaal, **Saal XVI** die Wandbilder ›Krokuspflücker‹, ›Anführer der Schwarzen‹ und ›Tänzerin‹.

Saal XVII und **XVIII** beherbergen minoische und griechische Antiken der Sammlung des Arztes Giamalakis. In der

Marktstraße (Agora) in Iraklion. Die Ware ist stets frisch und von bester Qualität – Kreter sind kritische Käufer!

Saalecke erhebt sich die schöne, fast lebensgroße Bronzefigur eines Jünglings aus Ierapetra, einzige hellenistische Großbronze Kretas.

Der Führungslinie zurück ins Erdgeschoss rechts folgend erreicht man **Saal XIX** mit Monumentalkunst der archaischen Zeit (700–600 v. Chr.). Präsentiert werden Reliefs von der Akropolis in Gortis und den Tempeln von Prinias. Die Bronzeschilde stammen aus der Idäischen Grotte, Bronze-Idole von Dreros zeigen wohl Leto mit Apollon und Artemis. Den Abschluss des Rundgangs bilden Plastiken aus der klassischen bis römischen Zeit (450 v. Chr.–300 n. Chr.) in **Saal XX**, u. a. eine Aphrodite (Kopie nach Praxiteles) sowie einen Apollon von Gortis.

Wer auch die Denkmäler der nachminoischen Zeit kennen lernen möchte, sollte das Historische Museum besuchen. Es liegt an der nördlichen Uferstraße (gegenüber vom Xenia-Hotel) in der Nähe der venezianischen Petrus-Kirche. Das **Historische Museum** 18 (Odos Lis. Kalokerinou 7, Tel. 28 10 28 32 19, Mo–Fr 9–16, Sa 9–14 Uhr) wurde im klassizistischen Wohnhaus des ersten Ausgräbers von Knossos, Minos Kalokerinos, untergebracht. Die Sammlung ist über drei Stockwerke verteilt und durch einen Anbau erweitert. Im **Untergeschoss** sind Plastiken, Reliefs, Brunnen und Grabstelen aus venezianischer und türkischer Zeit zu sehen sowie Wandfresken aus dem Haus von Fazıl Bey in Iraklion. Das **Erdgeschoss** beherbergt byzantinische Fresken, Schnitzarbeiten und Stickereien, u. a. aus Potamies und Assomatos, sowie byzantinische und osmanische Münzen.

Im **1. Stock** kann man zunächst Stiche nach alten Inselkarten und Städteprospekten sowie Dokumente des jahrhundertelangen Freiheitskampfes studieren. In einem eigenen Raum ist das nach der Greco-Ausstellung von 1990 erworbene Tempera-Gemälde **El Grecos** ausgestellt, das um 1570 entstand und das *Katharinenkloster* auf dem Sinai darstellt. Unter einem wild bewegten, im rosafarbenen Glanz der untergehenden Sonne leuchtenden Wolkenhimmel steht das von spitzen Felsen überragte Kloster im Mittelgrund, im Vordergrund erkennt man Pilger. Die Farbskala wirkt düster durch erdfarbene Ocker- und Brauntöne.

Der **2. Stock** ist kretischer Volkskunst gewidmet. Zu sehen sind Web- und Stickarbeiten, Trachten, z. B. eine Festtagstracht aus Sfakia (mit Dolch im Bund), Musikinstrumente sowie die Nachbildung einer typischen Innenaufteilung kretischer Häuser mit Rundbogen als Raumteiler, Webstuhl und Bett.

Eine Ausstellung im **Anbau** präsentiert Fotos von der Schlacht um Kreta (Mai 1941). Sehenswert ist auch das *Arbeitszimmer von Nikos Kazantzakis* mit allen Manuskripten seiner Werke.

Praktische Hinweise

Information

Fremdenverkehrsamt EOT, Odos Xanthoudidou 1 (gegenüber AMI), Tel. 28 10 24 62 99, Fax 28 10 24 61 05, Mo–Sa 8–14.30 Uhr

Hotels

TOP TIPP *****Candia Maris, Gazi, ca. 6 km westlich Iraklion, Tel. 28 10 31 46 32, Fax 28 10 25 06 69, www.maris.gr. Luxushotel direkt am Strand mit sehr komfortabler Ausstattung, exzellentem Service, umfangreichem Fitnessangebot und einer der modernsten Thalassotherapie-Anlagen im Mittelmeerraum, behindertenfreundlich, 522 Betten.

****Agapi Beach, Ammoudara, 6 km westlich Iraklion, Tel. 28 10 31 10 84, Fax 28 10 25 87 31, www.agapibeach.gr. Luxuriöse Anlage am Strand mit guten Wassersportmöglichkeiten, 620 Betten.

****Galaxy, Odos Dimokratias 75, Iraklion, Tel. 28 10 23 88 12, Fax 28 10 21 12 11, www.galaxy-hotels.gr. Elegantes Stadthotel mit Pool, etwas südlich vom Zentrum, 264 Betten.

****Santa Marina Beach, Ammoudara, 6 km westlich Iraklion, Tel. 28 10 26 11 03, Fax 28 10 26 13 69, www.santamarina-hotels.gr. Hauptbau mit drei Etagen, zusätzlich Reihenbungalows, 420 Betten, am schönen Strand.

***Atrion, Odos I. Chronaki 9, Iraklion, Tel. 28 10 24 60 00, Fax 28 10 22 32 92, www.atrion.gr. Zentral, aber ruhig gelegenes, modernes, klimatisiertes Stadthotel mit kleinem Innenhof. 70 Zimmer und 4 Luxus-Suiten.

Restaurants

Ionia, Odos Evans 5, Iraklion, Tel. 28 10 28 32 13. Bodenständige und herzhafte, typisch kretische Küche in einem Lokal mit Tradition seit 1923.

Ippocampus, Mitsotaki 3, Iraklion, Tel. 28 10 28 12 40. Bei Einheimischen beliebte Adresse für kretische Vorspeisen, auch Meeresfrüchte und Fisch.

Kyriakos, Odos Dimokratias 53 (südl. Eleftherias-Platz), Iraklion, Tel. 28 10 22 46 49. Große Auswahl traditioneller griechischer Gerichte, allerdings in trubeliger Umgebung direkt am lauten Boulevard.

Loukoulos, Korai 5, Iraklion, Tel. 28 10 22 44 35. Ambitionierte italienische Küche in kleinem Innenhof im Herzen der Stadt. Reservierung ratsam.

Bei eiligen Touristen beliebt sind die Lokale in der Dedalou-Gasse, doch das Preis-Leistungsverhältnis stimmt hier in der Regel nicht.

2 Knossos

Plan Seite 30

TOP TIPP *Die größte und berühmteste minoische Palastanlage und ihre eindrucksvolle Rekonstruktion.*

5 km südlich von Iraklion, gut ausgeschildert. Während der Saison auf einem der Privatparkplätze (ab 1 km vor dem Haupteingang) parken, sonst den offiziellen Parkplatz unmittelbar hinter dem Eingang benutzen. Die Buslinie Nr. 2 fährt in kurzen Abständen von Iraklion (Busbahnhof nahe beim Hafen) nach Knossos. April–Okt. tgl. 8–19.30 Uhr, Nov.–März tgl. 8–17 Uhr

Vor gut hundert Jahren ahnte niemand, dass bereits lange vor der griechischen Zeit eine Hochkultur in Europa existiert hatte. Die Ausgrabung des Palasts von Knossos ab 1900 war daher ein wahrhaft Epoche machendes Ereignis, das durch die folgenden, bis heute anhaltenden Grabungskampagnen auf weiteren Plätzen noch an Bedeutung gewann.

Obwohl mittlerweile mehrere Herrscherpaläste und wichtige Kultorte auf Kreta bekannt sind, bleibt der Rang von Knossos als zentrale, kultisch bedeutendste Palastanlage der minoischen Zeit unbestritten.

Geschichte Knossos gehört zu den wenigen, bereits in der Jungsteinzeit in größerem Umfang besiedelten Plätzen Europas. Um 2000 v. Chr. wurde der ältere Palast auf dem nach Norden, Osten und Süden abfallenden Hügel errichtet und um 1700 v. Chr. durch Erdbeben zerstört. Der an gleicher Stelle erbaute neue Palast war noch prächtiger und größer (ca. 20 000 m² Grundfläche) als der alte; rings um die Anlage entstanden kleinere Herrenhäuser (u. a. die ›Königliche Villa‹) und eine schließlich bis zu 100 000 Einwohner zählende Stadt. Um 1450 v. Chr. fanden erneut starke Zerstörungen statt, dennoch wurde der Palast nochmals aufgebaut und bis ca. 1380 v. Chr. von einem achäischen Herrscher bewohnt. Ab 1200 v. Chr. erlosch im nun endgültig zerstörten Palast das Leben, während die Stadt bis in die frühbyzantinische Zeit existierte und eigene Münzen prägte. Die über viele Jahrhunderte benutzte Nekropole dehnte sich bis an den heutigen Stadtrand von Iraklion aus.

In der griechischen Überlieferung blieb die Bezeichnung ›**Labyrinth**‹ wohl wegen der Unübersichtlichkeit der Anlage

Beeindruckend und viel fotografiert – am Nordeingang des Knossos-Palastes imponiert ein Stierfresko hinter der monumentalen Säulenarkade

mit Knossos verbunden. Vielleicht leitet sich der Name vom lydischen Wort labrys = Doppelaxt ab: Doppeläxte gehörten zu den vielfach gefundenen Kultsymbolen der Minoer. Geheimnisumwittert blieb auch das Geschehen am Hof des Minos, dem die frühen Achäer (um 1600–1450 v. Chr.) tributpflichtig wa-ren. Die Sagen vom Labyrinth und dem dort hausenden Menschen verschlingenden Ungeheuer **Minotauros** spiegeln die Angst vor der fremdartigen minoischen Welt, die erst der attische Königssohn Theseus mithilfe der knossischen Prinzessin Ariadne (durch Tötung des Minotauros) überwand. Wahrscheinlich war ›Minos‹ der Name einer ganzen Herrscherdynastie.

Bereits Ende des 19. Jh. entdeckte der Grieche Minos Kalokerinos mehrere Magazinräume; der Troja-Ausgräber Heinrich Schliemann versuchte vergeblich, das Gelände zu kaufen. Nach Abzug der Türken erwarb der englische Gelehrte Arthur Evans den Kephala (Kopf) genannten Hügel. Er leitete die **Ausgrabungen** und Restaurierungen in Knossos 25 Jahre lang, die Ergebnisse seiner Arbeit veröffentlichte er in einem vierbändigen Werk. Seine vielfach belachelten Restaurierungsmaßnahmen halten neueren Erkenntnissen im Wesentlichen stand.

Besichtigung Von der *Palastanlage* sind wegen des enormen Publikumandrangs (pro Jahr 600 000 Besucher) immer wieder einzelne Abschnitte gesperrt, man muss sich daher beim Rundgang mit dem Blick auf bzw. in die entsprechenden Raumabschnitte begnügen.

Der Rundgang beginnt auf dem gepflasterten **Westhof [1]**, der von zwei schmalen *Prozessionswegen* überquert wird. Im Südteil des Hofs liegen drei runde Vertiefungen, deren Bedeutung nicht geklärt ist. Ein Prozessionsweg führt nach Norden zum Theater, man geht jedoch zunächst in südlicher Richtung zum **Eingang**, wo neben einem Wachraum der **Prozessionskorridor [2]** beginnt. Dessen Wände waren mit Fresken lebensgroßer Opferträger geschmückt (im ganzen Palast nur Kopien, Originale im Archäologischen Museum Iraklion). Der Korridor knickte im rechten Winkel nach Osten ab (Südabschnitt zerstört, von hier guter Blick auf das tiefer liegende sog. Südhaus).

Das mächtige *Stiergehörn* aus Porosstein lässt man rechts liegen, links befindet sich der prächtig gestaltete Südeingang des Palasts, das **Südpropylon [3]**. Eine breite Treppe führt von den beiden einst säulengestützten Räumen zum Obergeschoss, das Evans als Piano nobile bezeichnete, weil sich dort Festsäle und ein Heiligtum befanden (Rekonstruktion umstritten).

Im Erdgeschoss ist im **Südkorridor [4]** das Fresko des sog. Lilienprinzen zu bestaunen. Nun kommt man auf den 46 m langen, 22 m breiten **Mittelhof [5]**, der nach Meinung mancher Forscher Schauplatz der akrobatischen Stierspiele war (wahrscheinlicher ist jedoch das Gelände am Fuß des Palast-Ostflügels). Den langen Hof muss man sich von mehrstöckigen Gebäuden umrahmt vorstellen: An den Schmalseiten lagen die monumentalen Nord- und Südeingänge, die Langseiten wurden vom West- und Ostflügel begrenzt, Stierhörner schmückten den Sims der Flachdächer.

Der **Westflügel** war sakralen und repräsentativen Räumen vorbehalten. Auch die lange Reihe der **Magazinräume [6]**, die an den Westhof grenzt, muss in diesem Kontext gesehen werden, denn der Königshof war gleichermaßen Kult-, Regierungs- und Wirtschaftszentrum. Von den 150 ausgegrabenen, z. T. mannshohen Vorratsgefäßen (Pithoi) stehen viele in situ (am alten Ort), ungefähr 400 Gefäße für Wein, Öl, Getreide und auch Honig hatten in den Magazinen Platz (guter

Knossos

1 Westhof
2 Prozessionskorridor
3 Südpropylon
4 Südkorridor
5 Mittelhof
6 Magazinräume
7 Thronsaal
8 Schatzkammer
9 Dreiteiliges Heiligtum
10 Großes Treppenhaus
11 Megaron des Königs
12 Megaron der Königin
13 Boudoir der Königin
14 Räume für Handwerker
15 Hof der steinern Wasserleitungen
16 Ostbastion
17 Westbastion
18 Zollstation
19 Theater

Stierspiel-Fresko aus Knossos

Die Stierspiele der Minoer

Wer etwas vom Stierkampf versteht, hält es für unmöglich, was kretische Fresken und Statuetten an Kunststücken zeigen: Dass ein Athlet den mit gewaltiger Kraft und gesenktem Haupt heranstürmenden Stier waghalsig bei den Hörnern packt, sich mit dem Aufschwung des Stierkopfes im **Salto** auf seinen Rücken katapultiert und hinter dem Tier abspringt. Dies alles mit höchster Eleganz!

Den Ursprung der **unblutigen Stierspiele**, das Einfangen des Stiers, zeigen schon Tonplastiken des 3. Jt. v. Chr. aus den Gräbern der Mesara. Die später bei religiösen Festen zelebrierten Spiele besaßen sicher **rituellen Charakter** und wurden vielleicht zuerst von freiwilligen jungen Leuten, evtl. aus dem Adel, praktiziert.

Als der Adel nicht mehr genug Freiwillige für dieses sicher oft tödlich ausgehende Spiel stellte, wurden andere junge Leute gesucht. Es könnten die neun Mädchen und neun Jünglinge sein, die Athen alle sieben Jahre als Tribut an den Königshof von Knossos liefern musste; die Abscheu der Athener vor dem Menschen fressenden Minotauros wäre dann verständlich.

Eine Parallele könnte die Entwicklung des (aus völlig anderen Ursprüngen hervorgegangenen) **blutigen Stierkampfs** in Spanien darstellen, der zunächst auch vom Adel praktiziert wurde. Noch Kaiser Karl V. stieg anlässlich der Geburt seines Sohnes Philipp in die Arena und tötete einen Stier. Erst gegen Ende des 16. Jh. übernahmen professionelle Stierkämpfer den Job.

Blick auf die Gefäße vom Obergeschoss Piano nobile aus). Besonders faszinierend im Nordabschnitt des Westflügels ist der **Thronsaal [7]** mit Vorraum und Kultbad. Im Thronsaal steht der einzigartige, aus einem Block gearbeitete *Alabaster-Thron*, der Thron des Minos. Er wird von Steinbänken flankiert, über denen vor rotem Grund das Fresko der Greifen beeindruckt (Mischwesen aus Löwenkörpern und Adlerköpfen). Wozu der westlich angrenzende, etwas vertiefte Raum diente (kultische Waschungen, Salbungen, Schlangenhaltung), bleibt ungeklärt; Anlage und Grundriss dieser Kult- oder Lustralbad genannten Räume gleichen sich in allen Palastanlagen.

Südlich vom Thronsaal führt eine breite Treppe ins obere Stockwerk, im Erdgeschoss grenzen südlich an das Treppenhaus zwei sog. Pfeilerkrypten, die **Schatzkammer [8]** (in der u. a. die berühmten Statuetten der Schlangengöttin gefunden wurden) und das **Dreiteilige Heiligtum [9]**, das nach seiner dreifach gegliederten Fassade benannt wurde.

Der **Ostflügel** des Palasts beherbergte die königlichen Privatgemächer. Hier fällt das Gelände zum Fluss Kairatos ab, zwei Stockwerke liegen am Hang unterhalb

Palast von Knossos: Der freskierte Thronsaal des Minos war geheimnisumwittertes Machtzentrum des minoischen Reichs

des Hofs, erst das dritte Stockwerk erreicht das Niveau des Mittelhofs und besaß mindestens noch ein weiteres Obergeschoss. Blickpunkt ist das elegante, durch Säulen zum Lichthof geöffnete **Große Treppenhaus [10]**: ein Architekturkonzept, das in Europa erst in der Barockzeit wieder realisiert wurde. Die von Evans in Beton nachgegossenen Säulen bestanden aus Zypressenholz, ihr Durchmesser nimmt im oberen Schaftabschnitt zu.

Beim Hinabsteigen kommt man zunächst in die sog. **Halle der Garde**, einen mit Schilden in Form einer Acht bemalten Vorraum, und ein Stockwerk tiefer durch die **Halle der Doppeläxte** in das **Megaron des Königs [11]** mit einer Holzthron-Nachbildung. Hier sind die Sockel der für minoische Bauten typischen Polythyra (›viele Türen‹) zu erkennen, die den Raum erweiterten und mit Licht erfüllten. Die angrenzende Loggia bietet einen schönen Blick über das Flusstal.

Vor allem Wein und Öl lagerten in den großen Tongefäßen der zahlreichen Magazine. Die Paläste waren Kult- und Wirtschaftszentren

Etwas weiter südlich liegen auf gleicher Geschosshöhe die **Gemächer der Königin**. Westlich vom freskengeschmückten (Delphine, Tänzerin) **Megaron der Königin [12]** befindet sich ein kleiner Raum mit Tonwanne, und von der Südwestecke des Megarons kommt man in das mit einem Abfluss versehene **Boudoir der Königin [13]**, neben dem eine Toilette mit Wasserspülung lag.

Nach Rückkehr zum großen Treppenhaus gelangt man in den Nordabschnitt des Ostflügels. Hier befanden sich **Räume für Handwerker [14]**. Die Nähe zu den Königsgemächern wird durch die Dädalos-Sage verständlich: Der König wacht eifersüchtig über ›seinen‹ Künstler, der nicht nur mit wertvollen Materialien arbeitet, sondern durch Erfindungsreichtum und Kunstfertigkeit Ruhm und Prestige des Hofes steigert.

Für bautechnisch Interessierte ist der **Hof der steinernen Wasserleitungen [15]** interessant: Hier wurde das Regenwasser des Lichthofs gesammelt und unterirdisch durch Rohrleitungen abgeführt. Auch die Wasserführung an den Treppen der **Ostbastion [16]**, bei der Senkkästen den Schwung der Winterregen bremsten, war hervorragend durchdacht.

Im Norden führte ein schmaler, abschüssiger Korridor zum Zentralhof, auf der Westseite befindet sich die restaurierte **Westbastion [17]**, ein rampenartiger Gang mit dem Relieffresko eines Stiers. Am Nordeingang stand eine große Pfeilerhalle, die von Arthur Evans als **Zollstation [18]** bezeichnet wurde, weil hier der von den Häfen kommende gepflasterte Weg endete.

Nun verlässt man den Palast und geht am (überdachten) Kultbecken vorbei zum **Theater [19]**. Hier treffen zwei breite Treppen im rechten Winkel aufeinander, wahrscheinlich saßen bei zeremoniellen Vorführungen die Zuschauer auf den Stufen, der Herrscher nahm auf dem erhöht zwischen den Treppen liegenden Podest (sog. Königsloggia) Platz.

Vom Theater kann man noch ein kleines Stück der **Heiligen Straße** nach Westen folgen und dann zum Westhof zurückkehren.

i Praktische Hinweise

An der nach Knossos führenden Straße gibt es viele einfache **Restaurants**, die im Angebot und in den Preisen wenig unterschiedlich sind.

Bei Archanes wachsen seit minoischer Zeit Rebstöcke. Die ganze Familie hilft bei der Ernte, die als Wein, Tafeltrauben und Rosinen auf den Markt kommt

3 Archanes, Fourni, Anemospilia

Wohlhabende Winzergemeinde – einst Herrschersitz mit Nekropole auf dem Hügel Fourni und Heiligtum Anemospilia auf der Nordterrasse des Jouchtas-Berges.

Von Iraklion über Knossos nach Süden (15 km). 300 m südlich von Knossos links unterhalb der Straße die sog. Karawanserei aus minoischer Zeit, nach weiteren 3 km Reste eines 1832–40 erbauten Aquädukts, der Iraklion versorgte.

Das östlich vom Berg Jouchtas in 400 m Höhe liegende **Archanes** ist von Weinbergen umgeben; die köstlichen Rosaki-Trauben werden zu Wein verarbeitet oder als Tafeltrauben exportiert.

Unter dem Ortsteil Tourkogitonia befindet sich ein weiterer minoischer Palast aus der Zeit um 1600 v. Chr., den das Archäologen-Ehepaar Efi und Jannis Sakellarakis entdeckte und seit 1964 in einigen Partien freilegt. Die Nähe dieses Palastes zu Knossos gibt Rätsel auf (Sommersitz der dortigen Herrscher?). Der Palast wurde 1450 v. Chr. zerstört, der Platz jedoch weiter bewohnt. Im Ortsnamen lebt der seit dem 5. Jh. v. Chr. inschriftlich bezeugte Name der antiken Siedlung Acharna fort.

Um den **minoischen Palastbezirk** zu besichtigen, empfiehlt es sich, bei der Panagia-Kirche (mit Glockenarkade, Ikonen) zu parken. Die Straße gabelt sich 100 m weiter südlich, man folgt der linken Einbahnstraße, geht die erste Gasse links, dann wieder rechts. Zum Gelände gibt es keinen Zutritt, nur von der Straße aus ist das zwischen abgestützten Nachbarhäusern freigelegte Areal überschaubar. Fundamente aus Hau- und Bruchsteinen, Wasserrinne und Plattenbelag sind gut zu erkennen, die mit Polythyra (›viele Türen‹) versehenen Räume sind überdacht. Gefunden wurden Fresken und bewegliche Steinaltäre.

Die 1965 von Jannis Sakellarakis entdeckte Nekropole **Fourni** wurde 1500 Jahre lang benutzt (vom 3. Jt. bis 1250 v. Chr.) und ist das *bedeutendste prähistorische Gräberfeld* im ägäischen Raum. Anfahrt: Von Norden kommend, liegt der Hügel Fourni vor dem Ortszentrum rechts (auf dem Hügel hinter dem Gebäude der Winzergenossenschaft). Beim ockerfarbenen Schulhaus rechts abbiegen (ausgeschildert ›Fourni‹, am besten hier parken. Zu Fuß (1 km) geht es durch den Ortsteil bergab, links über eine Brücke bis zum Ende der Erdpiste, dann 20 Minuten auf steinigem Pfad bergan. Das **Gelände** ist umzäunt, doch bleibt das untere Tor meist geöffnet, sodass ein Teil der Totenstadt zu besichtigen ist. Der Friedhof umfasst *Beinhäuser*, *Kuppelgräber* und *rechteckige Grabbauten* aus der Vorpalast- und Älteren Palastzeit sowie sechs von einer mykenischen Ringmauer umgebene *Schachtgräber* – die einzigen außerhalb von Mykene. Das am Nordrand der Nekropole liegende Kuppelgrab A (1400–1350 v. Chr.) enthielt wertvolle Beigaben aus Gold, Bronze und Elfenbein (Archäologisches Museum Iraklion und Archäologisches Museum Archanes, Ortszentrum). Interessant sind auch die *Gebäude für den Grab- und Totenkult* (›Friedhofsdienst‹). Vom Hügel bietet sich ein herrlicher Blick auf den Berg Jouchtas.

Der minoische **Tempel von Anemospilia** liegt etwa 4 km nordwestlich von Archanes am Nordhang des Jouchtas (befestigte Piste, gut ausgeschildert nördlich der Panagia-Kirche. Über den Müllplatz hinaus leicht bergan fahren). Der Grabungsbezirk ist umzäunt, doch meistens steht das Tor offen. Das mit Hausteinblöcken errichtete Heiligtum bestand aus drei Haupträumen mit davor liegendem Korridor und wurde bei dem gewaltigen Erdbeben um 1700 v. Chr. zerstört. Die Ausgrabung durch das Ehepaar Sakellarakis erregte 1979 durch sensationelle Presseberichte über das dort entdeckte Menschenopfer weltweites Aufsehen: Im Westraum lag auf einem Altar das Skelett eines gefesselten Jünglings, in dessen Brust ein 40 cm langer Bronzedolch steckte. Offensichtlich hatten Priester beim Einsetzen der Erdbeben die Götter zu besänftigen versucht – das erste eindeutig dokumentierte Menschenopfer im minoischen Kulturraum, das noch dazu vergebens war. Denn die vom einstürzenden Gebäude erschlagenen Priester und Gehilfen verloren kurz nach dem Opfer ihr Leben. Einmalig ist auch der Fund lebensgroßer Tonfüße, die zu einer hölzernen Kultstatue gehört haben müssen – lebensgroße minoische Statuen wurden auf Kreta bisher nicht gefunden.

i Praktische Hinweise

Einfache Lokale gibt es in **Archanes** an der Hauptstraße und direkt am Dorfplatz.

4 Jouchtas und Vathypetro

Heiliger Berg seit minoischer Zeit und prächtig gelegenes minoisches Gutshaus.

2 km südlich von Archanes zweigt rechts die Erdstraße auf den Mittelgipfel des 811 m hohen Jouchtas ab (3 km). Seiner Silhouette wegen wird dieser, wie schon erwähnt, ›schlafender Zeus‹ genannt.

Eine Überlieferung sagt, dass Zeus in einer der vielen Höhlen des **Jouchtas** begraben liege – eine Vorstellung vom ›Unsterblichen‹, die nur auf vorgriechischer Tradition beruhen kann. Der Mittelgipfel, bei dem die Straße endet, ist sozusagen die göttliche Nasenspitze, auf ihr steht die *Kapelle Afendi Christou Metamorfosi*. Das Kirchenfest am 6. April wird hier bereits am Vorabend mit einem gut besuchten Vespergottesdienst gefeiert, an den übrigen Tagen des Jahres kann man den großartigen Rundblick in Ruhe genießen. Er umfasst das Ida-Gebirge im Westen, Iraklion vor dem Meereshorizont im Norden, die Lassithi-Berge im Osten und im Süden sind, meist im Dunst, die Asteroussia-Berge zu erkennen.

Der landschaftlich besonders schön gelegene Herrensitz Vathypetro wurde nur kurze Zeit (1600–1550 v. Chr.) bewohnt

In minoischer Zeit befand sich auf der heute mit einer Sendestation bestückten Nordhöhe ein Gipfelheiligtum. Im Frühling entzückt die grüne Hügellandschaft am Fuß des Jouchtas, an seinen Hängen blühen verschiedene Orchideenarten.

Das minoische Gutshaus von Vathypetro liegt 4 km südlich von Archanes. Auf der Fahrt dorthin kann man einen Abstecher (Wanderung) zur Michaelskirche von **Assomatos** unternehmen (1,5 km südlich von Archanes beim Hotel Dhia Fußpfad, bei zwei Wegegabelungen links halten, 30 Minuten), die Einraumkapelle besitzt *Fresken* von 1315/16 (Schlüssel im Kafenion am Hauptplatz von Archanes).

An der über Vathypetro nach Choudetzi führenden Straße leiten Hinweisschilder zum **Gutshaus Vathypetro**. Die Ruinen liegen auf einer kleinen Anhöhe mit herrlicher Aussicht inmitten der Weinberge; die Anlage ist umzäunt, doch meistens frei zugänglich.

Der Gutshof wurde um 1600 v. Chr. angelegt, nur im Westteil vollendet und bereits nach 50 Jahren wieder verlassen. In der Nordostecke sind die Grundmauern eines sog. *dreischiffigen Heiligtums* zu sehen, wie es auch in Anemospilia [Nr. 3] ausgegraben wurde. Hier ist allerdings die Raumlänge sehr gering. Die Mauern bestehen an der Außenseite aus Quadern, innen aus Bruchsteinen, ein Teil der Räume ist überdacht. Im Inneren finden sich *Werkstätten*, die u. a. eine bestens erhaltene *Weinpresse* – die älteste Kretas und damit Europas –, eine Olivenpresse und einen Töpferofen aufweisen. Im (ebenfalls überdachten) Magazin stehen *16 Riesenpithoi*.

5 Tilissos

Drei minoische Herrenhäuser am Nordfuß des Ida-Gebirges.

14 km westlich von Iraklion. Zunächst 10 km auf der alten Nationalstraße, dann 4km auf der Straße Tilissos–Anogia (ausgeschildert)
tgl. 8.30–15 Uhr

Die Besichtigung von Tilissos lässt sich gut mit einem Ausflug ins Ida-Gebirge und zur Nida-Hochebene verbinden. Die Fahrt nach Tilissos führt durch eine abwechslungsreiche Hügellandschaft mit üppigen Wein- und Olivenpflanzungen. Das Grabungsgebiet ist auch von außen gut einsehbar.

Geschichte Die sog. minoischen Herrenhäuser wurden in der Neuen Palastzeit errichtet und ungefähr bis 1450 v. Chr. bewohnt. Offensichtlich lag die kleine Siedlung an der wichtigsten Ost-West-Verbindung der damaligen Zeit. Am Platz des Nordhauses entstand nach 1400 v. Chr. ein mykenisches Megaron. Im 1. Jt. v. Chr. war Tilissos eine autonome Stadt mit eigener Münzprägung. Die Ausgrabungen fanden bereits 1902–13 durch Joseph Chatzidakis statt, die Funde kamen ins Archäologische Museum Iraklion (u. a. große, bis zu 52 kg schwere Bronzekochtöpfe, ferner Keramik, Siegel, Tontäfelchen mit Linear-A-Inschriften und eine männliche Bronzestatuette in anbetender Haltung). Forscher vermuten, dass die Kochtöpfe zur Versorgung einer militärischen Einheit genutzt wurden, welche die Ida-Pässe kontrollierte.

Die Ausgrabungen liegen beim noch sehr ursprünglich wirkenden Dorf Tilissos, das vorwiegend vom Weinanbau lebt. Im Herbst bewachen alte Männer die Weinberge vor Vogelfraß, bei der Traubenernte hilft die ganze Familie .

Besichtigung Die drei Häuser werden mit A, B und C bezeichnet und besaßen alle eine ähnliche Raumaufteilung: Im Erdgeschoss lagen Magazine und Werkstätten, Steintreppen führten zu den Hauptwohnräumen im Obergeschoss. Die Wände waren mit Quadern im Mörtelverbund gebaut, eingelassene senkrechte Holzpfeiler dienten der Abfederung bei Erdbeben. Durch das relativ kleine **Haus B** rechts (im Südwesten) trifft man dann von Westen auf die Rückseite des größten **Hauses A**. Der Eingang mit einem durch zwei Pfeiler gestützten Vorraum befand sich auf der Ostseite. Im Südteil des Hauses lagen mehrere Zimmer und Treppen, im Nordabschnitt pfeilergestützte Magazine.

Haus C mit Resten einer zweiläufigen Treppe zum Obergeschoss steht etwas weiter im Norden. In der Nordostecke dieses Hofes liegt eine spätminoische *Zisterne* mit Stufen.

Praktische Hinweise

Hotel

Arolithos, Arolithos, zwischen Tilissos und Gazi, Tel. 28 10 82 10 50, Fax 28 10 82 10 51, www.arolithosvillage.gr. Stilvolles rustikales Familienhotel mit hübschem Restaurant und Terrasse.

6 Anogia

TOP TIPP

Stark touristisch geprägtes Bergdorf im Ida-Gebiet mit wechselvoller, vom Kampf gegen die Unterdrückung geprägter Geschichte.

36 km von Iraklion.

Auf dem Weg nach Anogia fährt man durch eine Schlucht (ein *Denkmal* erinnert hier an im August 1944 liquidierte Partisanen), kommt an der Ruine des minoischen Herrenhauses von *Sklavokampos* vorbei und durchquert das prächtig am Hang gelegene Dorf *Gonies*.

Kahle Bergpanoramen rahmen das in 740 m Höhe gelegene **Anogia**; seine Bewohner waren stets besonders freiheitsliebend und mussten während der Besatzungszeiten mehrfach (1821, 1866 und 1944) dafür büßen. Im Zweiten Weltkrieg wurden nach der Entführung des auf Kreta kommandierenden deutschen Generals Kreipe alle Männer des Dorfes erschossen und die Häuser zerstört, weil eine Spur der Entführer nach Anogia führte.

Heute ist Anogia auf Touristen eingestellt, viele Frauen verkaufen z.T. noch handgefertigte Textilien. Besonders die buntgewebten *Teppiche aus Schafwolle* sind berühmt, denn hier wohnen die Hirten, deren Schafe auf der Nida-Hochebene weiden. Das Dorf war von jeher für seine Musiker berühmt, so überrascht es nicht, dass nun während des Sommers *Folklore-Veranstaltungen* mit verschiedenen Musik- und Tanzaufführungen geboten werden. Schließlich hat der ›Normaltourist‹ kaum Gelegenheit, ein original kretisches Familien- bzw. Dorffest hautnah mitzuerleben.

Unterhalb vom Rathausplatz steht die zweischiffige *Agios-Joannis-Kapelle*, die im Südschiff Fresken aus dem Anfang des 14. Jh. aufweist. Außergewöhnlich ist der ›Verrat des Judas‹ im Giebel der Westwand, darunter ist – als einzige Szene aus dem Leben des Kirchenpatrons – die ›Enthauptung Johannes des Täufers‹ zu erkennen. Das Zentrum des großen Bergdorfs liegt beim Ortsausgang Richtung Axos, Läden mit handgewebten Teppichen, Kafenia und Tavernen reihen sich aneinander, Treppengassen verbinden den oberen mit dem unteren Ortsteil.

Praktische Hinweise

Die Hotels sind sehr einfach und klein. Hübsch sitzt man in den Kafenia oberhalb vom Rathausplatz und am Platanenplatz (im unteren Ortsbereich).

Alltag auf dem Land – **Oben:** *Schafhirten beim Melken und stundenlanges Dreschen und Worfeln auf kreisrunden Dreschplätzen in der Mittagshitze.* **Mitte:** *Sommerweide auf der bergumkränzten Nida-Hochebene.* **Unten:** *Weben ist Frauen-, Orangenernte hingegen Männerarbeit*

7 Nida-Hochebene und Ideon Andron

Heilige, von Mythen umwobene Höhle an Kretas höchstem Berg.

21 km von Anogia entfernt, am Ortsbeginn (von Iraklion kommend) links abbiegen (ausgeschildert), asphaltierte Straße.

Der Mythos erzählt, dass Kronos, der höchste Gott, seine Kinder verschlang, weil ihm der Tod durch eines von ihnen vorhergesagt war. Um ihr Jüngstes zu retten, wickelte die Göttin Rhea nach der Geburt von Zeus einen Stein in Tücher. Kronos verschlang den Stein und Zeus konnte in der Ideon Andron (Idäischen Höhle) heranwachsen. Das Weinen des Säuglings übertönten Diener, die Kureten, durch Lärmen mit ihren Schilden. Später tötete Zeus seinen Vater und wurde selbst zum höchsten Gott.

Auf der Fahrt zur Nida-Hochebene sieht man mehrfach nach alter Tradition ohne Mörtel gebaute *Rundhütten aus Bruchsteinen*, die früher den Hirten als Schutz- und Versorgungshütten dienten (heute kommen die Hirten zum Melken per Pickup von Anogia herauf). Große Schaf- und Ziegenherden weiden im Gebiet. Auf halbem Weg hat beim Platz Zominthos der Archäologe Jannis Sakellarakis ein großes *minoisches Gebäude* entdeckt und teilweise freigelegt.

Die bergumkränzte **Nida-Hochebene** (1370 m) ist eine abflusslose Senke von rund 1,5 x 2,5 km Größe, die nur als Weidefläche genutzt werden kann. Ende Mai beginnt hier die Schafschur, die Vliese werden teilweise gleich in Anogia verarbeitet. Im Sommer kommen viele Touristen auf die Hochebene, und natürlich sind ab dem späten Frühjahr bis zum Herbst Bergwanderer anzutreffen, die den höchsten Berg Kretas, den TOP TIPP auch Timios Stavros genannten **Ida** (2456 m), besteigen. (Recht schwieriger Aufstieg von der Nida-Hochebene über Geröllhänge in 4½ Stunden; gute Kondition, feste Schuhe, Wasserflasche, Kälte- und Sonnenschutz erforderlich.)

Für die Kreter ist der Gipfel des Ida-Massivs der ›Psiloritis‹ (= Höchste); auf ihm einen Sonnenaufgang zu erleben, übertrifft jedes andere Bergerlebnis. Vom ›Höchsten‹ schweift der Blick nicht nur über Berge und Täler, sondern sogar über zwei Meere: das Libysche im Süden und das Kretische Meer im Norden.

Spüren auch geschichtlich Uninteressierte etwas von der Erhabenheit des Ortes, so gilt für alle anderen Bergsteiger Erhart Kästners Bemerkung über die griechische Landschaft: »Was in diesem Lande gelebt und geglaubt, gedacht, gedichtet und geformt worden ist, das hat sich auf Täler und Höhen niedergelassen wie himmlischer Tau. Nicht vergebens haben die Götter allüberall hier gewohnt.« – Auf dem Ida vermählt sich die Schönheit der Landschaft mit dem ehrfürchtigen Wissen: Dies ist der Berg des Zeus, des höchsten Gottes der Alten.

So wandern jene, die den Ursprung Europas kennen, zur mythenumwobenen ›Kinderstube des Zeus‹, der **Ideon Andron** (Idäischen Höhle). Sie liegt in 1540 m Höhe und ist auf wesentlich kürzerem Weg von der Nida-Hochebene aus zu erreichen als der Berggipfel (halbstündige Wanderung auf Schotterpiste an der Analipsi-Kapelle vorbei).

Bis Mitte Juni ist der 27 m breite Höhleneingang in der steilen Felswand meistens schneeverweht. Da zzt. die archäologischen Grabungen unterbrochen sind, befindet sich in der Hochsaison oft ein Wärter vor Ort, der Einblick in die verschlossene Höhle gewährt.

Die ab 1884 vorgenommenen und bis in jüngste Zeit durchgeführten Ausgrabungen in der 40 m tief in den Berg greifenden Höhle haben gezeigt, dass sie zu Recht seit dem Altertum als *berühmteste Zeus-Höhle Griechenlands* gilt: In Haupt- und Nebenkammern wurden nicht nur Altäre, sondern auch eine enorme Zahl von Votivgaben, Lampen und Münzen, in tieferen Schichten sogar zwei minoische Siegel entdeckt. Die meisten Funde stammen aus nach-minoischer Zeit und belegen den Zeus-Mythos. Am eindrucksvollsten sind große *Rundschilde* (Tympana) mit Darstellungen aus dem Kuretenkult: Beispielsweise zerreißt Zeus mit den Händen einen Löwen, während die Kureten auf ihre Schilde schlagen. In einem Depot des Vorplatzes entdeckte man den bisher umfangreichsten *Bronzeschatz* Kretas, der Äxte, Schilde, Dreifüße, Tassen und Kessel umfasst (alle Funde im Archäologischen Museum Iraklion).

i Praktische Hinweise

Am Westrand der Nida-Hochebene steht seit einiger Zeit eine kleine *Taverne*, bei der die Straße endet.

8 Axos

Bergdorf, das einst fast 50 byzantinische Kirchen besaß, von denen zwei erhalten blieben.

46 km westlich von Iraklion.

Axos war bereits in dorischer Zeit eine wichtige Siedlung, die Lage am Nordausläufer des Ida machte den Ort fast uneinnehmbar. Viele Bewohner haben das Dorf verlassen, die Baugeschichten der Kirchen sind vorwiegend für Spezialisten interessant. An der Kurve vor dem Dorfeingang liegt die ruinöse *Agia-Paraskevi-Kirche*, die ins 12. oder 13. Jh. datiert wird.

Nach der ersten Straßengabelung steht links dominierend die aus dem 14./15. Jh. stammende **Agia-Irini-Kirche**; wie die meisten byzantinischen Kirchen überrascht sie durch ihre kleinen Maße. Es handelt sich um einen Kreuzkuppelbau, der einer älteren, schlichten Einraumkapelle als Narthex (Vorhalle) dient. Der klassische Kreuzkuppelbau besitzt in Grund- und Aufriss alle Charakteristika dieses Bautyps; in der Außenansicht besticht der hohe Tambour (Unterbau der Kuppel) mit zierlich wirkenden Blendarkaden, die elegant das runde Ziegeldach zu tragen scheinen. Der Innenraum weist lediglich im älteren Langschiff schlecht erhaltene Fresken auf. Hangaufwärts kommt man zur **Agios-Joannis-Kirche** in der Nähe des Friedhofs. Sie steht auf den Grundmauern einer frühchristlichen Basilika (spärliche Reste des Bodenmosaiks der Basilika sind erhalten) und besitzt Fresken vom Beginn des 15. Jh. (Schlüssel beim Wirt des Kafenions erbitten).

Moni Savathiana bei Rogdia, Detail der Antonios-Ikone

Im Bergdorf Axos standen einst fast 50 Kirchen. Unter den wenigen erhaltenen ist die Agia-Irini-Kirche die bedeutendste

Zentrum des Ortes ist der hübsche Dorfplatz mit Platane, Löwenbrunnen, Kafenion und Geschäften. Wie in Anogia werden auch hier Schafwollteppiche und -decken verkauft, die Preise sind hier etwas niedriger als im Nachbardorf. Axos ist auch Ausgangspunkt für die Besteigung des Psiloritis.

7 km südwestlich von Axos liegt die **Sentoni-Höhle** (tgl. 10–18 Uhr) beim Dorf Zoniana. Sie gilt als eine der schönsten und größten Tropfsteinhöhlen Kretas, wurde aber auf sehr unbefriedigende Weise erschlossen und für Touristen zugänglich gemacht.

9 Rogdia und Moni Savathiana

Hangdorf über dem Kretischen Meer in herrlicher Aussichtslage – Nonnenkloster in paradiesischem Grün.

Nordwestlich von Iraklion. Zunächst auf der alten Nationalstraße bis zur Abzweigung Rogdia-Achlada (7 km). Dann auf serpentinenreicher Strecke 9 km bis Rogdia. – Zum Kloster Savathiana: am Ortsanfang von Rogdia auf stark steigender Piste (nur teilweise asphaltiert) 4,5 km.

Das Dorf **Rogdia** liegt – von Iraklion aus gesehen – am Tag weiß schimmernd, am Abend lichterfunkelnd über dem Meer am Nordhang des markanten Kegelberges Stroumboulas. Von den nahe gelegenen Hotels in Ammoudara und Agia Pelagia kommen heute Touristen herauf.

Die *Aussicht* vom Dorf, in dem früher sehr viele Webstühle klapperten, aufs Meer, die Bucht und die Hauptstadt Iraklion ist wunderschön.

Am Ortsbeginn zweigt die Piste zum **Moni Savathiana** (tgl. 8–13 und 16–19 Uhr) ab, das nach dem hl. Savas benannt ist. Die sehr gepflegte, weiß gekalkte Anlage liegt fast versteckt in einem Tal, üppig gerahmt von Zypressen, Orangen- und Zitronenbäumen. Die Nonnen bestellen die klostereigenen Gärten, Felder und Blumenrabatten. Mehrere wertvolle *Ikonen* des Klosters befinden sich heute im Ikonenmuseum Iraklion [Nr. 1], so die ikonographisch bedeutende Ikone der ›Panagia Zoodochou Piji‹ (Muttergottes als Quelle des Lebens), die 1655 vom Mönch Christophoros gemalt wurde, und eine Gregor-Dialogos-Ikone (17. Jh.). In der Hauptkirche hängt heute u. a. die Antonios-Ikone aus der zweischiffigen Kirche in der nahen, quellenreichen Schlucht. Zu dieser, den Heiligen Savas und Antonios geweihten Kirche gelangt man über den Stationenweg.

Im Kloster wird noch immer der Schädel eines Kreters verwahrt, den der Abt gelegentlich zeigt. Vielleicht gehört er wirklich dem Großvater von Nikos Kazantzakis, von dem der Vater des großen Dichters erzählt (Rechenschaft vor El Greco): »Meinen Vater hättest du sehen sollen, meinen Vater, er war ein richtiger Drache (...). Im hohen Alter, blind, griff er beim Aufstand von 1878 zu den Waffen und ging in die Berge zum Kampf; doch die Türken umringten ihn, fingen ihn mit einer Seilschlinge und schlugen ihm den Kopf ab vor dem *Kloster von Savathiana*. Ich sah eines Tages durch das Fensterchen des Altarraums, in dem die Mönche seinen polierten und mit heiligem Öl von der ewigen Lampe gesalbten Schädel bewahrten, die tiefen Kerben, die von den Schwerthieben herrührten.«

Das Kloster betritt man in dezenter Kleidung und eine angemessene Spende sollte selbstverständlich sein. Die Nonnen verkaufen Handarbeiten.

Ausflug

Auf der Fahrt nach Agia Pelagia ist die Ruine des venezianischen **Kastells Palekastro** auf einem Felsen über dem Strand ein markanter Blickpunkt. Der Name, wörtlich ›altes Kastell‹, ist in Griechenland sehr häufig. Die Ruine ist historisch von Bedeutung, denn hier fanden 1669 nach der erbitterten 21 Jahre dauernden Belagerung Candias (Iraklions) die Übergabeverhandlungen statt, bei denen Francesco Morosini endlich den ehrenvollen Abzug der Venezianer erreichen konnte.

An der Nordwestspitze der weiten Bucht liegt schließlich **Agia Pelagia**, das sich in den vergangenen Jahren von einem kleinen Fischerort zum Touristen- und Wassersportzentrum gemausert hat. Der lebhafte Ort besitzt einen schmalen, aber langen, windgeschützten Sandstrand; die Bucht mit Fels- und Kiesstränden ist reich gegliedert. Ab Ende Mai/Anfang Juni wird die anschließende Nordküste zum *Paradies für Wassersportler*: Surfen, Tauchen, Wasserski etc.

i Praktische Hinweise

Hotels

*******Sofitel Capsis Palace**, Agia Pelagia, Tel. 28 10 81 11 12, Fax 28 10 81 13 14, www.capsis.gr. Große Anlage mit Haupthäusern und Bungalows am Hang auf der Halbinsel 900 m vom Ort mit Kiesstrand. 1228 Betten, Wassersportzentrum.

******Peninsula**, Agia Pelagia, Tel. 28 10 81 13 13, Fax 28 10 37 16 00, www.peninsula.gr. Etwa 1 km vom Ort terrassenförmig auf einer Anhöhe am Meer mit Sand-Kiesstrand. 500 Betten, Barakuda-Klub (Wassersport).

10 Fodele

Von Orangenhainen umgebenes Dorf, das sich rühmt, Geburtsort El Grecos zu sein.

Westlich Iraklion, zunächst auf Nationalstraße 26 km, dann 3 km nach Süden (ausgeschildert).

Beweisen konnten es die Bürger nie, aber Zweifler konnten die Behauptung auch nicht widerlegen. Und so kann man in Fodele Büste und Geburtshaus des berühmten kretischen Malers sehen, der bereits mit 25 Jahren seine Heimatinsel Kreta verließ und über Italien nach Spanien kam. Er soll in Iraklion Schüler von Michael Damaskinos gewesen sein und in Venedig in Tizians Werkstatt gearbeitet haben. Ab 1577 arbeitete er in Toledo. Seinen schwierigen griechischen Namen Theotokopoulos gab er auf und nannte sich **El Greco** der Grieche (1540/41(?)–1614).

Wie weit er sich nicht nur räumlich von seiner Heimat entfernte, zeigte die große Greco-Ausstellung 1990 in Iraklion: Seine expressive Formgebung, seine wild leuchtenden Farben ließen ihn wie einen Maler vom anderen Stern erstrahlen.

Den hübschen Spaziergang zum vermutlichen Geburtshaus El Grecos im Nordwesten des Dorfs (1 km) kann man mit der Besichtigung der byzantinischen **Panagia-Kirche** von Lumbinies verbinden (ausgeschildert, von der Hauptstraße über die Brücke, dann rechts. Besichtigung der Kirche nicht immer möglich). Die kleine, aus Bruchsteinen aufgerichtete *Kreuzkuppelkirche* mit Tambour liegt inmitten von Orangenhainen, typisch für die byzantinische Zeit sind die Ziegeldächer und Blendarkaden. Die nur fragmentarisch erhaltenen Fresken im Innenraum entstanden im 13. Jh.

i Praktische Hinweise

Im Dorf gibt es viele Kafenia und Tavernen, in denen man unter Platanen herrlich rasten kann, wenn nicht gerade mehrere Reisebusse angekommen sind. Frauen und Kinder verkaufen Handarbeiten.

11 Ano Zaros

Berghotel mit der einzigen Forellenzucht ganz Kretas.

Südwestlich von Iraklion. Zunächst auf der Hauptstraße 30 km südwärts bis Agia Varvara, dann 15 km nach Westen.

Unmittelbar westlich von Agia Varvara senkt sich die asphaltierte Nebenstraße in mehreren Kehren in ein Tal mit Ölbaumhainen am Fuß der Ida-Kette.
Die Dörfer Gergeri, Kato Zaros und Ano Zaros sind quellenreich und versorgten bereits das antike Gortis über einen Aquädukt mit Wasser. Heute findet man eine Abfüllstation an der Straße; das Quellwasser von Zaros wird überall auf Kreta getrunken.

Im Dorf **Ano Zaros** biegt eine schmale Straße zum *Idi Hotel* ab. Es befindet sich unterhalb der gewaltigen Rouwas-Schlucht und wurde durch seine schöne Lage und *Forellenzucht* bekannt. In mehreren Becken werden bei einer alten Wassermühle kanadische Forellen gehalten und in der Taverne köstlich zubereitet.

TOP TIPP Rouwas-Schlucht

500 m weiter endet die Asphaltstraße am Ausgang der Rouwas Schlucht. Die Durchwanderung dieser Schlucht gehört zu den schönsten Touren auf Kreta. Sie beginnt normalerweise bei der Sternwarte auf dem 1752 m hohen *Skinakas* oberhalb von Anogia (7–8 Stunden), man kann aber auch sehr gut von Zaros aus 2 Stunden in die Schlucht hineinsteigen und dann umkehren. Der markierte und neu angelegte Weg führt an der *Kirche des Nikolaos-Klosters* (Moni Agios Nikolaos, Ikonen, Fresken aus dem 14./15. Jh.) vorbei zwischen 200–300 m hohen *Felswänden* bergauf, die Eindrücke sind fantastisch.

i Praktische Hinweise

Geführte **Schluchtwanderungen** bieten alle kretischen Reisebüros an.

Hotel

****Idi Hotel**, liegt in 900 m Höhe, 1 km von Ano Zaros, Tel. 28 94 03 13 02, Fax 28 94 03 15 11, www.votomos.com. Schön gelegenes Hotel aus Haupt- und Nebenhaus sowie einigen Bungalows, insgesamt 111 Betten und Pool. Im Winter geschlossen; die Zimmer sollte man unbedingt vorbestellen.

Restaurant

TOP TIPP **Idi Taverne**, Ano Zaros, Tel. 2894031302 Man sitzt unter Platanen am plätschernden Bach vis-à-vis vom Hotel; zum köstlichen Forellenessen spielt und singt manchmal ein kretisches Duo Volks- und Tanzlieder.

12 Moni Vrondissi

Kloster mit stark venezianischen Einflüssen.

2,5 km westlich von Zaros an der Straße nach Kamares, ausgeschildert. Abzweigung nach rechts, auf steiler, asphaltierter Straße 1,5 km bergauf.

Bereits um 1400 wird das auf einer schmalen Bergterrasse liegende Kloster Vrondissi erwähnt, das genaue Gründungsdatum ist unbekannt. Beim Aufstand gegen die Türken 1866 stellte hier der Anführer Korakas das erste bewaffnete Korps auf und rief die Revolution in Zentral- und Ostkreta aus. Daraufhin eroberten die Türken das Kloster und setzten es in Brand.

Die heutige ummauerte Klosteranlage stammt aus den Jahren 1630–39. Nur noch ein Mönch bewohnt Vrondissi und hält es ohne feste Zeiten für Besucher geöffnet.

Besichtigung Parkmöglichkeit auf dem Vorhof im Schatten einer mächtigen Platane. Links steht der venezianische **Brunnen** (15. Jh.), der – einmalig in einem griechischen Kloster – mit zwei fast lebensgroßen Reliefs von Adam und Eva verziert ist: beide nur mit einer Weinlaub-Girlande bekleidet. Leider sind ihre Köpfe abgeschlagen, auch die kühles Quellwasser speienden Flussgötter darunter sind sehr stark beschädigt.

Spitztonnen überwölben die beiden unterschiedlich hohen Kirchenschiffe. Der Kircheneingang liegt im *Nordschiff*, hier hängen an der Nordwand schöne Ikonen im venezianischen Stil, u. a. vom Maler Angelos (um 1600). Die Fresken im Agios Antonios geweihten *Südschiff*, der ursprünglichen Klosterkirche (Katholikon), stammen aus dem ersten Drittel des 14. Jh. und sind von hoher Qualität (das Fotografieren ist verboten). Sie zeigen Heilige und Märtyrer sowie den Festtags-Kalender (beschädigt). Ungewöhnlich sind hier die acht Heiligen- und Erzengelmedaillons am Triumphbogen, und einzigartig auf ganz Kreta ist die Abendmahlsszene in der Apsiswölbung anstelle eines Christus- oder Panagia-Bildes.

Die Kirche des zerstörten Klosters Valsamonero liegt wunderschön am Südrand des Ida-Gebirges, nicht weit vom Bergdorf Kamares

13 Agios-Phanourios-Kirche des Moni Valsamonero

TOP TIPP

In mehreren Bauabschnitten entstandene Kirche des zerstörten, einst einflussreichen Klosters. Berühmter Freskenschmuck.

Südlich der Straße Zaros – Kamares. Etwa 5,5 km westlich von Zaros am Dorfende von Vorizia: scharfe Linkskurve bergab, zunächst enge Dorfgasse, dann 2,5 km schmale, schlechte Erdpiste. Im Dorf Vorizia nach dem Phylakas (Wärter) und Schlüssel (klidi) fragen.

Einsame, wunderschöne Berglandschaft umgibt die Klosterkirche, nur das Blöken der Schafe und Pfeifen der Hirten durchbrechen gelegentlich die Stille.

Der älteste Teil der Klosterkirche ist das 1328 errichtete, der *Panagia* (Gottesmutter) geweihte Nordschiff. Um 1400 erfolgte eine Erweiterung nach Süden durch die *Agios-Joannis-Kapelle*. Vor beiden Kirchenschiffen liegt ein Doppelnarthex, der wahrscheinlich ebenfalls in zwei Bauphasen entstand. Ab 1426 wurde schließlich die dem *hl. Phanourios* gewidmete Kapelle der Vorhalle des Südschiffs integriert und 1428/31 von Konstantinos Rikos ausgemalt.

Außen zeigt die Kirche deutlich Einflüsse der venezianischen Gotik, schön sind die beiden verzierten Spitzbogenportale an der Südwand mit dazwischenliegender Glockenarkade. Trotz Restaurierung nur teils gut erhalten sind die sehr qualitätvollen Fresken des 14./15. Jh. im Inneren der Kirche. Die kostbaren Ikonen kamen bereits Anfang des 19. Jh. nach Iraklion (Ikonenmuseum). Fotografieren ist leider verboten.

Die **Agios-Joannis-Kapelle**, die man zuerst betritt, zeigt in der Apsiswölbung eine Darstellung des ›Joannis Prodromos‹ (= Vorläufer), darunter Diakone, im Langschiff sind Szenen aus dem Leben des Täufers zu sehen. Den Triumphbogen ziert eine ›Beweinung Christi‹.

Die jüngsten Fresken besitzt die **Phanourios-Kapelle**. Den recht seltenen Phanourios-Kult brachte Anfang des 15. Jh. der damalige Abt des Klosters Valsamonero von Rhodos nach Kreta, lange Zeit blieb Valsamonero Zentrum dieser Heiligenverehrung. Das Bildprogramm beinhaltet eine Darstellung des ›Pantokrator‹ (Christus als Weltenherrscher) in der Apsis sowie darunter der ›Apostelkommunion‹, des weiteren Szenen aus der Vita des Heiligen an Nord- und Ostwand sowie im südlichen Joch sechs christologische Szenen, das ›Jüngste Gericht‹ und Heilige. Hervorzuheben ist am Triumphbogen eine auf Kreta einmalige Interpretation der ›Dreifaltigkeit‹ als dreifacher Engel, umgeben von Evangelistensymbolen und anbetenden Engeln.

24 Bilder des ›Akathistos-Hymnos‹, des ›im Stehen‹ zu singenden Marien-Hymnos der Fastenzeit, zieren das Langschiff der **Panagia-Kapelle**. Am Triumphbogen findet sich anstelle der ›Verkündigung‹ das ›Gastmahl Abrahams‹ (die in der Ostkirche übliche Darstellung der Dreifaltigkeit) und Propheten. In der Apsiswölbung sieht man die ›Muttergottes‹, flankiert von zwei Engeln, darunter ›Liturgie feiernde Kirchenväter‹ (diese Darstellung gehört zum festen Programm spätbyzantinischer Kunst).

Praktische Hinweise

Im Dorf **Vorizia** gibt es sehr einfache Kafenia an der Hauptstraße.

14 Mesara-Ebene

Kretas fruchtbarste Landschaft.

Die Straße von Iraklion zur Mesara-Ebene ist die wichtigste Nord-Süd-Achse Kretas. Man durchquert zunächst das *zentralkretische Becken*, aus dem im Mittelalter der berühmte Malvasier-Wein kam – noch heute liegt hier das größte Weinanbaugebiet Kretas. Wein, Tafeltrauben und Rosinen werden produziert. Im Westen erstreckt sich von Nord nach Süd der markante Tafelberg Patela, auf dem die Akropolis des antiken *Rhizenia* lag (bedeutende archaische Skulptur- und Architekturreste im Archäologischen Museum Iraklion).

Das wohlhabende Landstädtchen **Agia Varvara** gilt als geographischer Mittelpunkt Kretas, der Felsen am Dorfeingang

Der qualitätvolle Freskenschmuck der Panagia-Kapelle (14./15. Jh.) illustriert u. a. den ›Akathistos-Hymnos‹

(mit Profitis-Elias-Kapelle) trägt deshalb den Namen Omphalos (Nabel).

Nur wenig südlich von Agia Varvara ist am 600 m hohen *Vourvoulitis-Pass* der höchste Punkt der Strecke erreicht, man hat von hier, ehe man in zahlreichen Kurven bergab fährt, einen umfassenden Blick auf die **Mesara-Ebene**.

Diese ist mit 40 km Ost-West-Ausdehnung und 6–12 km Breite die größte und erdgeschichtlich jüngste Ebene der Insel. Ihre Fruchtbarkeit verdankt die Mesara-Ebene der geschützten Lage zwischen Ida-Gebirge (im Norden) und den Asteroussia-Bergen (im Süden) sowie der Bewässerung durch den Fluss Geropotamos, einer der wenigen, auch im Sommer wasserführenden Flüsse Kretas.

Die Mesara-Ebene wird seit vorminoischer Zeit kontinuierlich bewohnt, aus den bereits im 19. Jh. dort entdeckten frühminoischen *Kuppelgräbern* stammen Siegel, Schmuck, Keramik und Ton-idole, die u. a. bereits das Einfangen von Stieren zeigen. Für weit über Kreta hinausreichende Verbindungen des 3. Jt. v. Chr. sprechen kykladische Marmoridole und ägyptische Skarabäen.

Seit römischer Zeit war die Mesara-Ebene Kretas Kornkammer; inzwischen sind die charakteristischen kreisrunden Dreschplätze, die vom Vourvoulitis-Pass aus beeindruckten, großenteils überwachsen. Heute werden in Plastikgewächshäusern Gurken, Tomaten, Bananen und Frühgemüse gezogen und auf den europäischen Markt geliefert.

15 Agii Deka

Ort der zehn Märtyrer von Gortis.

Am Nordrand der Mesara-Ebene; die von Iraklion (44 km) kommende Straße führt mitten durch das Dorf.

Die Geschichte des Dorfes Agii Deka (›Zehn Heilige‹) ist noch wenig erforscht, ebenso die Baugeschichte der Basilika Agii Deka, in der die **Märtyrer** bestattet sein sollen. Die zehn wurden während der von Kaiser Decius (249–51) angeordneten Christenverfolgung im nahen Gortis enthauptet, weil sie den heidnischen Göttern die Opfer verweigerten. Ihre Gebeine kamen gemäß der Überlieferung in konstantinischer Zeit nach Agii Deka.

Die **Kirche** liegt (von Iraklion kommend) 100 m links abseits der Hauptstraße am Ortsende – eine dreischiffige Basilika, die Anfang des 20. Jh. restauriert und in der Außenansicht verändert wurde. Wahrscheinlich steht sie auf den Grundmauern eines frühchristlichen Gebäudes. Der tief liegende *Narthex* scheint der älteste Teil zu sein, auffallend sind die *Kuppelbauten*, die im Norden und Süden in Höhe der drei Ostapsiden angebaut wurden und je fünf Märtyrern gewidmet sind. In der Kirche wird der *Stein* gezeigt, auf dem sie enthauptet wurden.

Zur Besichtigung der Basilika sollte man an der Durchfahrtsstraße parken, im Umkreis der Kirche machen sich gelegentlich Jugendliche an den parkenden Wagen zu schaffen.

Europa kam aus dem Orient

Eines Tages sah **Zeus** die bezaubernde phönizische Königstochter **Europa** mit ihren Gespielinnen auf einer Wiese. Von Liebe entflammt, verwandelte er sich in einen makellos weißen **Stier** und näherte sich zutraulich den Mädchen. Die Prinzessin, von der kraftvollen Schönheit des Stiers beeindruckt, setzte sich im Spiel auf seinen Rücken. Sofort erhob sich das Tier, stürmte mit der sich festklammernden Europa zum Meer, durchschwamm es und landete schließlich auf Kreta. Dort hatten die Nymphen schon das Brautbett unter einer Platane bei **Gortis** bereitet, die seither nie mehr ihre Blätter abwarf. Europa schenkte dem Gott Zeus drei Söhne: **Minos**, **Rhadamanthys** und **Sarpedon**. Alle drei regierten später in Freundschaft und mit großer Gerechtigkeit ihr Volk.

i Praktische Hinweise

Mehrere einfache Kafenia und Tavernen findet man an der Hauptstraße.

16 Gortis

Plan Seite 46

TOP TIPP

Die wichtigste griechisch-römische Ausgrabungsstätte auf Kreta mit dem ältesten schriftlich fixierten Gesetzestext des Abendlandes.

Am Nordrand der Mesara-Ebene, die Straße nach Mires führt mitten durch das Grabungsgelände
tgl. 8–18 Uhr

Der Mythos berichtet, dass Zeus seine Hochzeitsnacht mit der schönen Europa unter einer immergrünen Platane in der fruchtbaren Mesara verbrachte – Gortis rühmt sich, diese Platane zu besitzen.

Geschichte Gortis (in der Antike Gortys) wird erst nach Einwanderung der Dorer im 10. Jh. v. Chr. als Stadt erwähnt; ab dem 8. Jh. v. Chr. löste es Festos als bedeutendste Siedlung der Mesara-Ebene ab. Berühmt sind die zwischen 500 und 400 v. Chr. in Stein gemeißelten Gesetzestexte von Gortis. Die Römer eroberten die Stadt 67 v. Chr. und machten sie zur Hauptstadt ihrer Provinz Creta und Cyrenaica, bis im 4. Jh. Konstantin d. Gr. die Cyrenaica zur eigenständigen Provinz erhob.

Im Kap. 27,8 der Apostelgeschichte wird berichtet, dass der **Apostel Paulus** 58 n. Chr. als Gefangener auf seiner Fahrt nach Rom im ›Schönen Hafen‹ (Kali Limenes) nahe Gortis wegen der Herbststürme kurz Station machen musste. Er ließ seinen Gefährten **Titus** zurück, der dann als erster Bischof Kretas wirkte und die Christianisierung der Insel voranbrachte. Im berühmten Brief an Titus steht nicht nur das Zitat »Kreter sind immer Lügner, böse, wilde Tiere, faule Bäuche«, sondern auch, dass Titus in jeder Stadt untadelige Älteste als »Verwalter Gottes« einsetzen solle.

200 n. Chr. wurde die Großstadt mit einer Stadtmauer umgeben, dennoch eroberten und zerstörten die Sarazenen Gortis (823–827). Vom Reichtum der frühchristlichen Bischofsstadt geben die zahlreichen, nur z. T. freigelegten Kirchen Zeugnis. Nach der Araberzeit wurde die

Gortis – Abendlicht über der Titus-Kirche. Die großartige Ruine steht wahrscheinlich dort, wo Titus, der erste Bischof Kretas, enthauptet wurde

Stadt nicht mehr aufgebaut, blieb aber Bischofssitz.

Erste Ausgrabungen begannen Ende des 19. Jh. durch italienische Archäologen, bis heute sind die Arbeiten nicht abgeschlossen.

Besichtigung Der größte Teil des einstigen Stadtgebiets wird vom silbrigen Grün eines ausgedehnten Olivenhains verborgen, nur einzelne Bereiche sind ausgegraben oder stehen als monumentale Ruinen. Wer alle Grabungsfelder sehen will, benötigt 2–3 Stunden. Der **Eingang** zum bedeutendsten, relativ kleinen Areal befindet sich am nördlichen Straßenrand.

Direkt beim Eingang ins umzäunte Gelände stößt man auf die Ruine der **Titus-Basilika [1]**. Die ins 7.–8. Jh. datierte Kirche steht wahrscheinlich an jener Stelle, an der Titus 105 n. Chr. enthauptet wurde, und besaß einen Vorgängerbau. Bis zur arabischen Eroberung war sie Sitz des Erzbischofs, ihre qualitätvolle Architektur besticht noch im jetzt ruinösen Zustand. Nur *Mittelapsis* und *Nebenapsiden* stehen, das sauber ausgeführte Quadermauerwerk verrät nicht zuletzt durch wieder verwendete Werkstücke (Spolien) antike Steinmetztradition. Dennoch ist die Baukonzeption sehr originell: Die dreischiffige Kuppelbasilika besaß den Charakter einer Trikonchenanlage, die im Bema (dem erhöht liegenden Altarraum) nochmals wiederholt wird. In der nördlichen Seitenapsis (Prothesis) befindet sich ein kleiner Altar, von dem Kirchenschiff sind nur die Grundmauern und die Säulenbasen erhalten.

Hinter der Kirche führt ein kurzer Pfad zum römischen **Odeon [2]** (1. Jh. n. Chr.), dessen Marmorboden und Sitzreihen gut erhalten sind. In eine Rückwand des halbrunden Hörer- bzw. Zuschauerraums ist die größte Sehenswürdigkeit des antiken Gortis eingelassen (heute meist nur durch Gitter zu sehen): das **Stadtrecht** (5. Jh. v. Chr). Es galt bereits den Römern als schützenswerte Antike, so wurden die beschrifteten Steinblöcke in den Umgang der Rückwand eingemauert.

Auf 42 Steinquadern sind in 12 Kolumnen zu je 52 Zeilen *Rechtsnormen* für das Zusammenleben von Freien und Sklaven eingemeißelt, und zwar in der Anordnung »wie der Ochse pflügt«, d. h., der in der ersten Zeile (nach phönizischer Art) von rechts nach links laufende Text beginnt in der zweiten Zeile links und ist dort spiegelbildlich gesetzt (deutlich zu erkennen am Buchstaben E). Die Vorschriften beziehen sich auf straf- und zivilrechtliche Fragen wie Ehebruch, Scheidung und Erbrecht, aber auch auf die Regelung von Problemen der Mischehen zwischen Freien und Sklaven, die anscheinend nicht ganz so selten waren. Es handelt sich um die längste erhaltene griechische Inschrift in Griechenland, sie ist in altdorischem Dialekt verfasst, den

Gortis: Die berühmte Rechtsinschrift ist in altdorischem Dialekt verfasst. Jede zweite Zeile verläuft in Spiegelschrift

die Römer wahrscheinlich gar nicht lesen konnten. Faszinierend sind die Gesetze auch deshalb, weil schon die minoische Rechtsprechung gerühmt wurde und das Recht Kretas in griechischer Zeit als vorbildlich galt.

Nördlich vom Odeon findet man außer Resten einer venezianischen Wassermühle die **Immergrüne Platane [3]** von Gortis, unter der Zeus und Europa Hochzeit gefeiert und Minos gezeugt haben sollen. Auf der anderen Seite des Flussbetts liegen die wenigen Ruinen des griechischen **Theaters [4]** und die **Akropolis [5]**.

Um eine Vorstellung von der enormen Ausdehnung der alten Stadt zu bekommen, sollte man auch das Gelände südlich der Straße besuchen. Wer nur einen kurzen Überblick erhalten will, kann mit dem Auto ein Stück in die schräg gegenüber der Titus-Basilika nach Mitropolis und Lendas abzweigende Straße einfahren. Hier folgen in kurzen Abständen umzäunte, von außen einsehbare Ausgrabungsbezirke mit Ruinen einer **Zweikonchenkirche [6]**, einer drei- oder fünfschiffigen **Basilika [7]** und schließlich die **Dreikonchenanlage [8]** von Mitropolis.

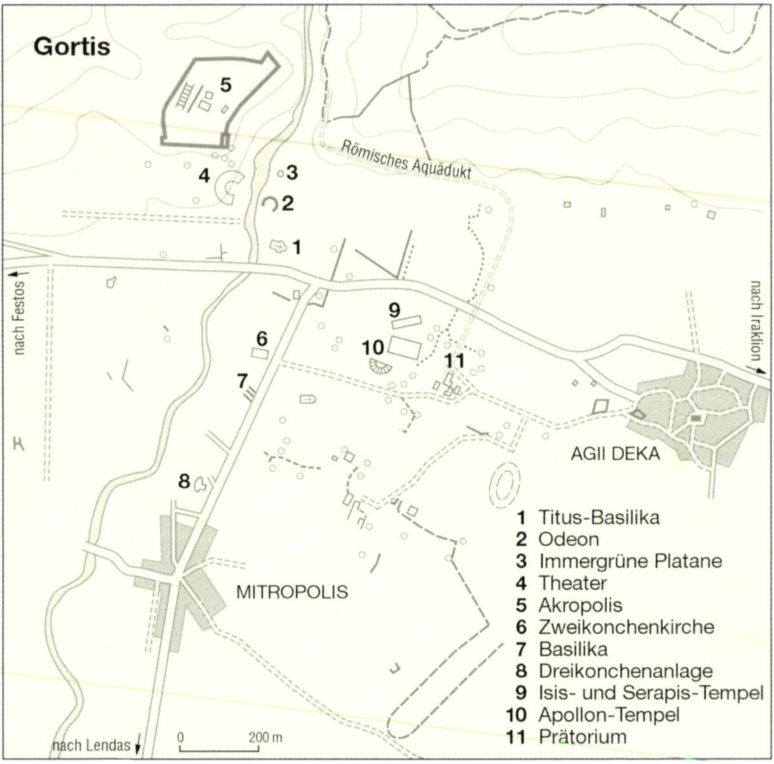

Zu Fuß lassen sich im Olivenhain die übrigen freigelegten Bauten der römischen Stadt erkunden. Man geht von der Tituskirche auf der Hauptstraße etwa 200 m nach Osten in Richtung Agii Deka und biegt in den Feldweg nach Süden. Links und rechts vom Weg finden sich die Ruinen des **Isis- und Serapis-Tempels [9]** mit Wasserbecken, des **Apollon-Tempels [10]** und des **Prätoriums [11]** (Sitz des römischen Statthalters). Insgesamt fasziniert die (im Sommer heiße) Wanderung weniger durch die Ruinen als vielmehr durch die beharrliche Kraft, mit der die Natur die einst so mächtige Metropole zurückerobert hat. Nur 40–60 cm unter dem Blütenteppich der Kronenmargeriten liegen Statuen von Göttern und Kaisern, Fragmente von Säulen und Mosaikböden.

i Praktische Hinweise

Beim Ausgrabungsgelände gibt es ein kleines Kafenion, zum Essen fährt man am besten ins 24 km entfernte Matala.

17 Vori

Einfaches Dorf mit sehr modernem Kretischen Volkskundemuseum.

3 km östlich von Timbaki, 1 km nördlich der Hauptstraße 97, gut ausgeschildert. Am Dorfanfang parken, da in den engen Gassen des Dorfzentrums kaum Parkmöglichkeiten existieren.

Attraktion des kleinen Ortes ist das von der europäischen Union als vorbildlich ausgezeichnete **Museum of Cretan Ethnology** (April–Sept. tgl. 10–18 Uhr, sonst 8–15 Uhr). Es entstand auf private Initiative und wird privat geführt. Seine vielfältigen Exponate präsentiert das Volkskundemuseum im ersten Stock eines alten Hauses. Hirten-Utensilien wie Stock, Stiefel und Kürbisflasche sowie Schafschur (Fotos) werden hinter Glas dort ebenso gezeigt wie Gegenstände des bäuerlichen Betriebs und Haushalts. Ferner gibt es die Werkstatt eines Schusters, Schreiners sowie Schmieds, Werkzeug der Korbflechter und Trachten zu sehen. Besonders umfangreich ist die Sammlung der Musikinstrumente wie Kretische Lyra (drei Saiten), Tsampouna (Dudelsack), Laute (vier Saiten), Hirtenflöte u. a. Es wird ein ausführlicher Katalog (englisch) angeboten.

18 Festos

Plan Seite 48

TOP TIPP

Besonders eindrucksvoller, nicht rekonstruierter minoischer Palast in beherrschender Lage über der Mesara-Ebene.

Abzweigung von der Hauptstraße 97 zwischen Mires (Samstagsmarkt) und Timbaki (Freitagsmarkt); ausgeschildert. Gute, asphaltierte Zufahrt, Parkplatz.
tgl. 8.30–19.30 Uhr

Der Mythos berichtet, Festos (in der Antike Phaistos) sei von Minos gegründet und von dessen Bruder Rhadamanthys bewohnt worden. Die noch hoch anstehenden Ruinen mit Blick auf das Ida-Gebirge machen den Besuch von Festos zum unvergesslichen Erlebnis.

Geschichte Neuere Grabungen haben am Fuß des 100 m hohen Hügels neolithische Siedlungsspuren aufgedeckt. In Festos sind große Teile des alten Palastes zu sehen, der von 1850 bis 1700 v. Chr. bestand und mehrfach durch Erdbeben beschädigt wurde. Bereits zur älteren Palastzeit grenzte eine Stadt an den Herrschersitz. Schon bald nach seiner Zerstörung wurde ab 1550 v. Chr. an gleicher Stelle der neue Palast errichtet, dessen Mauern z. T. unmittelbar auf verschütteten Räumen mit großen Pithoi stehen.

Der Fußschemel neben dem Pithos im Palast-Magazin von Festos verrät, wie schwierig für die zierlichen Minoer die Handhabung ihrer hohen Gefäße war

Nach der Katastrophe von 1450 v. Chr. blieb nur die Siedlung am Hang bewohnt, sie verlor jedoch gegenüber dem aufsteigenden Gortis an Bedeutung und wurde schließlich im 2. Jh. v. Chr. von der Rivalin zerstört. Mehrere bekannte Männer stammten aus Festos, u. a. der Theologe und Schamane Epimenides (6. Jh. v. Chr.), dem der Satz »Alle Kreter sind Lügner« zugeschrieben wird.

Die **Ausgrabungen** begannen im 19. Jh. und dauern an. Sie werden vom Italienischen Archäologischen Institut Athen durchgeführt und konzentrieren sich zzt. auf die von minoischer bis in hellenistische Zeit bewohnte Stadt.

Besichtigung Das Palastareal ist vom **Nordhof [1]** aus gut überschaubar, etwas verwirrend wirkt allerdings, dass gleichzeitig Teile des alten und neuen Palastes zu sehen sind. Eine Treppe führt vom Nordhof auf den **Westhof [2]** hinunter, der zwei unterschiedlich hohe Abschnitte aufweist. Der tiefere Teil gehört zur älteren Palastanlage und wird von einem Prozessionsweg durchschnitten. Durch den Maschendrahtzaun sind die neueren Ausgrabungen am Westhang zu erkennen. Am Nordrand des Westhofes liegen

Blick von Nordosten: Die herrliche Lage über der Mesara-Ebene prädestinierte den Hügel von Festos zum Herrschersitz!

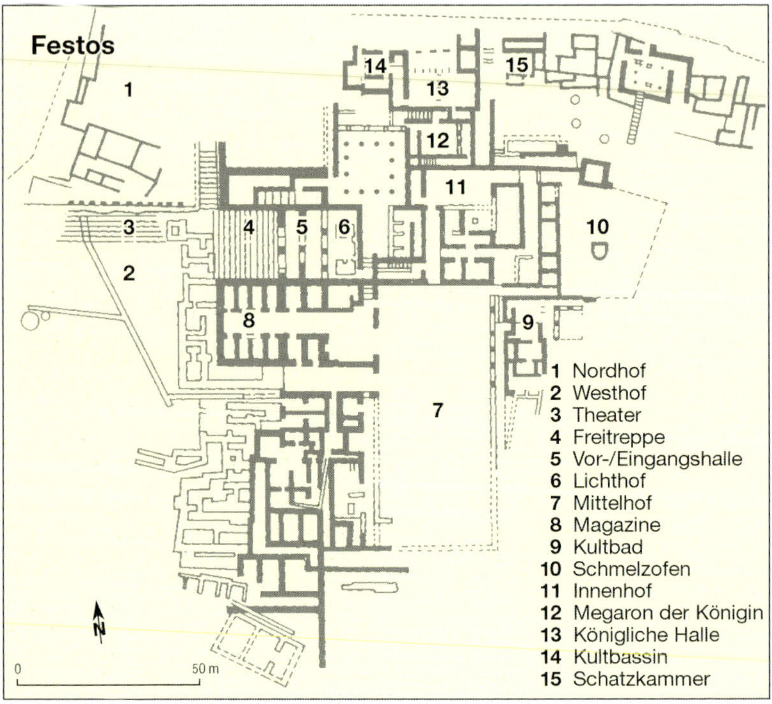

acht 20 m breite, von einer Mauer begrenzte Stufen, die als **Theater [3]** der alten Palastanlage gedeutet werden und als ältestes Theater der Welt gelten. Bei Erbauung des neuen Palastes wurde das Niveau des Westhofes angehoben und der Hof vergrößert (mehrere Räume des alten Palastes sind jetzt sichtbar). Eine 13,6 m breite **Freitreppe [4]** leitet zur Vor- und **Eingangshalle [5]** des neuen Palastes, an die ein schmaler Hof mit drei Säulen, der **Lichthof [6]**, grenzt. Da die repräsentative Freitreppe praktisch zu keinem entsprechend großzügigen Palasteingang führte, ist die These, es könne sich bei Treppe, Vorhalle und dem dreiteiligen Raum um einen *Tempelbezirk* gehandelt haben, nicht von der Hand zu weisen. Die Säule in der Mittelachse (eine minoische Eigenheit) könnte sich dann auf einen alten Baumkult beziehen. Ein schmaler Gang führte von hier weiter zum Säulenhof und zu den königlichen Gemächern im Norden; ein repräsentativer Durchgang zum Mittelhof fehlt.

Wie in Knossos erstreckt sich dieser 22 x 46 m große **Mittelhof [7]** in Nord-Süd-Richtung, auf der Westseite des Hofes standen im alten Palast Pfeilerarkaden (Fundamente). Besonders interessant sind im *nördlichen Westflügel* die durch einen Mittelkorridor zugänglichen **Magazine [8]** mit Vorraum; im letzten Vorratsraum rechts stehen nicht nur riesige Vorratsgefäße in situ (am ursprünglichen Ort), sondern auch eine kleine Fußbank (moderne Überdachung).

Der am Hang liegende *Ostflügel* ist fast gänzlich abgestürzt, hier befanden sich Wohnräume, u. a. ein **Kultbad [9]**, in dem wertvolle Spendengefäße gefunden wurden. Im Nordosten schloss sich an den Ostflügel ein *Wirtschaftshof* an, die Ausgräber identifizierten hier Reste eines **Schmelzofens [10]** mit Schlackenspuren und Metallrückständen.

Der eindrucksvollste Teil des Palastes ist zweifellos der *Nordflügel*. Vom Mittelhof zweigt ein Korridor ab, der an der Hoffassade von Wachnischen und Halbsäulen flankiert wird. Dieser Gang mündet in einen **Innenhof [11]**, den das **Megaron der Königin [12]**, die **Königliche Halle [13]** und ein **Kultbassin [14]** umgeben.

Im ersten Stockwerk lagen über den privaten Königsräumen sicher Repräsentationsräume. Zum Schluss kann man noch im Nordosten des Palastbezirks die **Schatzkammern [15]** aufsuchen, in denen u. a. der berühmte Diskus von Festos gefunden wurde (Archäologisches Museum Iraklion).

Unter Kiefern hat man nach Norden einen herrlichen Blick auf die Südflanke des Ida mit dem sattelförmigen Dhijennis. Unterhalb seines rechten Gipfels zeich-

Agia Triada: Die elegant wirkenden Treppenstufen sind sorgfältig mit Platten belegt

net sich eine dunkle Stelle ab: Es ist die **Kamares-Höhle** (Spileo Kamaron), in der die wunderbare ›Kamares-Keramik‹ gefunden wurde (Archäologisches Museum Iraklion, Saal II). Der Aufstieg zur Höhle vom Dorf Kamares aus ist anstrengend und dauert rund 4 Stunden.

i Praktische Hinweise

Im **Touristenpavillon** gibt es ein Selbstbedienungscafé und einen kleinen Laden. Man kann sehr schön im Freien sitzen und den Blick auf den Ida genießen.

19 Agia Triada

Ausgesprochen intim wirkender minoischer Sommerpalast.

Asphaltierte Zufahrt über Festos (Richtung Matala, 3 km) nehmen. Wichtig: Nicht die an der Hauptstraße 97 nahe Timbaki ausgeschilderte Zufahrt wählen – dieser Feldweg ist in miserablem Zustand.
tgl. 10–16 Uhr

Der Palast von Agia Triada ist nach einer kleinen Kapelle benannt, die auf einem Nachbarhügel steht. Der minoische Land-

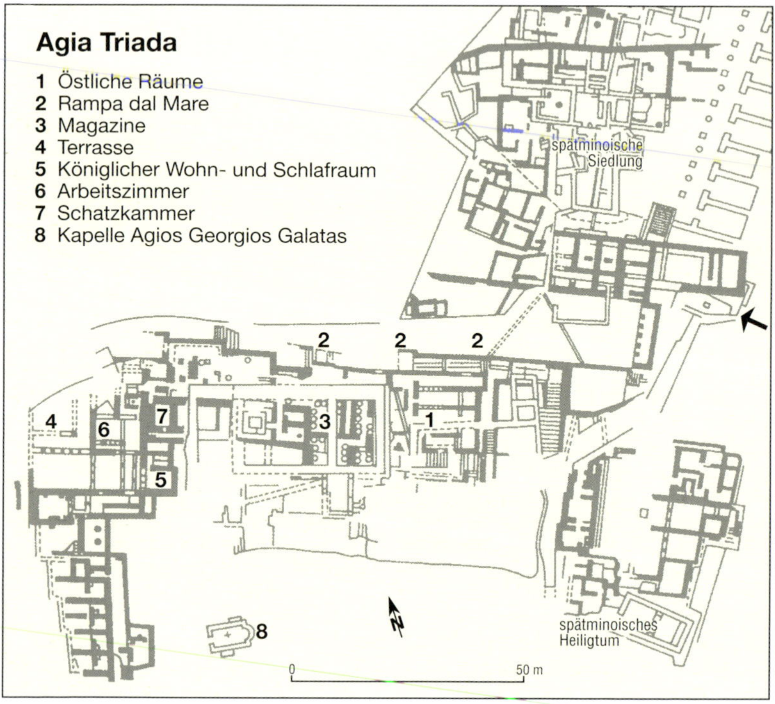

Faszinierende Szenen des Totenkults auf dem Sarkophag von Agia Triada. Links: Vorbereitung der Opfer bei Kithara-Klängen. Rechts: Der Tote empfängt die Gaben

sitz war durch einen gepflasterten Pfad mit Festos verbunden, an den Palast grenzte eine kleinere Siedlung. Einige Forscher vertreten die Meinung, dass der Herrscher in Agia Triada wohnte, während Festos als religiöses und wirtschaftliches Zentrum fungierte. Die Sommerresidenz wurde um 1550 v. Chr. erbaut und 1450 v. Chr. zerstört, danach überbaute ein achäischer Herrscher einen Teil des Palastes. Dessen Ruinen kamen gleichzeitig mit Festos (ab 1902) ans Licht.

Die Funde und Fresken, die zu den kostbarsten und schönsten der minoischen Zeit zählen, sind heute im Archäologischen Museum in Iraklion zu bewundern.

Besichtigung Vom kleinen Parkplatz führen viele Stufen zum *Grabungsgelände* hinab. Ein guter Überblick bietet sich von der Terrasse des Grabungshauses (Kasse). Der lichte Kiefernwald hat sich nach einem Brand vor wenigen Jahren wieder rasch erholt.

Man trifft auf die Ostseite des Areals. Im Norden des Palastes lag die **minoische Siedlung** mit einer langen Reihe von Läden oder Magazinen. Der Palast selbst erstreckt sich nach Westen und umgreift l-förmig den Hof im Süden. Die **östlichen Räume [1]** der Residenz sind überdacht, jedoch einsehbar. Man geht an der Palast-Nordseite auf der sog. **Rampa dal Mare [2]** entlang und entdeckt die breite spätminoische *Wasserrinne*, die das Wasser vom Südhof zum Hang ableitete. Die angrenzenden **Magazine [3]** wurden nach dem Brand von 1450 v. Chr. durch ein großes Megaron überbaut.

An der Nordwestseite lagen die schönsten Räume der Residenz mit Blick zum Meer, das einst bis an den Fuß des Hügels reichte (heute fruchtbare Schwemmlandebene). Die von den italienischen Ausgräbern in geringem Umfang restaurierten Räume sind teilweise überdacht: **Terrasse [4]**, **Saal** mit Polythyra und daran anschließend **königlicher Wohn- und Schlafraum [5]**. Der Wohnraum besitzt eine umlaufende Bank, das nördlich gelegene kleine **Arbeitszimmer [6]** schmückten einst prächtige Fresken, darunter Wildkatzen, die einem Fasan auflauern (Archäologisches Museum Iraklion). Im daran anschließenden **Archiv** wurden viele Tonsiegel und Täfelchen mit Linear-A-Schrift gefunden.

Die **Schatzkammer [7]** enthielt 19 Bronzebarren im Gewicht von je 29 kg. Diese sog. Talente waren geeicht, d. h. durch eingeprägte Kontrollmarken wurde ihr Gewicht garantiert, einige enthalten zyprische, andere kretische Zeichen. Ursprungsland dieser Talente ist Zypern. Die Barren in Form getrockneter Tierfelle sind – als Währung – Vorstufen der im 8./7. Jh. v. Chr. eingeführten Münzen.

Die von Höhlen durchlöcherte Felswand in Matala war bereits in prähistorischer Zeit bewohnt. Heute zieht der Strand viele Touristen an

Im Südwesten waren Räume für Bedienstete untergebracht, leicht erhöht steht die verschlossene **Kapelle Agios Georgios Galatas [8]** aus dem 14. Jh., deren Fresken restauriert wurden.

Praktische Hinweise

In Agia Triada gibt es keinen Kiosk, beim Parkplatz sitzt während der Saison meistens ein Kreter in alter Tracht, der Rosinen, Nüsse und Obst verkauft – früher hat er auch selbst gefertigte Rohrflöten angeboten.

20 Matala

Seit neolithischer Zeit bewohnte Felshöhlen in einzigartiger Lage.

Südwestlich von Festos am Libyschen Meer.

Matala steht heute im Programm jedes Reiseveranstalters, obwohl die schmale, von steilen Sandsteinfelsen gerahmte Bucht wenig Platz für den Touristenandrang bietet. Aber nach dem Besuch der Paläste von Festos und Agia Triada ist der kurze Aufenthalt am Meer ein erholsamer Kontrast. Für einen erholsamen Urlaub ist das betriebsame Matala also trotz der zahlreichen neuen Hotels und Pensionen wenig geeignet.

Die **Höhlen** in den ockerfarbenen, schräg geschichteten Steilwänden des zum Meer geöffneten Tals wurden bereits im 6. Jt. v. Chr. bewohnt. Aus dem weichen Sandstein ließen sich Wohn- und Schlafhöhlen, Feuerstellen und Vorratsräume mit einfachen Steinwerkzeugen herausarbeiten. Die Minoer hatten zwar ihren Haupthafen im nördlich gelegenen *Kommos* (wo Grabungen stattfinden), werden jedoch auch Matala genutzt haben. Der Mythos sagt, dass Zeus hier in Stiergestalt mit Europa landete, und Homer berichtet, dass Menelaos bei der Rückkehr vom Trojanischen Krieg an diesem Ort Schiffbruch erlitt. Für die Römer war Matala neben *Lendas* ein wichtiger Hafen, die frühen Christen nutzten die Felshöhlen als Grabstätten (eingearbeitete Sarkophage). Schließlich eroberten 823 n. Chr. die Sarazenen von Matala aus ganz Kreta. In den 1960er-Jahren kamen Hippies und nisteten sich in den Höhlen ein, bis die griechischen Behörden die Felswände sperrten und unter Denkmalschutz stellten. Heute können die Höhlen tagsüber besichtigt werden. Der sanft geschwungene *Sandstrand* zwischen dem nördlichen und südlichen Felsufer ist während der Saison überfüllt.

Wer an einem etwas ruhigeren Sandstrand baden möchte und Zeit hat, sollte die abgelegeneren Strände besuchen. Kokkino Beach (südlich Matala, Fußpfad durch die Felslandschaft oder Boot) und Komo Beach (nördlich Matala, Autopiste ab Pitsidia: kilometerlanger, natürlich bereits von Rucksacktouristen entdeckter Sandstrand).

i Praktische Hinweise

Die Tavernen sind auf Touristen eingestellt. Am ehesten zu empfehlen: **Nikos**, an der Südspitze der Bucht, Fischgerichte; **Sirtaki**, direkt unterhalb der sog. Basargasse am Strand.

21 Moni Odigitria

Ehemals bedeutendes Kloster der Asteroussia-Berge.

Südlich der Mesara-Hauptstraße 97; Zufahrt über Sivas und Listaros (ab Sivas ca. 9 km)
tgl. 8–13 und 16–19 Uhr

Die Asteroussia-Bergkette wurde einst wegen ihrer zahlreichen Klöster auch ›Kretas Berg Athos‹ genannt. Heute sind viele Klöster verwaist, die meisten ihrer kostbaren Ikonen wurden in das Ikonenmuseum Iraklion gebracht. Erst nach und nach werden die Fresken der Klosterkirchen restauriert.

Das heute ärmlich wirkende Kloster der Panagia Odigitria (Odigitria = Wegbereiterin, Anführerin) hat eine stolze Geschichte, in welcher der Aufstand gegen die Türken 1828 eine wichtige Rolle spielt. Damals verteidigte Xopateras das Kloster heldenhaft gegen osmanische Truppen, sein Name lebt in der Benennung des Klosterturms (›Pirgos tou Xopatera‹) und in einem Volkslied fort.

Die **Klosterkirche** ist zweischiffig und noch immer im Besitz kostbarer **Ikonen**, obwohl die Mehrzahl (u.a. eine Phanourios-Ikone) im Ikonenmuseum Iraklion verwahrt wird. In dem der Panagia geweihten *Südschiff* hängt gegenüber vom Eingang eine Marien-Ikone mit den 24 Bildern des Akathistos-Hymnos [s. S. 43]; ferner eine Dreifaltigkeits- und eine Alle-Heiligen-Ikone. An der Ikonostase befindet sich rechts neben der Orea Pyli, der Pforte zum Allerheiligsten, eine Deesis (Christus zwischen Maria und Johannes dem Täufer, die als Fürbitter zwischen ihm und den Menschen fungieren).

An der nördlichen Klostertür steht das Datum 1568; das *Nordschiff* ist Petrus und Paulus geweiht. Die reich geschnitzte Ikonostase wird im oberen Teil durch den Festtagszyklus mit der Bilderwand des Südschiffs verbunden. Hier befindet sich eine seltene, vom Maler Angelos signierte Weinstock(Ampelos)-Ikone aus dem 16. Jh. Sie zeigt Christus im Weinstock sitzend im Segensgestus, je sechs seiner Jünger zu seinen Seiten in den Zweigen

Matala: Nach dem Bad laden Tavernen zur Rast am Meer

Das einsam in den Asteroussia-Bergen liegende Moni Odigitria spielte eine wichtige Rolle im griechischen Freiheitskampf. Die Kirche besitzt wertvolle Ikonen und Fresken

des Rebstocks. Christus ist frontal, die Büsten seiner Jünger sind in Dreiviertelansicht dargestellt.

Die Fresken des Klosters wurden erst vor einigen Jahren freigelegt. Im Klosterbereich brachte der Archäologe A. Vasilakis einen frühminoischen Gräberbezirk ans Licht – demnach knüpften die Christen hier an die Tradition eines alten geweihten Bezirks an.

Wanderer können noch 2 km der Straße nach Kali Limenes folgen und dann, dem Flusslauf entlang, einen 2½-stündigen Weg zur ›Agion Farangi‹ (heiligen Schlucht) zurücklegen. Kurz vor der Südküste steht, an eine Felshöhle der Schlucht gebaut, eine *Antonios-Kapelle* aus dem 14./15. Jh. Vor Antritt der Wanderung sollte man daran denken, Wasser und eventuell Verpflegung mitzunehmen.

22 Eileithyia-Höhle

Griechenlands ehrwürdigste Kulthöhle.

13 km östlich von Iraklion, Anfahrt über Amnissos und Karteros, dann Abzweigung nach Süden Richtung Elia. An erster Straßenkurve links unterhalb am Hang.
Besichtigung nur auf Anfrage unter Tel. 28 10 76 27 61, Schlüssel bei Ausgrabung Nirou Hani in Kokkini Hani

Von der Jungsteinzeit bis ins 5. Jh. n. Chr. wurde in dieser leicht begehbaren Tropfsteinhöhle **Eileithyia**, die Göttin der Fruchtbarkeit und Beschützerin bei Geburten, verehrt. Zweifellos war die Nähe zum Meer und zur Hafenstadt Amnissos einer der Gründe, welche die Höhle weit über Kreta hinaus bekannt machten. So wird sie von vielen Schriftstellern des Altertums erwähnt, zuerst von Homer, als Odysseus nach seiner Heimkehr Penelope berichtet, er sei in Amnissos gelandet, »wo die Eileithyia-Grotte liegt«. Strabo und Pausanias nennen Amnissos »den von König Minos erbauten Hafen von Knossos«.

Die **Höhle** ist 63 m lang und bis zu 12 m breit, mehrere Stalaktiten (Tropfsteine, die von den Decken herabhängen) besitzen Spuren, die mit dem minoischen Pfeilerkult in Zusammenhang gebracht werden, ein *Stalagmit* (Tropfstein, der vom Boden her nach oben wächst) in *Phallusform* ist von einer Mauer umgeben, welche den gleichen Grundriss wie die sog. Kultbäder der Paläste besitzt. Bei zwei großen Stalaktiten im Hintergrund der Höhle gewährte ein Loch im Boden Zugang zu vier tiefer liegenden zusammenhängenden *Kammern*, die als Kulträume genutzt wurden, was Scherbenfunde beweisen. Später übernahm die Göttin Artemis viele Aspekte von Eileithyia, der Gestalt gewordenen ›Geburtswehe‹. Nirgends spürt man deutlicher als in dieser Höhle, im ›Mutterschoß der Erde‹, welch wunderbare, göttliche Geheimnisse für die Menschen der Frühzeit Kretas Fruchtbarkeit, Zeugung und Geburt waren.

Nordküste bei Malia. Bis zur zweiten Maihälfte ziehen Urlauber zum Schwimmen den Pool dem noch kühlen Meer vor

23 Malia

Plan Seite 56

Die bekanntesten Badeorte Kretas und der dritte minoische Palast.

34 km östlich von Iraklion.

Östlich von Iraklion reihen sich die Badeorte aneinander. Wo schon in minoischer Zeit Häfen (Amnissos) und Herrenhäuser (Nirou Chani) lagen, haben moderne Hotelbauten den Küstenstreifen besetzt. Die Strände sind feinsandig, wenn auch häufig teerverschmutzt, die nahe Iraklion liegenden Orte durch Fluglärm beeinträchtigt, doch ausgebucht.

In den Katalogen deutscher Reiseveranstalter erscheinen zu Recht Hotelanlagen von **Gournes**, **Chersonissos**, **Stalis**, **Malia** und **Sissi** am häufigsten: Hier befinden sich die feinsandigsten Strände und die moderne Nationalstraße garantiert eine kurze Fahrt nach Iraklion oder zum Flughafen.

Bis 1970 gehörte diese Küstenregion zu den fruchtbarsten Gegenden Kretas. Heute erinnern daran nur einige der typischen Windrad-Wasserpumpen in Hotelgärten, wenige Bananenplantagen und das 800 m östlich von Chersonissos TOP TIPP am Meer liegende **Heimatmuseum Lychnostatis** (Mo–Fr, So 9.30–14 Uhr). Das Freilichtmuseum veranschaulicht mit Wohnhaus, Töpferei, Windmühle, Dreschplatz und Kapelle das traditionelle kretische Landleben. Stündlich finden Führungen statt, an verschiedenen Tagen wird das Weben, Färben, Töpfern oder die Traubenverarbeitung vorgeführt, samstagabends auch Tänze. Die Alltagsgegenstände wurden einst von dem Augenarzt Jorgos Markakis zusammengetragen.

Palast von Malia

2,5 km östlich von Malia, Weg ist gut ausgeschildert
Di–So 8.30–15 Uhr

In der vom Dikti-Massiv beschützten Landschaft ziehen sich Felder, Olivenhaine und Bananenplantagen bis zum Meer

Palast von Malia: Ösen an den Tongefäßen dienten zur Seilverschnürung beim Transport

Kernos von Malia – der größte gefundene Opferstein für Erstlingsfrüchte

hin: noch liegen die Ruinen des nicht restaurierten Palastes in Einsamkeit.

Nach der Überlieferung herrschte im Palast von Malia der zweite Bruder des Minos, Sarpedon. Der Ort war schon in der Jungsteinzeit bewohnt und erhielt um 1900 v. Chr. den ersten Palast, der rund 200 Jahre später zerstört wurde. Danach entstand ein kleinerer Bau, dessen Ruinen heute sichtbar sind. Auch er fiel der Katastrophe um 1450 v. Chr. zum Opfer. Der Palast war das Herz einer großen **Stadt**, die sich bis zum Meer ausbreitete, wo ein großer Begräbnisplatz gefunden wurde. Die Kreter nennen ihn ›Chrysolakkos‹ (Goldgrube), da hier u. a. die berühmte *›Biene von Malia‹* ans Licht kam, ein goldenes Schmuckstück in feinster Granulationstechnik (Archäologisches Museum Iraklion). Die **Ausgrabungen** wurden 1915 von Joseph Chatzidakis begonnen und werden bis heute vom Französischen Archäologischen Institut Athen fortgesetzt.

Der **Rundgang** beginnt auf dem **Westhof [1]**, der von Prozessionswegen überquert wird. Rechts, im Süden, sind acht tiefe, gemauerte **Rundschächte [2]** zu sehen, die entweder als Getreidesilos oder Zisternen dienten. Ihre (zerstörten) Kragkuppeln wurden einst von Mittelsäulen gestützt. Der **Zentralhof [3]** lag – wie in Knossos und Festos – in Nord-Süd-Richtung und besaß an den Langseiten Wandelgänge, deren Stützen alternierend aus Pfeilern und Säulen bestanden (Fundamente). In der Hofmitte ist eine Bodenvertiefung zu erkennen, eine kultische *Brandopfergrube* (Es-chara).

Der Westflügel war zeremoniellen Räumen vorbehalten, so wird die Treppe im Süden als **Schautreppe [4]** für Aufführ-

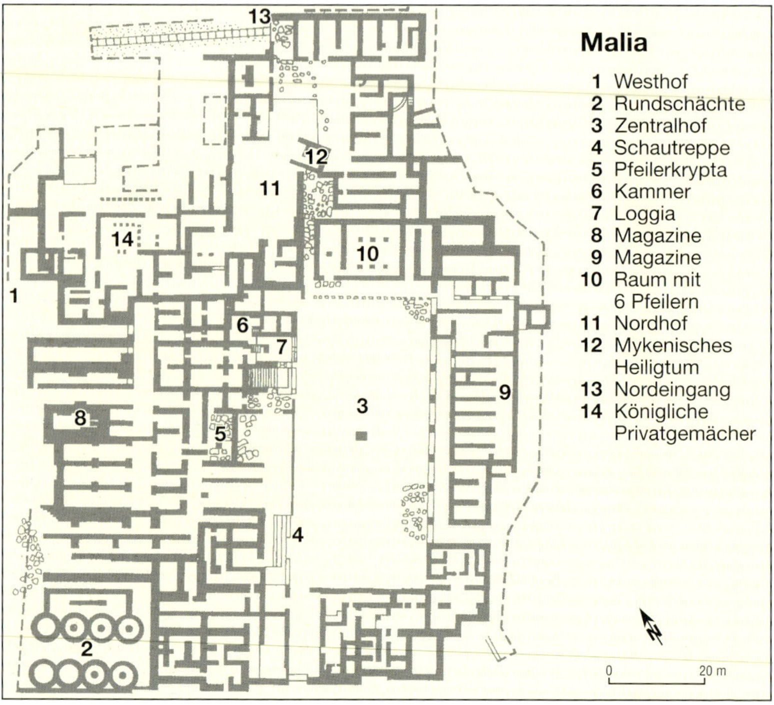

rungen im Hof bezeichnet. Hier ist auch der große *Kernos* in ursprünglicher Lage zu bewundern, ein Opferstein von 90 cm Durchmesser mit einer größeren Mittelmulde und 34 kleinen Vertiefungen am Rand, die wahrscheinlich Samen und Erstlingsfrüchte aufnahmen. Derartige Kernoi wurden an mehreren Orten Kretas gefunden. An die Schautreppe schließt nördlich ein (Audienz-?) Raum mit Wandbank vor einer sog. **Pfeilerkrypta [5]** an. In die Pfeiler sind Symbole wie Dreizack, Stern und Doppeläxte eingeritzt – Pfeiler gehörten zu den wichtigsten Kultsymbolen der Minoer.

Nördlich einer Treppe lag eine kleine **Kammer [6]**, in der in einem Tonkrug das Zepter mit Pantherknauf aus grauem Schiefer, ein Dolch und ein Prunkschwert gefunden wurden (Archäologisches Museum Iraklion). Wahrscheinlich kleidete sich hier der Herrscher bei feierlichen Anlässen an, denn von der benachbarten **Loggia [7]** aus konnte er den Veranstaltungen auf dem Zentralhof beiwohnen. Die Westseite des Westflügels wird wieder, wie bei den anderen Palästen, von **Magazinen [8]** eingenommen.

Hinter dem Wandelgang des Ostflügels lagen ebenfalls **Magazine [9]** mit großen Pithoi (heute überdacht), im Boden sind Rinnen und ein Gefäß zum Auffangen von verschüttetem Öl, Wein oder Honig eingelassen. Natürlich war über dem Erdgeschoss ein weiteres Stockwerk, dessen Veranda die Teilnahme am Geschehen auf dem Hof ermöglichte.

Wozu der große **Raum mit 6 Pfeilern [10]** im Norden diente, ist nicht klar. Hier, im Nordflügel, gruppierten sich um den **Nordhof [11]** Nebenräume, der Eindruck wird durch das Fundament eines späteren, Mykenischen **Heiligtums [12]** gestört. Zum **Nordeingang [13]** führte von der Stadt her eine Prozessionsstraße. Dort steht der große, mit Seil-Imitationen verzierte *Pithos* – neben dem Kernos stellt er das meistfotografierte Motiv von Malia dar.

Die **Königlichen Privatgemächer [14]** waren im Nordwesten untergebracht, so das Megaron des Königs, ein Kultbad und der Raum mit Kultpfeiler, der viele Tontäfelchen, Scheiben und Stäbe mit Hieroglyphen-Inschriften enthielt. Westlich vom Palast hat das Ausgräberteam Fundamente mehrerer **Häuser** freigelegt (überdacht), andere, recht aufwendige Hausanlagen, z. B. im Osten des Palastes, sind nicht zugänglich.

i Praktische Hinweise

Beim Palastbereich gibt es kein Kafenion oder Restaurant.

Hotels

TOP TIPP *****Creta Maris**, Chersonissos, Tel. 28 97 02 70 00, Fax 28 97 02 21 30, www.maris.gr. Bekannt hervorragend geführtes Hotel mit Bungalows, 1200 Betten, auf riesigem Grundstück direkt am Strand.

****Anissa Beach**, 4 km vor Chersonissos, Tel. 28 97 02 24 54, Fax 28 97 02 26 19, www.anissabeach.com. 551 Betten. Anlage direkt am 2,5 km langen Kiesel-Sandstrand. Vorsicht: unter der Wasseroberfläche Felsen.

****Ikaros Village**, Malia, Tel. 28 97 03 12 67, Fax 28 97 03 13 41, www.ikarosvillage.com. Schöne, dorfartige Anlage über dem Meer am Strand, 360 Betten.

****Kalimera Kriti**, Sissi, 2,5 km östl. von Malia, Tel. 28 41 06 90 00, Fax 28 41 07 15 98, www.kalimerakriti.gr. Haus direkt am Strand mit 767 Betten.

****Kernos Beach**, Malia, Nachbarhotel von Ikaros Village, Tel. 28 97 31 42 15, Fax 28 97 03 17 74, www.kernosbeach.gr. Haupthaus und Bungalows, 519 Betten, gepflegter Garten, direkt am feinen Sandstrand.

24 Mirtia

Kazantzakis-Museum in altem Dorf.

Mirtia: 21 km südöstlich von Iraklion. Der Straße über Knossos hinaus folgen, bei 8,5 km links abzweigen Richtung Skalani/Kastelli (ausgeschildert), 1 km auf Nebenstraße. – Ausflug nach Thrapsano: 4 km weiter in Richtung Kastelli, dann (ausgeschildert) 7 km nach Süden.

Mirtia empfiehlt sich als Zwischenstation auf der Fahrt durch eine der schönsten Landschaften Kretas, lohnend ist auch ein Ausflug nach Thrapsano, in einen Töpferort mit Tradition.

Das 1983 eröffnete **Kazantzakis-Museum** (April–Sept. tgl. 9–19 Uhr) ist am Hauptplatz des Dorfes Mirtia im rekonstruierten Haus der Familien Kazantzakis und Anemogiannis untergebracht. Hier verlebte der Vater des berühmten Dichters seine Kindheit, ehe er nach Candia/

Pandelis Prevelakis

Nikos Kazantzakis

Kretas größte Dichter

Zu den weit über Griechenlands Grenzen hinaus bekannten Dichtern gehört der in Rethimnon geborene **Pandelis Prevelakis** (1909–1986), der in seinen Romanen und Dramen speziell kretische Themen aufgreift – Blutrache, Widerstand, schicksalhafte und rein menschliche Tragödien. Seine 1938 geschriebene ›Chronik einer Stadt‹ erzählt von Rethimnon; in Deutschland ist sein Roman ›Die Sonne des Todes‹ (1959) aus der Trilogie ›Der Kreter‹ am bekanntesten geworden.

Als ›Gigant‹ der griechischen Literatur wird jedoch zu Recht **Nikos Kazantzakis** (1883–1957) gefeiert. Er studierte Jura und Staatswissenschaften in Athen und Paris und widmete sich zunächst jahrelang öffentlichen Aufgaben, obwohl sein erstes Werk bereits 1906 erschien.

Seine Romane sind von tiefer Liebe zur griechischen Heimat und unbeugsamem Willen zum ›Blick hinter den Vorhang‹, der Suche nach Wahrheit, geprägt: Der tiefgläubige Kreter wollte und konnte sich nicht mit den Antworten der Kirche begnügen.

Sein lyrisches Hauptwerk sah Kazantzakis im 33 000 Verse umfassenden Epos ›Odysseus‹, das an Homers Odyssee anknüpft. Früh wurden seine Bücher ins Deutsche übersetzt: ›Freiheit oder Tod‹ handelt vom Widerstand der Kreter unter dem Türkenjoch; ›Griechische Passion‹ beschreibt den Leidenszug der 1923 aus Anatolien vertriebenen Griechen, ›Brudermörder‹ die Tragödie des griechischen Bürgerkrieges.

Weltberühmt wurde er durch seinen Schelmenroman ›Alexis Sorbas‹, einer Liebeserklärung an die einfachen, heißblütigen Menschen seiner Heimat. Die Autobiografie ›Rechenschaft vor El Greco‹ ist eine tieferschürfende, bewegende Auseinandersetzung mit seinen kretischen Wurzeln und seiner furcht- und hoffnungslosen Suche nach Gott.

Iraklion zog und eine Familie gründete. Nikos Kazantzakis schreibt über seinen Vater: »Mein Vater sprach selten, lachte nicht, schimpfte nicht (...). Er war unzugänglich, schwer zu ertragen.« Dass dieser stolze, »dunkle« Mann die türkischen Besatzer hasste, war klar, überraschend ist dagegen, dass er auch das bäuerliche Leben verachtete, obwohl er in einem Bauerndorf aufwuchs. Das seinem Sohn Nikos gewidmete Museum zeigt persönliche Gegenstände, Fotos, Manuskripte, Bühnenbildentwürfe seiner Theaterstücke und Ausgaben seiner Werke in allen Übersetzungen. Eine Videoschau informiert über Leben und Werk des Schriftstellers Nikos Kazantzakis.

Ausflug

Die Hauptstraße Skalani–Kastelli führt durch eine fruchtbare, von Weinbergen und Olivenhainen dominierte stille Hügellandschaft, die in totalem Kontrast zur touristisch geprägten Küste steht. Bauern fahren im Herbst auf altertümlich wirkenden Dreiradautos die Traubenernte ein; ab und zu kreuzt ein Eselreiter den Weg – als sei die Zeit stehen geblieben.

Um in das kleine Töpferdorf **Thrapsano** zu kommen, nimmt man die Abzweigung von der Hauptstraße nach Kastelli (ausgeschildert ›Voni, Thrapsano‹). Nur hier und im Töpferort Margarites arbeiten noch einige Berufstöpfer nach alter Tradition die großen und mittelgroßen Vorratsgefäße (Pithoi) – so wie sie schon die Minoer herstellten und benutzten. Die Töpfer-Erde wird der großen Tongrube im Norden des Dorfes entnommen, die Töpfer arbeiten während der Sommermonate, ihre Brennöfen stehen rechts und links der Straße (zum Arbeitsgang s. Margarites [Nr. 44]). Leider werden die Halden unverkaufter Gefäße immer größer – es handelt sich um einen aussterbenden Beruf.

25 Agios-Pandeleïmon-Kirche bei Pigi

Byzantinische Kapelle mit sichtbarer Geschichte.

Strecke wie Nr. 24 [s. S. 57] über Thrapsano oder (kürzer) Apostoli, dann in Kastelli 3,5 km nach Norden Richtung Chersonissos. Alternativ von Iraklion auf neuer Küstenstraße bis Chersonissos, dort nach Süden (38 km).

Östlich von Thrapsano und Apostoli wird die Landschaft herber und karger; felsige, kahle Höhenrücken liegen zwischen wohlbestellten Weinbergen. Prächtig steigen die Felshänge des Dikti-Massivs auf und bilden den imposanten Abschluss.

Im wohlhabenden, aber wenig schönen Landstädtchen *Kastelli* biegt man nach Norden ab. Die Pandeleïmon-Kirche von Pigi ist ohne Namensangabe rechts der Straße schlecht ausgeschildert: ›Byzantine church, Taverne‹. Von Kastelli kommend, sollte man erst beim zweiten Hinweisschild abzweigen, von Norden kommend beim ersten Schild, 1 km auf Erdstraße.

Die Pandeleïmon-Kirche steht nicht im heutigen Ort Pigi (= Quelle), der auf der Westseite der Straße liegt, sondern einsam im Schatten hoher Bäume, und besitzt als geweihter Ort eine lange Tradition. Das quellenreiche, fruchtbare Gebiet war vielleicht seit minoischer, sicher seit römischer Zeit besiedelt. So stammt ein Teil des **Baumaterials**, das vor allem an der Südaußenwand sichtbar ist, von antiken und frühchristlichen Bauten, u. a. eine *Marmortafel* mit griechischer Inschrift. Die Kirche war nach dem Baubefund anscheinend zunächst als Kreuzkuppelkirche errichtet und wurde dann, nach mehrfacher Beschädigung, zu einer dreischiffigen Basilika umgebaut. Anfang des 20. Jh. waren der bemerkenswerte dreiapsidiale *Ostabschluss* und die Westpartie in ruinösem Zustand, die letzte Restaurierung fand 1962 statt. Hierbei erhielten die drei unterschiedlich hohen, mit Spitzbogentonnen gewölbten Schiffe je ein eigenes Satteldach.

Pigi: Der neuen Religion musste das Alte dienen – antike Kapitelle als Stützpfeiler

Die Agios-Pandeleïmon-Kirche liegt unter dem Schutz hoher Bäume

Die **Fresken** aus dem 13./14. Jh. sind zwar nur fragmentarisch erhalten, jedoch ikonographisch interessant. Im *Altarraum* thront in der Apsiswölbung die ›Panagia‹ mit dem Christuskind auf einem reich verzierten Sessel, darunter links und rechts die ›Apostelkommunion‹. Im unteren Teil der Apsis feiern vier ›Hierarchen‹ die Liturgie.

Im *Kirchenraum* sind nur ganzfigurige Heilige erhalten. An der Südwand: Nikolaos, Arsenios, Euthymios; an der Nordwand: Georg, Erzengel Michael, Theodoros und Georgios in Rüstung sowie eine das Marienkind stillende Anna (sehr selten). Das *Westportal* wird von den Erzengeln Michael und Gabriel flankiert. Besonders auffallend ist eine Stütze im Nordschiff, die aus vier korinthischen Kapitellen zusammengesetzt ist.

Praktische Hinweise

Unterhalb der Kirche steht eine **Taverne**, deren geschäftstüchtige Chefin Besucher zunächst bewirtet, ehe sie den Wärter (mit Schlüssel) aus Pigi holen lässt. Dieser ist meistens nur vormittags am Ort. Immerhin liegt die Taverne – wie die Kirche – romantisch im Baumschatten.

Ostkreta – Land in Licht und Meer

Ostkreta besitzt Berge und Schluchten, Hochebenen und Täler wie die übrige Insel, doch wirkt hier alles sanfter, freundlicher, heller. Die Berge sind niedriger, weniger dominierend – mehr noch als die anderen Inselgegenden ist Ostkreta eine Braut des Meeres. Hier schneidet es in der schönsten und größten Bucht, dem *Mirabello-Golf*, in die Küsten ein und verursacht bei Pachia Ammos die schmalste Stelle der Insel. Nahezu von jedem Berggipfel ist das Meer zu erblicken.

Zwei **Gebirge** gliedern den Osten: das *Dikti-Massiv*, das zugleich einen markanten, im Dikti-Gipfel 2148 m hohen Riegel zu Zentralkreta bildet, und die *Thripti-Berge*, die im Afendis Stavromenos (1476 m) ihren höchsten Punkt erreichen. Auch in Ostkreta gibt es die für ganz Kreta charakteristischen, nahezu kreisrunden **Hochebenen**: In der *Lassithi-Ebene* die schönste und berühmteste, während die benachbarte *Katharo-Hochebene* weniger bekannt ist. Der Osten ist – wie Zentralkreta – verwaltungsmäßig zu einem Regierungsbezirk zusammengefasst, dem Nomos Lassithi. Er bekam seinen Namen von der Stadt Sitia, die heute im Schatten des weit größeren Agios Nikolaos steht. Die dritte Stadt des Nomos ist zugleich die südlichste ganz Europas: Ierapetra, das südlicher als der Nordzipfel Afrikas mit der Stadt Tunis liegt.

Lange blieb Ostkreta kaum beachtet, obwohl die Schönheit des Mirabello-Golfs früh erkannt wurde. Nach 1945 zeigten die **Ausgrabungen** in Kato Zakros und Palekastro, dass in minoischer und frühgriechischer Zeit der Osten eine ausgesprochen wohlhabende und bedeutende Region gewesen ist. So steht im bereits Anfang des 20. Jh. ausgegrabenen *Gournia* eine minoische Stadt mit Straßenzügen, Wohnhäusern und Verwaltungssitz, in *Kato Zakros* wurde der vierte, große Palast der Zeit von 1600–1450 v. Chr. freigelegt, und *Palekastro* erweist sich als wichtige Handelsstadt mit einem einst viel besuchten Gipfelheiligtum.

Erst ab 1965 entstanden die ersten Hotels am Golf von Mirabello – heute haben Erholungssuchende speziell die Gegend um *Agios Nikolaos* voll in Beschlag genommen. Die Badestrände sind zwar nicht ausgedehnt und feinsandig, sondern häufig felsig, doch die herrliche Golflandschaft, zahlreiche **Ausflugsziele** und das Sonnenklima der Südküste begeistern jeden Besucher. Die schönsten Ziele sind außer den Ausgrabungsstätten die Hochebene von Lassithi, die freskengeschmückte Kera-Kirche bei Agios Nikolaos, der kleine Palmenstrand von Vaï Finikodasos und die dorische Ruinenstadt Lato.

26 Potamies, Krasi, Moni Kera Kardiotissa

Byzantinische Kirchen, die größte Platane Kretas und ein bedeutendes Kloster.

Der Besuch der Dörfer und des Klosters Kera Kardiotissa kann mit der Fahrt zur Lassithi-Hochebene [Nr. 27] kombiniert werden.

Von der Nationalstraße 90/E75 kommend stehen kurz vor **Potamies** links am Hang zwei Kirchen. Die schlichte Einraumkirche *Sotiros Christou* bezaubert durch lebendig wirkende Fresken aus der 1. Hälfte des 14. Jh., während die hübsche Kreuzkuppelkirche *Panagia Gouverniotissa*, zu der eine Schotterstraße hinaufführt, in der 2. Hälfte des 14. Jh. ausgemalt wurde. Sie gehörte zu einem heute zerstörten Kloster und zeigt in der Außenansicht einen schönen Tambour (Unterbau der Kuppel), der – ähnlich demjenigen von Agia Irini in Axos [Nr. 8] – durch Fenster und Blendarkaden gegliedert ist (Schlüssel zu beiden Kirchen im Kafenion des Dorfes).

Auch im 7 km entfernten **Avdou** gibt es mehrere byzantinische Kirchen. In dem vom Dorf nach Süden führenden Tal liegt am Hang der 1559 m hohen Selena die große *Höhle Agia Photia*, eine Wanderung dorthin dauert rund 1 Stunde.

Die Straße steigt an, 6 km hinter Gonies kommt eine Abzweigung, die einen kurzen (1 km) Abstecher zum Dorf **Krasi** ermöglicht. Hier steht am Dorfplatz Kretas *größte Platane* mit einem Stammumfang von fast 16 m! Mit zahlreichen Ästen sorgt sie immer noch für frisches Grün und viel Schatten – die nahen Quellen geben ihr Lebenssaft. Kafenion und Taverne am schattigen Dorfplatz bieten erfrischende Getränke.

Nur wenig später taucht rechts unterhalb der Straße auf einer Bergterrasse, eingebettet in das Grün von Zypressen und Walnussbäumen, das **Moni Kera Kardiotissa** auf (tgl. 8–13 und 16 Uhr bis Sonnenuntergang).

Obwohl die Existenz des Klosters früh belegt ist, galt die Kirche bis zur Restaurierung als Bau des 18. Jh., denn die Fresken waren weiß übertüncht. Erst bei den Renovierungsarbeiten 1970–73 zeigte sich, dass sie ein bedeutendes Denkmal des frühen 14. Jh. ist.

Ursprünglich als Einraumkapelle errichtet, wurde die Kirche in vier Bauphasen unregelmäßig mit Narthex erweitert und ausgemalt. Die ältesten Fresken stammen vom Beginn des 14. Jh., sie imponieren durch die realistische Darstellungsweise (kräftige Modellierung, reicher Faltenwurf, perspektivische Darstellung) und wirken sehr lebendig.

Apsisfenster der Panagia Gouverniotissa

An der Kirche des Moni Kera Kardiotissa ist nach der Restaurierung das ursprüngliche Bruchsteinmauerwerk mit Blendarkaden aus Ziegeln zu sehen

Im 19. Jh. spielte das Kloster eine wichtige Rolle im Widerstand gegen die Türken, so lernten in der ›Geheimschule‹ die Kinder Griechisch lesen und schreiben, was ja streng verboten war. Mit der Klostergeschichte ist auch die *Legende der Marien-Ikone* eng verbunden. Diese soll zweimal nach Konstantinopel entführt worden und von dort wieder zurückgekehrt sein. Nach der dritten Entführung habe man sie in Konstantinopel an eine Säule gekettet, daraufhin sei die Ikone samt Säule über Nacht ins Kloster zurückgekehrt.

Im Klosterhof steht die *Säule*, an die das Bild gekettet war. Die wundertätige *Ikone* (mit Kette) ist in der Kirche links von der ›Schönen Pforte‹ der Ikonostase zu bewundern. Die ursprüngliche Einraumkirche der Panagia wird heute als Altarraum genutzt, hier befinden sich die sehr schönen *Fresken* aus den ersten Jahrzehnten des 14. Jh., darunter eine großartige ›Himmelfahrt Christi‹. Im Tonnengewölbe des Mittelschiffs der Kirche Szenen aus dem Leben Christi.

Am Ostrand des Klosters liegt die *›Geheimschule‹* – ein schlichter Raum.

i Praktische Hinweise

Das Kloster feiert am 8. September Kirchenfest, die Besucher kommen aus der Umgebung von Iraklion bis Nikolaos: Die Straße ist zugeparkt, in den Tavernen im höher gelegenen Ort Kera kein Platz frei.

27 Lassithi-Hochebene

TOP TIPP

Fast kreisrunde Hochebene, die im Hochsommer durch ihre segeltuchbespannten Windmühlen einer blühenden Margeritenwiese gleicht.

Von Iraklion auf der Nationalstraße 90/E75 bis zur gut ausgeschilderten Abzweigung bei km 23. Eine zweite Zufahrt zweigt erst bei km 30 kurz vor Chersonissos von der Nationalstraße 90/E75 ab, führt über Mochos und Avdou und trifft beim Kloster Kera Kardiotissa die erste Straße. Schließlich kann man auch von Agios Nikolaos aus über Neapoli und den Pass Patera ta Selia (1100 m) die Höhe erreichen.

Die Lassithi-Ebene (850 m) ist die einzige ganzjährig bewohnte Hochebene Kretas. Der Anblick der von 2000 m hohen Bergen gerahmten Senke bezaubert auch dann, wenn nur wenige Windräder der Wasserpumpen ihre Dreiecksegel entfaltet haben. Im Frühjahr ist keine Bewässerung nötig, denn das 8–10 km lange, 5–6 km breite Becken fängt zuvor die Winterregen auf und verwandelt sich in eine Sumpflandschaft; einen Abfluss besitzt die Senke lediglich bei Kato Metochi. Sinkt der Grundwasserspiegel in den Monaten Juni bis Mitte Juli, so übernehmen Jahr für Jahr mehr Motorpumpen anstelle der Windräder die Arbeit des Wasserpumpens, da sie genau nach Bedarf eingeschaltet werden können. Auf der fruchtbaren, einst von den Bergen herabgeschwemmten Erde wachsen Apfel- und Birnbäume, Kartoffeln, Getreide und verschiedene Gemüse.

Von Norden kommend gewährt der 900 m hohe **Seli-Ambelu-Pass** den ersten Blick auf die grüne Ebene. Auf der Passhöhe stehen die Ruinen alter *Getreidemühlen* in langer Reihe – da auf den Nordwestwind Verlass war, konnten die Kreter ihre Windmühlen auf die einfachste Art, ohne Drehvorrichtung, bauen. Bis Anfang des 20. Jh. waren sie in Betrieb, eine restaurierte Mühle kann besichtigt werden. Von der Passhöhe hat man nach Norden einen Blick aufs Kretische Meer, im Süden wird die Ebene vom Dikti-Massiv (2148 m) überragt (am Pass lädt die *Taverne Seli* zur Rast).

◁ *Die brettebene, fast kreisrunde Lassithi-Hochebene im zeitigen Frühjahr*

Die Spuren der **Besiedlung** der Lassithi-Ebene reichen bis in neolithische und minoische Zeit zurück. Zu Beginn der dorischen Invasion zogen sich Minoer, sog. Eteokreter (›echte Kreter‹), in eine Siedlung am Berg *Karfi* zurück. (Wanderweg auf den 1100 m hohen Karfi vom Pass, aber auch von Avdou aus; spärliche Ruinen, schöner Rundblick.)

Zur Zeit der Venezianer, in der 14 große Aufstände das Land erschütterten, wurde die Lassithi-Ebene 1263 zum Sperrgebiet erklärt, niemand durfte hier wohnen und Felder bewirtschaften. Erst 1463, als dringend neue Getreideanbaugebiete gebraucht wurden, ließen die Venezianer die Hochebene mit einem schachbrettartigen Kanalisationssystem entwässern und verpachteten das Land an Kreter. In der türkischen Besatzungszeit organisierte sich in der abgelegenen Hochebene mehrfach der Widerstand, bis nach dem großen Aufstand von 1866 der osmanische Heerführer Omar Pascha mit fast 40 000 Mann die Dörfer niederbrannte.

Eine **Ringstraße** führt heute um die Hochebene herum und berührt die 21 Dörfer, die sich, um das kostbare Fruchtland zu schonen, auf den Berghängen am Rand der Ebene angesiedelt haben. Hauptort ist **Tzermiado**, von wo (am Dorfende links) ein Pfad zur *Kronos-* oder *Trapeza-Höhle* führt. Sie wurde im Neolithikum als Wohngrotte, später als Grabstätte und seit ca. 2000 v. Chr. als Kultort genutzt.

Über weitere Dörfer kommt man nach **Agios Georgios**, das als einziger Ort noch ein (restauriertes) typisches Haus der Hochebene aus der Zeit um 1800 besitzt. Es ist heute *Volkskundemuseum* (Laografico Mouseio, ausgeschildert, April–Okt. Mo–Sa 10–14 Uhr). Das traditionelle Bauernhaus besitzt aus Sicherheitsgründen – es drohten Türkenüberfälle – keine Fenster, sondern wurde nur durch Dachluken belichtet und belüftet. Entsprechend schwarz ist die Decke des Hauptraums, in dem der Herd steht. In dem Zimmer lebte, arbeitete (Webstuhl) und schlief die Familie (unter dem Bett eine Weinpresse); die beiden Nebenräume dienten als Stall und Vorratskammer. – Im modernen Anbau sind Handarbeiten und Fotos sowie Bilder naiver Malerei ausgestellt.

i Praktische Hinweise

Einkaufen

In den **Läden** mit Web-, Stick- und Häkelarbeiten gibt es von den Frauen in Heimarbeit hergestellte Ware, aber auch fernöstliche Stücke.

Hotels

***__Kourites__, am Ortsausgang von Tzermiado Richtung Psychro, Tel. 28 44 02 21 94, Fax 28 44 02 20 54. Einfaches Hotel mit 13 Betten.

Hotel Rea, Agios Georgios, Tel. 28 44 03 12 09. Schlicht, doch mit Duschbad.

Rent Rooms Maria, Agios Georgios, Tel./Fax 28 44 03 17 74. Einfaches Hotel mit traditioneller Taverne.

Restaurants

Kronio, Tzermiado, 300 m östlich der Bushaltestelle. Einfach und gut.

Seli, Seli-Ambelu-Pass, Tel. 28 44 02 25 95. Die Taverne ist ganz auf Touristen eingestellt.

Die Dikteon Andron (Diktäische Höhle) war schon den Minoern heilig und galt den Griechen als Geburtsort des Zeus

28 Dikteon Andron

TOP TIPP

In der berühmtesten der mehr als 2000 Tropfsteinhöhlen Kretas soll Zeus geboren worden sein.

Mai–Okt. tgl. 10–16.30 Uhr

Im Südwesten der Lassithi-Ebene liegt das Dorf **Psychro**, das Ziel der meisten Touristenbusse. Entsprechend groß ist der Rummel am Parkplatz: Maultierbesitzer preisen ihre Reittiere an und der Fußgänger tut sich etwas schwer auf dem fünfzehnminütigen Anstieg über den sehr steinigen Weg zur 1050 m hoch liegenden und 2 km entfernten Dikteon Andron (Diktäischen Grotte). Hier soll der spätere Göttervater Zeus von Rhea geboren worden sein. Die Höhle ist als einzige auf ganz Kreta seit Jahrzehnten offiziell zur Besichtigung freigegeben.

Die Höhle wurde erstmals 1886 von Frederico Halbherr und Joseph Chatzidakis erforscht. 1900 erwiesen Ausgrabungen des englischen Archäologen David G. Hogarth, dass in der Höhle eine minoische Gottheit verehrt wurde, so wurden Opfertische, Bronze-Idole, Werkzeuge und Doppeläxte gefunden, auch Keramik im Kamares-Stil. Die Dorer knüpften an den Kult an, wobei die Forscher nicht sicher sind, ob sie in dieser Höhle die Geburtsgrotte des Zeus sahen. Es sind wohl mehr moderne merkantile Gründe, welche die Diktäische Höhle zum Geburtsort und die Höhle Ideon Andron [Nr. 7] zur ›Kinderstube‹ des höchsten Griechengottes erklären.

Am **Eingang** zur Höhle werden Eintrittskarten verkauft, man sollte aber zusätzlich die Hilfe (Preis vorher aushandeln!) eines der örtlichen, sehr aufdringlichen ›Führer‹ in Anspruch nehmen. Der früher steile und glitschige Einstieg ist inzwischen mit 200 Betonstufen ausgestattet worden. Um Stalaktiten und Stalagmiten in der dunklen Höhle erkennen zu können, braucht man jetzt auch keine Kerze oder Taschenlampe mehr. Elektrische Beleuchtung sorgt mittlerweile für die notwendige Helligkeit. Häufig steht der untere, 60 m tiefe Teil der Höhle unter Wasser. Die örtlichen Begleiter geben jedem Tropfsteingebilde fantasievolle Namen und zeigen sogar die ›Wiege‹ des Zeus – eine kleine Nische.

Zweifellos gibt es auf Kreta leichter zu begehende und eindrucksvollere Höhlen – z. B. die Eileithyia-Höhle [Nr. 22], oder wesentlich schönere, wie die großartige Stalaktitenhöhle von Sentoni [Nr. 8], auch geschichtlich bedeutendere wie die von Melidoni, in der nach dem Aufstand von 1824 500 Kreter einen grausamen Erstickungstod fanden –, aber die Dikti-Höhle ist nun einmal die bekannteste. So gehört sie zum Programm der meisten Veranstalter. Wer den Eingang zur Zeus-Höhle betrachtet, die weite schöne Landschaft auf sich einwirken lässt, spürt vielleicht am deutlichsten das Fluidum eines heiligen Ortes der Frühzeit.

Von Psychro kann man die Umrundung der Hochebene fortsetzen und bei **Kato Metochi** den einzigen Abfluss der brettebenen Anbaufläche anschauen (nach der Brücke links, 500 m Fußweg).

i Praktische Hinweise

Touristenpavillon am Parkplatz.

29 Gedenkstätte Ano Viannos

Eindrucksvolle Gedenkstätte für kretische Opfer des Zweiten Weltkriegs.

Von Chersonissos über Kastelli nach Süden (61 km) oder 34 km westlich von Ierapetra.

Westlich von Mirtos steigt die Straße an und führt durch herrliche Gebirgslandschaft am Südhang des Dikti-Massivs entlang, einzelne Orte liegen weiß und einsam an den Berglehnen. Im Zweiten Weltkrieg wurde die Bevölkerung mehrerer Bergdörfer dieser so friedlich wirkenden Gegend in das schreckliche Geschehen verwickelt: Etwa 10 km westlich von Ano Viannos weist ein Schild nach **Kato Simi**, ›Schlachtfeld vom 12. September 1943‹ (2 km) und zum antiken *Hermes- und Aphrodite-Tempel* (5 km).

Wenige Kilometer weiter westlich liegt zwischen dem in Pinien und Nussbäume eingebetteten Bergdorf Pefkos und Ano Viannos auf einem landschaftsbeherrschenden Bergvorsprung die neue *Gedenkstätte*. Sie erinnert in ergreifender Weise an über 400 Kreter, die im September 1943 von der deutschen Besat-zungsarmee exekutiert wurden. Neben dem hohen Fahnenmast und dem Symbol des Widerstands stehen zehn Stelen mit menschlichen Konturen, auf denen die Namen der Erschossenen verzeichnet sind. Wie Schatten der Toten, aufrecht, stumm und klagend, heben sich die Stelen vor dem hellen Himmel der Südküste ab. Das Mahnmal bedarf keiner erläuternden Worte (direkt an der Straße, an der Abzweigung zum Küstendorf Arvi).

Wechselndes Licht verzaubert die Landschaft am weiten Mirabello-Golf zur Traumkulisse. Im Vordergrund die kleine Festungsinsel Spinalonga

30 Agios Nikolaos

Ferien- und Verwaltungsstadt in begeisternder Panoramalage.

Top Tipp

Mildes Klima, fruchtbares Schwemmland und günstige Häfen machten Kretas größte Meeresbucht, den **Golf von Mirabello**, schon seit dem 3. Jt. v. Chr. für Siedler interessant. Heute kommen als wichtige Pluspunkte die neu entdeckte landschaftliche Schönheit, viele Sonnentage und Strände mit einem breiten Angebot verschiedenster Wassersportmöglichkeiten hinzu! Speziell die vor Winden geschützte Westküste des Golfs bietet von ihren Fels- und Kieselstränden einen fantastischen Blick über die tiefblaue Bucht zu den grauen Steilfelsen der Thripti-Berge.

So ist es kein Wunder, dass Jahr für Jahr mehr Urlauber ihre Ferien im Hauptort der Westküste des Golfs, **Agios Nikolaos**, verbringen. Hier gibt es zusätzlich zum grandiosen Panorama den malerischen Voulismeni-See im Ortszentrum, ein überschaubares, nicht zu hektisches urbanes Leben, gute Badestrände in der Umgebung sowie abwechslungsreiche Exkursionsangebote für Bergwanderer und Antikenfreunde. Natürlich boomt Agios Nikolaos auch als Verwaltungs- und Dienstleistungszentrum, denn die Stadt ist Sitz der Bezirksregierung Lassithi. 1969 besaß der Ort 3665 Einwohner und drei einfa-

Zentrum und Flaniermeile in Agios Nikolaos – die Uferzone bei der Brücke über den schmalen Kanal, der See und Meer seit dem 19. Jh. miteinander verbindet

che Hotels, jetzt sind es 9500 Einwohner und über 100 Hotels. Nur die Besitzer des nördlich der Stadt gelegenen ›Minos Beach art'otels‹ erkannten frühzeitig die Vorzüge der Traumlage am Mirabello-Golf: Sie erbauten das erste Bungalow-Hotel Kretas, das noch heute der Luxus-Klasse angehört.

Geschichte In antiker Zeit lag hier der Hafen *Kamara* der dorischen Stadt Lato [Nr. 34], der auch in byzantinischer Zeit benutzt wurde. Während der Zugehörigkeit zu Byzanz entstand auf der Landzunge im Norden die kleine *Agios-Nikolaos-Kirche*, die von Fachleuten wegen ihrer Architektur und Fresken zu den bedeutendsten Baudenkmälern Kretas gezählt wird. Die Venezianer (vielleicht auch Genuesen, die 1206 kurzfristig Kreta beherrschten) gründeten auf der Südhalbinsel der heutigen Stadt ein Viereck-Kastell und nannten es entsprechend der prächtigen Aussicht auf den Golf ›Mirabello‹ (heute steht auf dem Gelände das Gebäude der Provinzverwaltung). Der Hafen verlor jedoch an Bedeutung, als nördlich von Agios Nikolaos in der Bucht von Elounda der größere und wesentlich besser gegen Sturm geschützte Porto di San Nicolo angelegt wurde.

Erst ab 1870 wuchs die Bevölkerung in Agios Nikolaos wieder an, und zwar vorwiegend durch Zuzügler aus der Sfakia, die entweder aus materieller Not oder (wie es heißt) aus Angst vor der bis 1900 dort üblichen Blutrache ihre Heimat verließen.

Besichtigung Den besten (und meistfotografierten) Überblick erhält man vom hoch gelegenen Südufer des **Voulismeni-Sees**. Dieser ist gleichzeitig die Hauptsehenswürdigkeit der Stadt. Denn einen See, noch dazu tiefgrün mit blumenbuntem Ufer, besitzt keine andere Stadt auf Kreta! Erst im 19. Jh. (1870) ließen die Türken dann den Durchstich zum Hafen und damit zum Meerbusen machen. Ganz klar, dass sich Sagen um den See ranken, zwar taucht kein Ungeheuer auf, doch der von einem unterirdischen Fluss gespeiste See soll grundlos oder durch einen geheimnisumwitterten Schlund mit dem Meer verbunden sein. Amtliche Stellen geben allerdings seine Tiefe mit 64 m an. Vom Steilufer im Süden zeigt sich der ganze Charme der Stadt: Hinter dem von weißen Häusern gerahmten See ragt am Horizont die gewaltige Felswand der Thripti-Berge über dem blauen Mirabello-Golf empor, ein wahrhaft ›wunderschönes‹ Panorama.

Am See, der Kanalbrücke und dem Hafenufer wird am Spätnachmittag und Abend gebummelt (Volta), vor allem

Das milde Klima lockt vom zeitigen Frühjahr bis zum Spätherbst Gäste an den Mirabello-Golf. Zahlreiche interessante Stätten sind von hier aus leicht erreichbar

samstags ist die ganze Bevölkerung auf den Beinen. Von der grünen *Platia Venizelou* ist es ein Katzensprung zur *Kathedrale Agia Triada*; hier, im Herzen der Altstadt, spürt man noch ein wenig von der einstigen Kleinstadt-Atmosphäre. Östlich vom Venizelos-Platz steht die **Panagia-Kirche** mit Fresken des 14. Jh.; die Säule auf dem Platz vor der Westfassade trägt ein schönes **ionisches Kapitell**: Erinnerung an die Antike, der man im Übrigen nur im Museum begegnet.

Im nördlichen Stadtteil liegt das 1969 gegründete **Archäologische Museum** (Odos Paleologou 68, Tel. 28 41 02 49 43, Di–So 8–15 Uhr). Die Räume gruppieren sich um einen Innenhof und stellen die sehenswerten Exponate – Funde aus Ostkreta von der frühminoischen Zeit bis zur römischen Antike – in chronologischer Reihenfolge vor. Den Anfang macht **Saal I** mit Stücken der neolithischen und frühminoischen Zeit. Auffallend ist ein ca. 20 cm hohes neolithisches *Idol* in Phallusform aus der Pelekita-Höhle bei Zakros. Sehr viele Funde stammen vom frühminoischen Friedhof Agia Photia (3000–2300 v. Chr.) bei Sitia, mit 260 Gräbern einem der größten Griechenlands. Zu sehen sind außerdem Obsidianwerkzeug, Keramik, sog. Kykladenpfannen, Dolche und die ältesten Angelhaken aus Bronze.

Saal II präsentiert die etwa 18 cm hohe ›*Göttin von Myrtos*‹. Sie gehört zu den bekanntesten frühminoischen Keramiken. Die Göttin mit überlangem Hals und kleinem Kopf auf bauchigem Unterleib hält ein Spendengefäß im Arm. Sehenswert sind daneben der Goldschmuck aus den Gräbern von Mochlos (2300–2000 v. Chr.) sowie wunderbare Steingefäße, die das Material (Marmor, gemaserter Stein) perfekt zur Geltung bringen und Linear-A-Inschriften vom Gipfelheiligtum Petsofas.

Ein einzigartiges *Reliefrhyton* aus Stein in Form einer Tritonmuschel sowie eine Goldbrosche und ein Stab mit Linear-A-Inschriften (alles aus Malia) sind die bedeutendsten Ausstellungsstücke in **Saal III**. Weitere Exponate sind eine Elfenbeinsphinx, Göttinnen, spätminoische Urnen aus Ton (Larnakes) sowie Keramik mit Bemalung im ›Meeresstil‹ (von Makrigialos).

Blickfang in **Saal IV** ist eine Tonkrug-Kindbestattung in einem Miniatur-Kuppelgrab, **Saal V** birgt einen rund 18 cm hohen ›dädalischen‹ Kopf (um 650 v. Chr.) sowie weibliche Votivfiguren in Stelenform. Der griechischen und römischen Zeit widmen sich **Saal VI** und **VII**: Gezeigt werden eine archaische Reliefplatte mit Krieger und Kind (Achill und Troilos?), die spätarchaische Tonbüste einer Frau aus Elounda, eine einzigartige Öllampe mit 70 Öffnungen sowie ein *Totenschädel* mit goldenem Lorbeerkranz und ›Charon-Pfennig‹, der Münze für den Fährmann ins Jenseits (1. Jh. n. Chr.).

Dem, der sich für byzantinische Kunst interessiert, sei schließlich noch die Besichtigung der **Agios-Nikolaos-Kirche** empfohlen, nach der die Stadt benannt wurde. Wie die meisten Kirchen, die diesem Heiligen geweiht sind, steht auch diese am Wasser, denn Nikolaus wurde nicht nur als Patron der Kinder verehrt, sondern vor allem als Beschützer der Seefahrer. Die kleine Kirche befindet sich im Norden der Stadt auf der Halbinsel nahe dem Hotel Minos Palace (Schlüssel zur Kirche im Hotel gegen Ausweishinterlegung).

Die Datierung des unverputzten, aus Bruchstein errichteten Baus ließ sich nur ungefähr anhand der in zwei Phasen entstandenen Ausmalung festmachen, d. h., man weiß nur, das spätestmögliche Entstehungsdatum des Baus muss vor dem Datum der Fresken liegen (Terminus ante quem). Die Einraumkirche mit Kuppel über dem Mitteljoch ist in drei Joche gegliedert. Die restaurierten, nur in geringem Umfang erhaltenen *älteren Fresken* sind nicht exakt datierbar (1. Hälfte 10. bis Mitte 11. Jh.), sie stellen auf Kreta das einzige Beispiel rein ornamentaler Malerei dar, wie sie während des Bilderstreits im 8./9. Jh. (Ikonoklasmus) gefordert wurde. In der Apsis sind Kreuze und einander überschneidende Kreise sichtbar, die ein Blütenmuster ergeben. Auch die flache Tambourkuppel ist mit geometrischen und floralen Motiven ausgemalt; über den Fenstern befanden sich Inschriftenbänder, von denen nur eines fragmentarisch erhalten ist. Von der jüngeren Ausmalung des 14. Jh. sind nur wenige Heiligenfiguren erhalten, in der Apsis war Christus Pantokrator dargestellt.

i Praktische Hinweise

Information

EOT an der Kanalbrücke,
Tel. 28 41 02 23 57, Fax 28 41 08 25 34,
www.agiosnikolaos.gr

Hotels

*******Minos Beach art'otel**, Agios Nikolaos, Tel. 28 41 02 23 45, Fax 28 41 02 25 48, www.bluegr.com. Schöne luxuriöse Anlage mit Haupthaus und Bungalows in gepflegtem Garten am Felsstrand 1 km nördlich der Stadt, 223 Betten.

*******Minos Palace**, Agios Nikolaos, Tel. 28 41 02 38 01, Fax 28 41 02 38 16, www.mamidakishotels.gr. Große Anlage mit Haupthaus und Bungelows auf einer Landzunge oberhalb von Minos Beach, 276 Betten.

*******Istron Bay**, Agios Nikolaos, Tel. 28 41 06 13 03, Fax 28 41 06 13 83, www.istronbay.com. 14 km südlich Agios Nikolaos, Terrassenbau oberhalb vom 350 m langen Sand-Kieselstrand, 240 Betten.

******Candia Park Village**, Agios Nikolaos, Tel. 28 41 02 68 11-7, Fax 28 41 02 23 67, www.bluegr.com. Apartments in großer Gartenanlage direkt am Sand-Kiesstrand 4 km nördlich von Agios Nikolaos.

Restaurants

Aguas, Konstantinou-Paleologou-Str. 44, (Straße zum Museum), Agios Nikolaos, Tel. 28 41 02 32 31. Einfache Grilltaverne mit Garten.

Almiros, Almiros, Vorort 2 km nördlich Agios Nikolaos, Tel. 28 41 02 38 92. Familientaverne und Gartenlokal mit guter Auswahl und Livemusik, preiswert.

Du Lac, Agios Nikolaos, Tel. 28 41 02 24 14. Schön am See gelegen, gut (Fisch) und teuer.

Itanos, Kiprou-Str. 1 , Agios Nikolaos, Tel. 28 41 02 53 40. Beim Venizelos-Platz, einfach und gut.

Pelagos, Strategou-Koraka-Str. 11, Agios Nikolaos, Tel. 28 41 02 57 37. In klassizistischer Villa mit Innenhof, griechisch und international. Vinothek.

31 Elounda

Einst Hafenstadt und heute luxuriöses Feriendomizil.

Elounda liegt 12 km nördlich von Agios Nikolaos.

Die Küstenstraße nach Elounda wurde ursprünglich für Filmaufnahmen asphaltiert, heute ist sie flankiert von Hotels und Bungalow-Anlagen, die jedes Jahr Urlauber aus der ganzen Welt beherbergen. Im Meer liegt die kahle Insel *Agii Pandes* (der Versuch, hier die Kretische Wildziege Kri-Kri wieder anzusiedeln, scheiterte).

Geschichte In Elounda lebt der altgriechische Ortsname **Olous** fort, in der Antike einer der bedeutendsten Häfen Kretas.

Die Elounda-Bucht wird durch bergiges Hinterland vor kalten Winden geschützt

Olous wurde als Hafen der dorischen *Bergstadt Dreros* gegründet, die im 1. Jt. v. Chr. den Norden kontrollierte und ein bekanntes Apollon-Heiligtum besaß (Bronzegruppe von Leto, Apollon und Artemis im Archäologischen Museum Iraklion). Als sich im 4. Jh. n. Chr. der Osten Kretas senkte und der Westen hob [s. Falasarna, Nr. 63], versank Olous und die vorgelagerte Halbinsel blieb nur durch einen sumpfigen Isthmus mit dem Festland verbunden. Einige Mauerzüge der untergegangenen Stadt sind noch unter dem Wasserspiegel zu erkennen. Dennoch blieb das Gebiet von Olous in byzantinischer Zeit bedeutend, woran die Ruinen der dreischiffigen Basilika auf der **Halbinsel Spinalonga** erinnern. Die Venezianer benutzten die große Bucht von Elounda als Hafen und schützten sie durch die Festung Spinalonga. Ende des 19. Jh. durchstießen französische Ingenieure den Isthmus, bauten eine Brücke über den Kanal und machten damit Spinalonga (langer Dorn) zur Insel.

Besichtigung Die Ruinen von **Olous** sind spärlich, von der Basilika blieben die Fußbodenmosaike (meist zugedeckt). Man überquert die Brücke, oberhalb der Windmühlen finden sich die Grundmauern der Basilika (30 Min. Fußweg von Elounda). Die frühchristlichen **Fußbodenmosaike** gehören zu den besten Kretas und zeigen figurale (Fische) und geometrische Motive sowie zwei fragmentarisch erhaltene Inschriften, die als Spender Theodoulos, Antaxios und Helidoros nennen. Sie werden in die 2. Hälfte des 5. Jh. datiert.

Bodenmosaike der Basilika von Olous. Sie gehören zu den besten Kretas

Praktische Hinweise

Hotels

TOP TIPP *****Elounda Beach, Elounda, Tel. 28 41 06 30 00, Fax 28 41 04 13 73, www.eloundabeach.gr. Hotel und Bungalows an traumhaften Buchten, mit privatem Hafen und Strand, 578 Betten.

*****Elounda Mare, Elounda, Tel. 28 41 04 11 02, Fax 28 41 04 13 07, www.eloundamare.com. Hotel und Komfort-Bungalows in reizvoller Hanglage, Sportmöglichkeiten, 200 Betten.

*****Elounda Bay Palace, Elounda, Tel. 28 41 06 70 00, Fax 28 41 04 17 83, www.eloundabay.gr. Hotel und Bungalows, 567 Betten.

**Aristea, Elounda, Tel. 28 41 04 13 01, Fax 28 41 04 13 02. Nahe Hauptplatz und Bootsanleger, 37 Zimmer.

Restaurants

Mehrere **Tavernen** liegen am Hauptplatz beim Fischerhafen, alle sind im Angebot ähnlich.

32 Spinalonga

TOP TIPP *Einst diente das Eiland als Lepra-Station, heute lockt der Ruinenort mit seiner faszinierenden Atmosphäre.*

Überfahrt mit dem Boot von Elounda oder von Plaka zur Festungsinsel Spinalonga.

Die Festung Spinalonga liegt auf einer kleinen, vorgelagerten Felsinsel im Norden der Insel Spinalonga, sodass es genau genommen *zwei* Spinalonga gibt.

Geschichte Erst als Kreta praktisch schon an die Türken verloren war, errichteten die Venezianer 1579 unter Jacopo Foscarini auf dem 400 m langen und 200 m breiten Felseiland im Norden der Bucht die Festung, die mit 35 Kanonen bestückt wurde und als uneinnehmbar galt. Erst 1715 kam sie durch Vertrag in türkische Hand. Unter Prinz Georg richtete man hier ab 1903 eine **Leprastation** ein, die bis 1957 bestand. In den Dreißigerjahren bekam die Insel elektrisches Licht und ein Krankenhaus, 1948 entstanden die zweistöckigen Wohnblöcke. Seitdem die Krankheit medizinisch besser behandelt, im Frühstadium sogar geheilt werden kann, wurde die Quarantänestation aufgegeben und bildet nun im verwahrlosten, ruinösen Zustand einen ebenso eindrucksvollen wie makabren Ort. So trostlos der Platz wirkt: Für die Aussätzigen bedeutete das Leben im Lepradorf eine Verbesserung ihrer schlimmen Lage, denn seit dem Altertum wurden von der Krankheit Befallene aus der menschlichen Gemeinschaft ausgestoßen und mussten unter trostlosen Bedingungen von Almosen leben (wenn im Januar jeden Jahres ›Welt-Lepratag‹ ist, erfährt man, dass sich für viele Kranke weltweit daran nichts geändert hat).

Besichtigung Heute kann die Insel gefahrlos besucht werden, man setzt per Boot von Elounda über, oder preiswerter ab Plaka, dem alten Fährhafen zur Insel. Der Landeplatz liegt nicht mehr an der Mole auf der Westseite, sondern unterhalb der gewaltigen **Südbastion**, an der hoch oben das Relief des Markuslöwen an die Venezianer erinnert. Von der halbmondförmigen Bastion, die wegen ihrer Form ›Mezzaluna Barbariga‹ genannt wurde, konnten Kanonen die enge Hafeneinfahrt vollständig bedecken. Über eine Treppe erreicht man durch den Tunnel der **Tiepolo-** oder **Rivabastion** die alte Laden- und Wohnstraße der Leprasiedlung und geht an teilweise noch hoch anstehenden Hausruinen vorbei auf der Inselwestseite nach Norden. Durch leere Fensterrahmen und -höhlen sind Schuttberge zu sehen, rechts die Ruinen einer Kapelle und – etwas erhöht – des Krankenhauses, links Zisternen und die alte **Mole** mit dem venezianischen **Tor**. Das schöne Eingangsportal trägt (in Latein) eine Inschrift zu Ehren von Lucas Michael, dem Generalprovisor Kretas, der den Grundstein zur Festung legte. Im Norden beherrschte die **Mezzaluna Michael-Bastion** die wesentlich weitere Hafeneinfahrt. Der Rückweg auf der Ostseite gibt den Blick aufs Meer frei, auch hier war die Steilküste mit unteren und oberen Bastionen zum Sperrriegel ausgebaut. Erst bei Friedhofskapelle, Friedhof und Beinhaus wandern die Gedanken wieder zum Los der Kranken, die ohne Hoffnung auf Heilung auf der kleinen Insel lebten und starben.

Praktische Hinweise

In Plaka gibt es zwei einfache Tavernen, **Castellos** und **Maria** (Tipp: Fisch nicht nach Aussehen, sondern Gewicht bestellen, Preis aushandeln).

Die Panagia-Kera-Kirche bei Kritsa darf in keinem Fotoalbum fehlen! Der so harmonisch wirkende Bau entstand in mehreren Bauphasen und wurde vor wenigen Jahren restauriert

33 Panagia-Kera-Kirche bei Kritsa

Plan Seite 72

TOP TIPP

Die berühmteste Kirche beim größten Dorf Kretas, das als Drehort international bekannt wurde.

1,5 km südlich von Agios Nikolaos zweigt die Asphaltstraße nach Südwesten ab. 9 km bis zur Panagia-Kera-Kirche (Bushaltestelle), die sich 60 m nördlich der Straße in einem ausgedehnten Olivenhain befindet. Zum Dorf Kritsa 1 km weiter
tgl. 8.30–15 Uhr

Die dreischiffige, kuppelbekrönte Panagia-Kera-Kirche fehlt in keinem Kreta-Band; der mit herrlichen byzantinischen Fresken ausgemalte Innenraum beeindruckt jeden Besucher. 1994 wurde die weiße Putzschicht von den Außenwänden entfernt, wodurch der malerische Gesamteindruck beeinträchtigt, dafür aber der originale Zustand hergestellt wurde. Bleibt abzuwarten, ob in den kommenden Jahren Denkmalschützer oder Werbemanager das Aussehen bestimmen.

Die Kirche wurde in drei **Bauphasen** errichtet, nach neuesten Untersuchungen entstand bereits im 13. Jh. das heutige Mittelschiff als Kuppelhalle, die beiden Seitenschiffe wurden später angebaut. Architektonisch sind an der leicht elliptischen Kuppel die vier stark plastischen Rundrippen auffallend, Bauhistoriker sehen in dieser auf Kreta einzigartigen Lösung den Einfluss der Venezianer. Das der hl. Anna geweihte Südschiff und das Antonios gewidmete Nordschiff sind mit Tonnen überwölbte Einraumkapellen.

Detail aus dem prachtvollen Freskenschatz der Panagia-Kera-Kirche: ›Reise nach Bethlehem‹ im Südschiff, das der Mutter Mariens, Anna, geweiht ist

Der **Freskenschmuck** ist nach demjenigen von Moni Valsamonero [Nr. 13] der umfangreichste und bedeutendste Kretas und stammt aus dem 13. bis 15. Jh.

Bei der **Kirche** stehen meistens Führer bereit, die alle Fresken erklären (Extragebühr). Im Innenraum herrscht Fotoverbot. Eine Taschenlampe ist beim Besuch der Kirche sehr hilfreich; bitte nicht nur auf die Fresken, sondern auch auf den unebenen Boden achten.

Die Tür zum **Südschiff [A]** wird zzt. als Haupteingang genutzt. Der aus der 1. Hälfte des 14. Jh. stammende Bilderzyklus ist dem Leben der Mutter Mariens (Anna) und der Muttergottes gewidmet. Die Wand zum Mittelschiff schmückt eine lange Reihe von Heiligen, wobei – wie meist in der orthodoxen Kirche – die Frauen, u. a. **Kaiserin Eirene [1]**, recht weit entfernt vom Allerheiligsten im Westen zu erkennen sind.

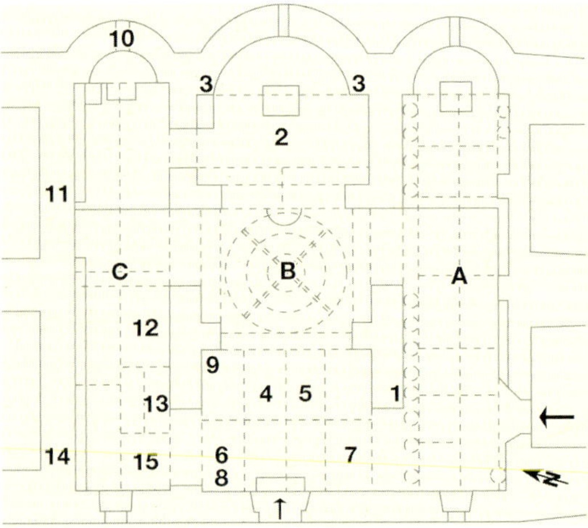

Panagia Kera
- **A** Südschiff
- **B** Mittelschiff
- **C** Nordschiff

Fresken
- **1** Kaiserin Eirene
- **2** Himmelfahrt Christi
- **3** Verkündigung
- **4** Abendmahl
- **5** Geburt Christi
- **6** Gastmahl des Herodes
- **7** Paradies
- **8** Hl. Helena und Kaiser Konstantin
- **9** Hl. Franz von Assisi
- **10** Pantokrator
- **11** Heilige in kretischer Tracht
- **12** Paradies
- **13** Törichte Jungfrauen
- **14** Kirchenstifter mit Kind
- **15** Jüngstes Gericht

Ein origineller, frei stehender Uhrturm dominiert den neuen Fischerhafen von Ierapetra. Der Hafen wird vom venezianischen Kastell begrenzt (im Bild rechts)

graue, kieselige Sandstrand ist und bleibt ein lohnendes Ziel. Fischer und ihre Boote, Sonnenhungrige und Badegäste bevölkern ihn und an der Uferpromenade reiht sich Taverne an Taverne.

Bei der Platia Kothri und der Post befindet sich das **Archäologische Museum** (Odos Adrianou Kostoula, Di–So 8.30–15 Uhr). Es besitzt minoische und griechische Keramik, Kleinplastik und Grabstelen. Berühmt ist der mit Totenkultmotiven bemalte Sarkophag aus Vassiliki. Hinzu kommt eine lebensgroße römische Demeterstatue. Seit 2001 sind auch die weiblichen Terrakottafiguren zu sehen, welche 1998 in einem Kultbau der frühen Eisenzeit bei Hierapolis ausgegraben wurden. Unter ihnen befindet sich eine 1,50 m große Göttin auf einem Thron.

Vor der Altstadt steht im Süden das restaurierte und für Besucher bis zum Sonnenuntergang geöffnete **Kastell**. Es stammt aus dem 14. Jh. und wurde im 17. Jh. verstärkt, besitzt jedoch den schlichten Rechteckgrundriss der ersten venezianischen Festungen, die sich im Vergleich zu den fortifikatorischen Meisterwerken Michele Sanmichelis in Iraklion und Chania wie Kinderspielzeug ausnehmen.

Truhensarkophag im Archäologischen Museum Ierapetra. Flächensprengende Bemalung und neue Motive wie ›Wagenrennen‹ verdeutlichen die Unruhe der Zeit um 1000 v. Chr.

Strand von Ierapetra: Hier gibt es die meisten Sonnentage Kretas. Manchmal weht Afrikas Glutwind Sahara-Sand übers Meer und macht Mensch und Tier unruhig

Zu den Sehenswürdigkeiten gehören **Minarett** und **Brunnenhaus** der ehemaligen Moschee; der einstige Waschbrunnen frommer Muslime mit eleganten Halbsäulen ist aus Hausteinen errichtet.

Praktische Hinweise

Information

Am Hauptplatz Emmanuel Kothri, Ierapetra, Tel. 28 42 09 00 01

Hotels

******Petra Mare**, Ierapetra, Tel. 28 42 02 33 41-8, Fax 28 42 02 33 50, www.petramare.com. Am Stadtrand, Strand zwischen Meer und Ausfallstraße nach Sitia, 419 Betten.

Für einen echten Erholungsurlaub sollte man ein Hotel an den Stränden **außerhalb der Stadt** wählen:

******Lyktos Beach Resort Hotel**, 7 km östlich von Ierapetra, Tel. 28 42 06 17 13, Fax 28 42 06 13 18, www.magiclife.com. Haupthaus und Reihenbungalows, direkt am Meer, im Norden schöner Blick auf Südflanke des Dikti-Massivs, 432 Betten.

*****Coriva Beach**, 8 km östlich von Ierapetra, Tel. 28 42 06 12 63, Fax 28 42 06 11 64, www.corivavillage.com. bei Ferma, Haupthaus und Bungalows am breiten, 2 km langen Kiesstrand, 90 Betten.

37 Moni Kapsa

Schneeweißes Kloster in grauer Felswüste zwischen Himmel und Meer.

32 km östlich von Ierapetra; 40 km südlich von Sitia. Wichtig: Bei der Anfahrt aus Richtung Sitia *nicht* 4 km südlich vom Dorf Lithines dem Schild ›Moni Kapsa 5 km‹ folgen (Erdweg in miserablem Zustand), sondern bis zur Südküste fahren. Ab Analipsi 8 km zum Kloster.
tgl. 9–12 und 16–19 Uhr

Kompromissloser kann man Jesus, der 40 Tage in der Wüste verbrachte, kaum nachfolgen, näher kann man dem Schöpfer kaum sein, als in den Felshöhlen der weltabgeschiedenen Steinöde Südostkretas. Die wasserarme, von Höhlen durchlöcherte Südflanke der Thripti-Berge ist genau der Ort, den christliche Eremiten suchten, um sich von irdischen Sünden zu lösen, über Läuterung zur Erleuchtung zu gelangen. Wie in der Thebanischen Wüste fanden sich die Einsiedler zum gemeinsamen Gebet zusammen. So entstanden mehrere Kirchen der Südküste, auch Kloster Kapsa.

Geschichte Das Johannes Prodromos (dem ›Vorläufer‹ = Täufer) gewidmete Kloster soll im 15. Jh. gegründet worden sein. Die Datierung stützt sich auf einen Text der ältesten Ikone (›Enthauptung des Johannes‹) in der Klosterkirche, der nach

In eindrucksvoller Hanglage, aber weltferner Steinwüste liegt das Moni Kapsa über dem Libyschen Meer. Erst die relativ neue Straße bringt Touristen in die Einsamkeit

1500 nicht mehr in Gebrauch war. Im 17. Jh. wurde das Kloster nach mehreren Türkenüberfällen verlassen, in der Kirche fanden aber weiterhin sporadisch Gottesdienste statt.

Erst 1861–63 erfolgte durch den heute als Ortsheiligen verehrten **Jerontojiannis** eine Restaurierung und Erweiterung des Klosters. Er war 1799 als Bauernsohn bei einem Klosterbesuch seiner Eltern in Kapsa zur Welt gekommen. 1841 überfiel ihn ein tiefer, 43 Stunden währender Schlaf, der ihn verwandelte: Von da an lebte er wie ein Heiliger, vollbrachte Krankenheilungen und zog sich schließlich, weil der Zustrom an Hilfe suchenden Menschen den Türken missfiel, in eine Höhle oberhalb vom Kloster zurück. Zehn Jahre vor seinem Tod wurde er Mönch und erhielt den Namen Josef, dennoch wurde er weiter unter dem Namen Jerontojiannis verehrt (Jerondas ist die Anrede für einen Abt oder älteren Mönch, Jannis die Kurzform seines Vornamens Johannes). Nach seinem Tod war sein Enkel Josef einige Zeit Abt in Kapsa, bis das Kloster 1901 seine Selbstständigkeit verlor und zwei Jahre später Kloster Toplou unterstellt wurde. Seit 1982 sind die als wundertätig geltenden Gebeine des Jerontojiannis in einem Glasschrein der Klosterkirche zu sehen.

Am 29. August feiert das Kloster den **Namenstag** des Kirchenpatrons Johannes Prodromos.

Besichtigung Bei der Anfahrt sieht man die großartige **Perivolakia-Schlucht**, an deren Steilwand Jerontojiannis 17 Jahre in einer Höhle lebte. Wie ein leuchtend weißes Band ziehen sich die Klostergebäude über eine schmale Felsterrasse hin, die kühne Lage zwischen Himmel und Meer erinnert an das berühmte Chozoviotissa-Kloster auf der Kykladeninsel Amorgos. Da der Parkplatz vor dem Klostertor winzig ist, sollte man den letzten steilen, aber kurzen Anstieg zu Fuß unternehmen.

Das **Kloster** steht unter der Verwaltung von Moni Toplou, wie in allen Klöstern ist auf dezente Kleidung zu achten. Durch den von einem Turm beschützten *Eingang* gelangt der Besucher auf die unterste Terrasse, die unter dem Dach aus Weinlaub und Reben einen wunderbaren Ausblick aufs Libysche Meer ermöglicht. Unterhalb der Terrasse wachsen Mispeln, Granatäpfel, Orangen und Kohl in prächtigem Durcheinander; es heißt, dass erst Abt Josef eine Wasserleitung zum Kloster baute und die Erde korbweise herbeischaffen ließ.

Mehrere Stufen höher liegt die obere, mit schönem Kieselmuster geschmückte Terrasse, die den Zugang zur zweischiffigen **Kirche** gewährt. Das elegante Renaissanceportal ist mit antiken Reliefs verziert. Die *Nordkirche* wurde direkt in den Felsen geschlagen und hat daher unregelmäßige Wände, an der Ikonostase findet sich die erwähnte Johannes-Ikone. Die aus Zypressenholz geschnitzte Ikonostase des *Südschiffs* entstand im 19. Jh. Neben dem Reliquienschrein ist ein zwölfeckiger Leuchter auffallend: Symbol für das Himmlische Jerusalem.

Nun kann man über schmale Felsstufen oberhalb des Klosters die **Eremitenhöhle** besuchen, in der Jerontojiannis und vor ihm andere Einsiedler ihr gottgeweihtes Leben verbrachten – nah am Abgrund, der sicher auch symbolische Bedeutung besaß.

i Praktische Hinweise

Ein einfaches, aber recht hübsches **Kafenion** steht im Weiler Kalo Nero, den man auf halber Strecke passiert. Unterhalb der Steilküste laden einige winzige **Badebuchten** zu einer erfrischenden Rast.

38 Sitia

Noch ursprünglich wirkende Hafenstadt mit kleinem Kastell.

75 km östlich von Agios Nikolaos. Kurvenreiche, wunderschöne Bergstrecke, häufig mit großartigen Ausblicken aufs Meer.

Schon die Fahrt rechtfertigt einen Ausflug nach Sitia. Die gut ausgebaute Nationalstraße steigt hinter Kavousi rasch an und erreicht bei *Platanos* einen Aussichtspunkt, der die Insel *Psira* und den Mirabello-Golf vor dem Auge ausbreitet, als blicke man von einem Hängegleiter auf Land und Meer.

Von **Kavousi** aus können Bergwanderer in knapp 3 Stunden zur *Alm Thripti* (800 m) aufsteigen (im Frühjahr blühen am Wegrand lila Anemonen, Zistrosen, Orchideen- und Lilienarten); in weiteren 1½ Stunden wird der höchste Gipfel der Thripti-Berge, *Afendis Stavromenos* oder *Kavousi* (1476 m), erreicht. Mit dem noch umfassenderen Gipfelblick gehört der Weg zu den lohnendsten Bergtouren auf Kreta.

Sitia liegt am Westufer des gleichnamigen Golfs und erweckt mit seiner langen Mole den Eindruck einer geschäftigen Hafenstadt, ist aber im Bereich der an die Mole grenzenden Altstadt ein ausgesprochen geruhsamer, liebenswerter Ort. Die Häuserkuben staffeln sich malerisch an einen niedrigen Hügel, der vom venezianischen Kastell bekrönt wird. Nur in der Neustadt, die man bei der Ein- und Durchfahrt passiert, glaubt man der Statistik, die Sitia als bedeutenden Handelsplatz mit 9000 Einwohnern ausweist.

Geschichte Mit Sicherheit siedelten hier bereits in minoischer Zeit Seefahrer, Fischer und Händler, denn nach neuen Grabungsergebnissen war dies einer der größten Häfen Kretas. In Petra, östlich von Sitia, wurden ein palastartiges Gebäude, Magazine, Gefäße mit Linear-A-Inschriften und ein großer Stein-Anker gefunden.

Die Siedlung scheint eine Zeit lang befestigt gewesen zu sein (kyklopische Mauer am Fuß des Hügels). Im Zentrum von Sitia wurden im Schutt eines Heiligtums Tonstatuetten und andere Weihegaben aus der 1. Hälfte des 1. Jt. gefunden, wahrscheinlich ist Sitia mit der griechischen Stadt Eteia gleichzusetzen.

Die Venezianer hatten mit dem Hafenort Großes vor: Sie erweiterten das den Genuesen abgenommene Kastell (14. Jh.) und befestigten die Altstadt, Sitia sollte Kretas viertgrößte Stadt werden. Doch der Aufschwung fand nicht statt, schließlich legte ein Erdbeben (1508) viele Häuser in Trümmer und die Türken hatten leichtes Spiel bei der Eroberung. Erst im 19. Jh. nahm die Bevölkerung wieder zu.

Mit Recht ist die Stadt stolz auf ihren bedeutendsten Schriftsteller: **Vitzentzos Kornaros**, der am Ende des 17. Jh. den ›Erotokritos‹ verfasste. Das Epos gilt als berühmtestes – und bis heute auf Kreta bekanntes – Werk der ›kretischen Renaissance‹.

Besichtigung Sitia bietet nicht viele Sehenswürdigkeiten, dennoch lohnt ein Bummel durch die Altstadt. Ihre hügelan führenden **Treppengassen** bilden eine mit Blumenkübeln geschmückte, natürliche Fußgängerzone, die nicht verhindert, dass unvermutet an der Hügelkuppe Autos parken (es gibt einen Schleichweg). Das nicht sehr große **Kastell** (Di–So 8.30–14.30 Uhr) wurde restauriert und lohnt einen kurzen Besuch.

Bei der Paralia, der Uferstraße, gibt es einen palmenbestandenen Platz und am Kai grenzt Taverne an Taverne.

Sehr interessant ist das kleine, aber moderne **Archäologische Museum** (an der Ausfallstraße nach Ierapetra, Di–So 8.30 – 14.30 Uhr). Unmittelbar am Eingang ist in einer Glasvitrine das Prunkstück des Museum zu sehen: eine erst 1988 bei Gra-

Noch ist Sitia nicht durch hohe Hotelbauten verunstaltet und bezieht seinen Reiz aus dem Dasein einer geruhsamen Provinzstadt. Der Hafenkai dient als Flanierzone

bungen in Palekastro [Nr. 41] gefundene, einzigartige minoische *Jünglingsstatuette aus Elfenbein*. Die 50 cm hohe Figur wurde aus unzähligen Fragmenten rekonstruiert und fasziniert durch die geradezu atemberaubende Feinheit und Raffinesse der Ausführung, z. B. der Armmuskeln, Sehnen und Fingernägel. Erstaunlich ist auch die Mischtechnik: Der Haarschopf ist aus grünem Schiefer gearbeitet, die Augen wurden aus Bergkristall hergestellt. Die Vorderseite zeigt starke Brandschäden. Die Sandalen und wohl auch die Schwertscheide bestanden aus Goldblech. Die Haltung der Statuette, besonders das vorgestellte linke Bein, ließ Ausgräber Costis Davaras an frühgeschichtliche Jünglingsbilder denken, er bezeichnete sie daher als ›jugendlichen Zeus‹.

Im Übrigen sind die Exponate chronologisch und nach Fundstätten geordnet. Der Rundgang (entsprechend dem Uhrzeigersinn) beginnt in **Raum I** mit frühminoischen Gefäßen aus Agia Fotia (östlich Sitia) sowie Idolen und Funden vom Gipfelheiligtum Petsofas und aus Paleastro. **Raum II** präsentiert Funde aus dem Palast und den Wohnhäusern in Kato Zakros: Besonders interessant ist hier die gut erhaltene *Weinpresse* aus der Zeit der Neuen Paläste (1700–1450 v. Chr.). Darüber hinaus sind Tontafeln mit Linear-A-Inschriften sowie Gefäße und ein Tongrill zu sehen.

Die folgenden **Räume III** und **IV** zeigen Keramik aus der Zeit um 1200–850 v. Chr. (subminoischer bis orientalisierender Stil) und Tonstatuetten aus der Zeit um 650 v. Chr. (sog. dädalischer Stil) aus Sitia. **Raum V** widmet sich sodann der hellenistischen und römischen Epoche. Neben einer Getreidemühle und Lampen sind Gefäße aus einem versunkenen Schiff zu bewundern.

Schließlich besitzt Sitia auch noch ein interessantes **Folkloremuseum** (Mo–Sa 10–13 Uhr) in der Nähe der Tourist-Information, 100 m vom zentralen Platz entfernt. Es präsentiert eine Sammlung alter Stick- und Webarbeiten, Trachten, Möbel und Hausrat, darunter einen kompletten Webstuhl.

i Praktische Hinweise

Information

Am zentralen Palmenplatz Karamanli, Sitia, Tel./Fax 28 43 02 83 00, Mo–Fr 8–15.30 Uhr

Hotel

****Itanos**, Karamanli 4, Sitia, Tel. 28 43 02 29 00, Fax 28 43 02 29 15, www.itanoshotel.com. Familienhotel an der Hafenpromenade, 138 Betten.

Restaurants

O Michos, Cornaro, Sitia, Tel. 28430 22416. Grillgerichte, griechische und internationale Küche.

TOP TIPP **Zorbas**, Sitia, Tel. 28430 22689. Hier treffen sich die Einheimischen zum Essen, empfehlenswert sind vor allem die vegetarischen Gerichte, der frische Fisch und die Auswahl an Suppen.

39 Moni Toplou

TOP TIPP *Ostkretas reichstes Kloster bewährte sich als Festung des Glaubens und Hort des Widerstands.*

10 km östlich von Sitia. An der Straße nach Palekastro ausgeschildert (›Moni Toplou‹, 3 km). Die ausgebaute, breite Asphaltstraße führt in Serpentinen bergan.
tgl. 9–12.30 und 16–18 Uhr, mehrere einheimische Führer stehen hier bereit

Angeblich kann man vom Glockenturm des Klosters Toplou bis Rhodos sehen, auf jeden Fall sah man vom hoch gelegenen Anwesen potentielle Angreifer früh genug, um Sicherheitsvorkehrungen zu treffen. Abwehrbereit waren die Mönche bestimmt: Festungsartige, 10 m aufragende Mauern tragen Kirche und Zellenbau, eine oder gar mehrere Kanonen standen schussbereit. Sie gaben dem Kloster sogar den Beinamen Toplou (türkisch top = Kanone), doch der richtige Name lautet ›Kloster der Muttergottes vom Kap‹ (Moni Panagia Akrotiriani). Zusammen mit Arkadi ist es das meistbesuchte Kloster Kretas.

Geschichte Toplou wurde im 14. Jh. erbaut und erhielt im Laufe der Jahrhunderte durch Schenkungen enormen Grundbesitz. Den ältesten Teil bildet die Kirche, die der Geburt der Panagia gewidmet ist. Um sie herum entstand auf quadratischem Grundriss der Gebäudekomplex, der mit seinem arkadengeschmückten Innenhof und dem aus venezianischer Zeit stammenden Glockenturm zu den malerischsten Kretas zählt. Die kostbare Innenausstattung beider Kirchenschiffe machen die Anlage zu einem Ikonenmuseum. 1530 wurde das Kloster von Malteserrittern geplündert, 1612 richtete ein Erdbeben schwere Schäden an, 1646 fiel es in türkische Hand. Im 17. Jh. wurde es durch Abt Pandogalos restauriert. Während der verschiedenen Besatzungszeiten war das Kloster häufig Zufluchtsort Verfolgter; der weit verstreute Landbesitz bot ebenfalls die Möglichkeit, wegen Aufruhr Gesuchte zeitweilig zu verstecken. Während der Türkenzeit gingen vom Kloster mehrere Aufstände aus; zuletzt trafen sich hier im Zweiten Weltkrieg kretische Widerstandskämpfer mit Engländern, um den Widerstand gegen die deutschen und italienischen Truppen zu organisieren; sie installierten sogar eine Funkstation im Kloster. In den vergangenen Jahren wurde der gesamte Komplex grundlegend restauriert, wobei man den weißen Kalkanstrich entfernte und den ursprünglichen Gesamteindruck wieder herstellte. Durch den auf Nachbarhügeln errichteten *Windenergiepark* wird Toplou mit Strom versorgt. Der Abt von Toplou befürwortet nicht nur einen ökologisch vertretbaren Tourismus sondern ist auch Vorsitzender der Kooperative für Bioprodukte, welche Pächter des klostereigenen Landes in Sitia gegründet haben. Wein-, Oliven- und Bananenanbau ohne Chemie lautet ihre Devise.

Besichtigung Durch das Loggia-Tor und einen überwölbten Gang kommt der Besucher in den kleinen, durch Brunnen, Treppen und Balkone sehr stimmungsvollen **Innenhof**, dessen Boden mit Kieselmosaik belegt ist. Neben dem Kirchenportal ist eine *antike Inschrift* eingelassen, Teilstück eines Vertrags zwischen den griechischen Städten Hierapytna [Nr. 36] und Itanos, das an der Nordspitze des Kaps lag. Eine andere Inschrift erinnert an die Restaurierung im 17. Jh. durch Abt G. Pandogalos.

Im Südschiff – einem späteren Anbau – wie auch in der **Hauptkirche** hängen kostbare Ikonen, einige Fresken (14. Jh.) blieben ebenfalls erhalten. Die wertvollste und ungewöhnlichste *Ikone* an der Nordwand wurde von Joannis Kornaros gemalt (1770) und trägt den Titel des Gebets ›Groß bist Du, Herr‹. In detailreicher Feinmalerei wird die ganze Schöpfungsgeschichte erzählt; zu Szenen aus dem Alten Testament kommen die des Neuen, am unteren Bildrand sieht man Christus in der Vorhölle (orthodoxe Osterdarstellung) und am oberen Bildrand Gottvater, Sohn und ›Pnevma‹ als Herrscher über Himmel und Erde. Angeblich sind auf dem Bild 61 Einzelszenen zu erkennen, die meisten wurden vom Maler durch den Text des Gebets ergänzt.

Detail der berühmten Ikone von Joannis Kornaros im Kloster Toplou. Unten: Christus in der Vorhölle. Darüber: Maria als Himmelskönigin mit Adam und Eva

Das vor einigen Jahren eröffnete **Museum** neben der Kirche ist eine Stiftung von Theocharis Provatakis und zu den gleichen Zeiten wie das Kloster geöffnet. Hier ist auch die einfache Funkausrüstung der Widerstandskämpfer des Zweiten Weltkriegs ausgestellt.

Beim Klosterportal gibt es einen **Souvenirshop**, in dem neue Ikonen und Poster der berühmten Ikone von Joannis Kornaros verkauft werden. Im **Vorhof** des Klosters gibt es eine alte *Getreidemühle* mit gut erhaltenem Mahlwerk und ein bescheidenes Kafenion. Auf der jenseitigen Straßenseite die Kreuzkirche des kleinen Friedhofs.

40 Vaï Finikodasos

TOP TIPP *Die einzige Palmenoase Griechenlands und feinster Sand am berühmtesten Strand Kretas.*

Vaï liegt 25 km nordöstlich von Sitia.

Postkarten vom Palmenstrand in Vaï, dem Vaï Finikodasos, gibt es sogar auf dem griechischen Festland zu kaufen – so berühmt ist dieser Palmenhain. Und er ist in doppelter Hinsicht etwas Besonderes, denn die grünen Wedel der Palmen beschatten das Tal eines Bachs, der an seiner Mündung ins Meer einen wunderbar hellen Sandstrand besitzt. Palmen unter blauem Himmel, weißer Sand, Sonne und Meer: Karibik im Miniformat! Schon lange bevor Urlauber den Strand als **Traumstrand** entdeckten, schätzten Piraten die Felsinseln davor als Unterschlupf, Bauern nutzen bis heute das obere Bachtal für Pflanzungen gut gedeihender Rebstöcke. Als die ›Blumenkinder‹ und Hippies aus den Höhlen Matalas [Nr. 20] vertrieben wurden, kampierten sie unter den Palmen von Vaï, bis die griechischen Behörden den Palmenhain unter Naturschutz stellten, einzäunten und seitdem nur noch Tagesbesucher am Strand dulden.

Natürlich ranken sich Legenden um die Entstehung der ungewöhnlichen Oase, so sollen nach einer Version phönizische Händler, nach einer anderen Sarazenen (824) mitgebrachte Datteln verzehrt und die Kerne achtlos verstreut haben, aus denen dann die ersten Palmen von Vaï erwuchsen. Botaniker haben eine realistischere Erklärung: Die endemische Palmenart **Phoenix theophrasti** bildet den Palmenwald von Vaï. Ihre Früchte sind ungenießbar – wie bei allen Palmen, die ihr nördlichstes Verbreitungsgebiet im Mittelmeerraum haben. In minoischer Zeit wuchsen wohl mehr Palmen auf Kreta, denn sie werden auf vielen Keramikgefäßen abgebildet. Der typische Stamm, der am Fuß schlanker als am oberen Schaft ist, war vielleicht sogar Vorbild für die minoische Säule.

Der Besuch in Vaï gehört zu den überraschendsten Landschaftseindrücken auf Kreta. Denn obwohl rund um den Park-

Die inselgeschützte Bucht von Vaï ist eine echte Oase: Feiner Sand säumt das blaue Meer, Palmen spenden Schatten und fächeln mit grünen Wedeln Kühle in die Sonnenhitze

platz der Ort total touristisch vermarktet wirkt (Kiosk, Souvenirhändler, Tavernen), ist der Strand selbst eher eine reizvolle Oase. Im Palmenhain blüht *Oleander*, der helle Sand kontrastiert mit dem hellblauen Himmel und dem tiefblauen Meer, bizarre *Felsinseln* rahmen die Bucht. Natürlich sind auch diese legendenumrankt, so soll hier der berüchtigte *Chaireddin Barbarossa*, der 1537/38 alle griechischen Inseln plünderte und unterwarf, einen Schatz in der Felshöhle vergraben haben.

i Praktische Hinweise

Oberhalb vom Strand hübsch gelegenes **Restaurant** und **Snackbar**.

41 Palekastro

Landstädtchen mit archäologischen Grabungsfeldern und schönen Stränden.

20 km östlich von Sitia. Man kann über Kloster Toplou nach Vaï fahren (25 km) und von dort nach Palekastro (8 km) – oder direkt Sitia–Palekastro.

Palekastro ist ganz anders als Vaï. Ein einfaches Dorf, dessen Bewohner vom Ackerbau (und inzwischen auch von Individualtouristen), vor allem aber von ihren ausgedehnten Olivenwäldern leben. Die Gegend wird vom ersten großen Windenergiepark Kretas mit Strom versorgt, dessen mächtige Windräder den Hügelkamm zwischen Kloster Toplou und Palekastro beherrschen.

Nun werden viele neue Olivenpflanzungen über stromgetriebene Pumpen bewässert, im ganzen Gebiet bis hin nach Ano Zakros sieht man am Straßenrand die Schlauchverbindungen, die zu festgelegten Zeiten bestimmte Pflanzungen bewässern können. Da eine Flurbereinigung bis heute nicht stattfand, kommt mancher Bürger von Zakros bis in die Nähe von Palekastro, um das Wasser für sein ererbtes Olivenfeld an- und später wieder abzudrehen.

Die meisten Besucher kommen wegen der schönen **Strände** nach Palekastro (2 km vom Dorfplatz). Sie sind feinsandig, einige Tamarisken spenden Schatten.

Geschichte In minoischer Zeit lag bei Palekastro ein großer Hafen, der den Osthandel mit Ägypten und Phönizien bediente. Und auf dem 215 m hohen **Petsofas** – südöstlich der heutigen Ortschaft – stand eines der reichsten und bedeutendsten **Gipfelheiligtümer**. Derartige Verehrungsstätten waren – wie auch Höhlenheiligtümer – charakteristisch für die minoische Glaubenswelt. Wie ein Gipfelheiligtum aussah, zeigt das berühmte eiförmige Rhyton aus dem Palast von Kato Zakros (Archäologisches Museum Iraklion).

Das spätere Stadtgebiet wurde ab Mitte des 3. Jt. v. Chr. besiedelt, nach einer Katastrophe im 17. Jh. v. Chr. entstand die Stadt neu und überdeckte eine Fläche von 50 000m2, sie besaß keine Mauern. Wie alle minoischen Städte wurde auch diese um 1450 v. Chr. durch Feuer zerstört, entwickelte sich aber danach (1350–1200 v. Chr.) – nun ohne die Konkurrenz von Kato Zakros [Nr.42] – zur **größten Stadt Ostkretas**. Neue Gebäude (heute neues Grabungsfeld) entstanden am Strand nördlich und südlich vom Kastri-Hügel.

Das antike Stadtgebiet wurde zu Beginn des 20. Jh. und dann wieder 1962/63 im heute Roussolakkos (= rote Grube) genannten Bereich ausgegraben, viele Mauerzüge sind jedoch zu ihrem Schutz wieder mit Erde bedeckt, ein Teil wurde im Zweiten Weltkrieg zerstört.

Ab 1000 v. Chr. entstand auf dem Gebiet der minoischen Wohnstadt ein berühmtes Heiligtum des ›**Kretischen Zeus**‹. Der von den Eteokretern, den ›echten‹ Kretern, beeinflusste Kult eines jugendlichen, bartlosen höchsten Gottes, lebte in Palekastro bis in die römische Zeit fort. Die im Archäologischen Museum Sitia in Teilen ausgestellte Statue wird vom Ausgräber für ein Bild dieses Gottes gehalten, der der Erde Fruchtbarkeit und den Menschen Glück brachte.

Besichtigung Im Vergleich zur stolzen Geschichte und den Ausgrabungsberichten sind die Überreste an Ort und Stelle wenig eindrucksvoll. Vom Dorfplatz in Palekastro schlägt man die Richtung zum Strand ein, der ausgeschilderte Weg zum **Grabungsgelände Roussolakkos** zweigt nach rechts ab und führt durch einen Olivenhain. Man betritt das z. T. mit Erdreich bedeckte Stadtgebiet auf der Westseite. Die minoische Straße führt in West-Ost-Richtung durch die verschiedenen, von den Ausgräbern mit griechischen Buchstaben beschriebenen Quartiere, mehrere Seitengassen zweigen ab.

Eindrucksvoller ist das **neue archäologische Grabungsfeld** nahe Strand und Kastri-Hügel, wo 1988 die beschriebene Statuette des jugendlichen Zeus gefunden wurde. Das Gelände ist eingezäunt. Teilweise überdacht sind Wohngebäude, Treppen und gepflasterte Gassen zu sehen, auffallend die sauber aus Haustein errichteten Ecken der Gebäude.

i Praktische Hinweise

Information

Municipality of Itanos, Palekastro, nahe Hauptplatz, Tel. 28 43 06 15 46, Fax 28 43 06 15 47, www.palaikastro.com

Hotel

****Marina Village**, Palekastro, Tel. 28 43 06 12 84, Fax 28 43 06 12 85, www.palaikastro.com/marinavillage. Etwas abseits der Staubpiste vom Dorf zum Strand, in kleiner Gartenanlage mit Pool, 62 Betten.

Restaurants

Direkt am Fuß des gut 80 m hohen, trapezförmigen Kastri-Hügels gibt es eine gute, sehr hübsch gelegene **Taverne**. Weitere Tavernen befinden sich am Dorfplatz in Palekastro.

42 Kato Zakros

Plan Seite 86

Durch kostbare Funde berühmt gewordener minoischer Palast mit angrenzender Stadt.

42 km südöstlich von Sitia.

Top Tipp

Bei Wanderern ist das **Tal der Toten**, das Ano Zakros (das obere Zakros) mit Kato Zakros (dem unteren

Durch das Tal der Toten führt eine trotz des düsteren Namens beliebte Wanderroute

Zakros) verbindet, ebenso bekannt wie die Ausgrabungsstätte. Der Talname leitet sich von den zahlreichen Höhlen in den steilen Felsflanken ab, in denen die Minoer ihre Toten beisetzten. Eine Wanderung in diesem grandiosen Cañon ist auf jeden Fall lohnend. 2 km hinter dem Ortsende von Ano Zakros steigt man in die Schlucht ein und geht etwa 2 bis 2½ Stunden. Der Schluchtgrund wird von einem Bach durchflossen, rosa und weißer Oleander blüht an seinen Ufern, Bananenplantagen am Schluchtende. Per Linienbus kann man von der Ausgrabungsstätte zum Ausgangspunkt zurückfahren.

Die Straße nach Kato Zakros ist asphaltiert und windet sich auf den letzten Kilometern in Serpentinen (10% Gefälle) bergab und bietet mehrfach spektakuläre Ausblicke aufs Meer und auf die Mündung der erwähnten Schlucht.

Top Tipp Palast von Kato Zakros

tgl. 8–19 Uhr

In einem kleinen, von Bergen umschlossenen fruchtbaren Tal liegt Kato Zakros, das heute aus einer Häuserzeile am Meer, einigen Äckern unter Olivenbäumen und der antiken Stätte besteht.

Geschichte Bereits in der Zeit der Alten Paläste existierte hier ein Hafenort, ab 1600 v. Chr. entstand der ausgegrabene Neue Palast, der als viertgrößter Kretas

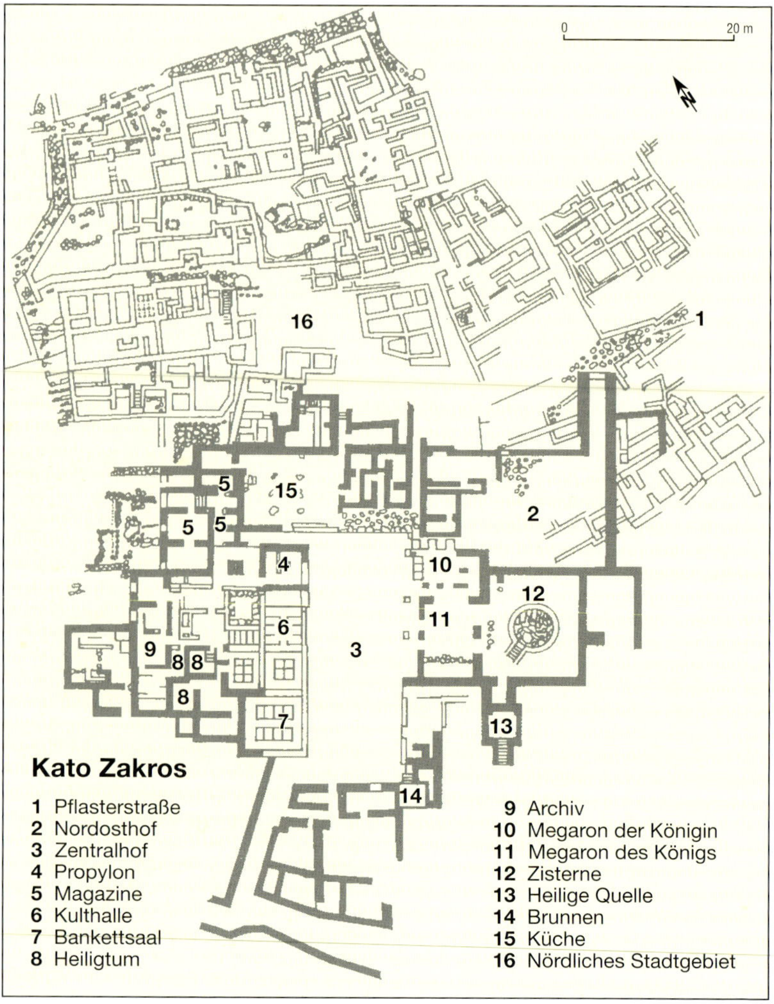

gilt. Wie in Palekastro wurde von hier aus der Handel mit Kleinasien, Ägypten und Libyen abgewickelt; wahrscheinlich war Zakros auch Flottenbasis. 1450 v. Chr. wurden Palast und Stadt zerstört und danach nie wieder besiedelt. Die Katastrophe scheint völlig überraschend gekommen zu sein, wie die Funde zahlreicher Kultgegenstände dokumentieren.

Bereits 1832 entdeckte der Engländer Theodore A. B. Spratt in der Bucht minoische Überreste; 1901 nahm der englische Archäologe David G. Hogarth erste Grabungen vor. Berühmt wurden Palast und Stadt jedoch erst durch die systematischen Grabungen ab 1962 von Nikolaos Platon, dem damaligen Leiter der Antikenverwaltung Kretas.

Besichtigung Man betritt das *Ruinengelände* im Nordosten über die alte **Pflasterstraße [1]**, die in minoischer Zeit vom Hafen zum Palast zog, und gelangt über die sog. Treppenpassage auf den **Nordosthof [2]**. Von hier führte ein schmaler Gang zum 30 x 12 m großen **Zentralhof [3]**.

Wie bei allen Palästen gruppieren sich um ihn herum bestimmten Funktionen zugeordnete Flügelbauten. Der *Westflügel* gehört wieder zum Kultbereich, bereits vor dem Zugang steht in der Nordwestecke des Hofes die Basis eines quadratischen Altars. Über eine mächtige Schwelle betrat man einen **Propylon [4]** (Vorraum), in dessen Mitte eine Holzsäule stand. Der westwärts angrenzende, mit Platten ausgelegte quadratische Raum diente vielleicht als Warteraum, rechts davon waren **Magazine [5]** untergebracht, deren Wände relativ hoch anstehen. Hier wurden 500 Tongefäße, darunter viele riesige Pithoi, gefunden.

Parallel zum Zentralhof liegt eine **Kulthalle [6]**, der sich im Süden der sog. **Bankettsaal [7]** anschließt. Beide Räume besaßen Wandmalereien, wobei der Bankettsaal mit dem charakteristischen bronzezeitlichen Spiralmuster geschmückt war (Rekonstruktion im Archäologischen Museum Iraklion). In dieser Raumgruppe entdeckte N. Platon u. a. das kostbare Stierkopf-Rhyton und das einst mit Goldblech verkleidete eiförmige Steinrython mit Abbildung eines Gipfelheiligtums (Archäologisches Museum Iraklion).

Westlich vom Kult- und Bankettraum lag, durch Lichthöfe und Vorräume abgetrennt, das aus mehreren kleinen Räumen bestehende **Heiligtum [8]** mit kultischem Reinigungsbecken, Kultraum und Schatzkammer. Die Funde in allen diesen Räumen waren zwar zerbrochen, aber fantastisch: Zu ihnen gehören die schönsten Exponate des Archäologischen Museums Iraklion wie das Spendengefäß aus Bergkristall und die große Marmor-Amphore mit zwei s-förmigen Henkeln. Noch weiter westlich, neben dem Kultraum, befand sich das **Archiv [9]**, wo in Regalen Linear-A-Tafeln gelagert waren, die während der Katastrophe durch Feuer gebrannt wurden.

Der *Ostflügel* beherbergte königliche Wohnräume, das sog. **Megaron der Königin [10]** und das **Megaron des Königs [11]**. Daran anschließend ein Raum mit einer **Zisterne [12]**, deren ursprüngliche Funktion wegen der Nähe zu den Königsgemächern und der enormen Größe (Durchmesser 5 m) umstritten ist (Heiliges Bassin, Schwimmbecken?). Eine Treppe führte vom Zisternenraum zu einer tiefer liegenden, sicher **heiligen Quelle [13]**. Schließlich ist in der Südostecke des Zentralhofes ein über acht Stufen zugänglicher **Brunnen [14]** zu entdecken, in dem Reste von 3000 Jahre alten Früchten gefunden wurden. Ihr Entdecker hält sie für Opfergaben (sie könnten allerdings auch bei der Zerstörung des Palastes hineingeschwemmt worden sein). Der weitgehend zerstörte *Südflügel* enthielt die Lagerräume und Werkstätten. Im *Nordflügel* erschloss eine mit Steinplatten ausgelegte, durch zwei Säulen gegliederte offene Halle (Stoa) die westlich angrenzende große **Küche [15]**, deren Decke durch zwei Reihen von je drei Holzsäulen gestützt wurde. Ob an diesem Ort auch kultische Mahle stattfanden, bleibt umstritten.

Das an den Palast grenzende **nördliche Stadtgebiet [16]** ist erst zum Teil freigelegt. Nikolaos Platon vermutet, dass in Palastnähe vorwiegend Priester und Würdenträger wohnten. Das Gebiet kann man außerhalb der Umzäunung teilweise begehen, von oben hat man zudem einen guten Blick auf das Grabungsgelände.

i Praktische Hinweise

Am **Strand** stehen viele **Tavernen**. Hier kann man gut baden (Kieselsand) – einer der anmutigsten und geschichtsträchtigsten Plätze Kretas. In den Privathäusern werden einige **Zimmer** vermietet.

Westkreta – Land der Weißen Berge

Wer sich mit dem Fährschiff dem Hafen von Chania nähert, sieht eine großartige Landschaft: Viele Berge steigen in Küstennähe über 1000 m auf, ein gutes Dutzend erreicht Höhen von mehr als 2000 m. Ihre Gipfel sind häufig bis in den Juni hinein schneebedeckt. Zu Recht trägt das größte Gebirgsmassiv den Namen ›Lefka Ori‹ (Weiße, helle Berge). Dass tiefe, oft unwegsame Schluchten das Bergland zerteilen, dass ungezählte Höhlen den Einheimischen in Notzeiten sicheren Unterschlupf bieten, hat den Ruf Westkretas, unbezwingbar zu sein, über Jahrtausende geprägt. Sogar die Götter nahmen von den Lefka Ori keinen Besitz: Jedenfalls berichtet kein antiker Mythos davon, während Ida- und Dikti-Massiv eng mit dem ›Höchsten‹, dem Gott Zeus, verbunden sind.

Wenn das fruchtbare, geschichtsreiche Zentralkreta als *archäologische* Landschaft gilt, so mag für den Westen eher die Bezeichnung *heroisch* passen. Kein Wunder, dass die **Menschen** in dieser herben Bergwelt einem anderen Menschenschlag angehören als die Bauern und Händler Mittelkretas! Sie leben in Tälern, die im Winter nach wochenlangen Regenfällen von der Umwelt abgeschnitten, durch tiefe, wasserführende Schluchten von Nachbardörfern ge-

Frühling im Land der Weißen Berge. Die Vielfalt der Flora begeistert jeden Wanderer: Margeriten, Ginster, Mohn im Grün der Wälder – vor weiß glitzernden Bergen!

trennt werden. Ihre Ackerflächen sind kleiner, die Olivenhaine steiniger, das Land oft nur als Weidegrund nutzbar. Und so sind sie als Kleinbauern, Viehhirten und Küstenfischer genügsamer, sippenbewusster und gastlicher, vor allem aber stolzer, kompromissloser und freiheitsbewusster als die verhandlungsbereiteren Händler und Bauern Zentralkretas. Die blutigsten und spektakulärsten **Aufstände** gegen die Türken begannen in Westkreta, von hier stammte Daskalojannis (der ›Lehrer Jannis‹), der legendäre Anführer des Aufstands von 1770, hier liegt das Moni Arkadi, das die Parole der Aufständischen – ›Freiheit oder Tod‹ – blutig realisierte, hier herrschte noch bis vor wenigen Jahrzehnten das Gesetz der Blutrache.

Die **Pflanzenwelt** Westkretas ist in vielen Zonen noch relativ ursprünglich. Zwar wurden die ausgedehnten Zedern- und Zypressenwälder bereits von den Minoern abgeholzt, doch haben sich Restbestände in den Schluchten erhalten. Bergzypressen, Kermeseichen und Aleppokiefern wachsen an Hängen der

Lefka Ori; Kastanien, Mandel- und Olivenbäume be
men Bachläufe. Kundige finden das Diktamon, eir
und weniger Kundige können Thymian, Majoran, S
rin in der Phrygana erkennen. Die Ebenen der Nordl
Duft der kleinen weißen Orangenblüten erfüllt, wäh
orangefarbenen Früchte aus dem dunklen Grün der

Weniger wird man von der **Tierwelt** Westkretas be
Zeit häufige Kretische Wildziege (Agrimi) lebt zwar
Nationalpark, ist jedoch scheu und selten zu sehen, V
sind arg dezimiert, Rotwild fehlt. Dagegen lassen sic ... mmel manchmal Gänsegeier und Habichte beobachten.

Über Westkretas **Geschichte** in minoischer Zeit sind wir noch wenig unterrichtet, erst seit kurzem zeigen Grabungen, dass der Westen Kretas durchaus am Wohlstand dieser Frühzeit beteiligt war. Von der griechischen bis zur byzantinischen Zeit waren Nord- und Südküste relativ dicht besiedelt, Orte wie Falasarna, Polyrinia, Aptera, Lisos und Phoenix waren im Altertum bekannt und wurden schon von Strabo und in der Apostelgeschichte erwähnt. Hier haben sich in der Abgeschiedenheit der Bergwelt besonders viele kleine Einraumkirchen erhalten, die alle mit Fresken vollständig ausgemalt waren (durch Feuchtigkeit vielfach beschädigt).

Heute ist Westkreta in zwei Verwaltungsbezirke (Nomoi) geteilt: Rethimnon und Chania. Die beiden malerischen und sehenswerten **Hauptstädte** waren schon immer eine Reise wert, doch die Landschaft dieser Bezirke wurde erst in den 80er Jahren des 20. Jh. von Tourismusmanagern entdeckt. Zunächst einmal lockte die wilde und einzigartige **Samaria-Schlucht** begeisterte Wanderer nach Westkreta. Doch wo damals die Naturfreunde noch unter sich waren, auf alten Saumpfaden abgelegene Dörfer, einsame Hochebenen und unbekannte Badestrände entdeckten, wurde inzwischen das Straßennetz verbessert und ausgeweitet. Speziell an den Küsten sind **Urlaubsorte** für viele Touristen entstanden, aber manche **Strände**, wie der von Falasarna, Elafonisi, Sougia und Loutro, werden wohl noch längere Zeit hauptsächlich den Individualreisenden vorbehalten bleiben. Für **Bergwanderer** ist Westkreta ein ideales Tourengelände – wenn sie die richtige Jahreszeit für ihre Wanderungen wählen. Und für Liebhaber alter **Städte**, **Klöster** und **Kirchen** gibt es so viel zu sehen, dass hier nur eine kleine Auswahl der wichtigsten Denkmäler vorgestellt werden kann.

43 Rethimnon

Plan Seite 92

TOP TIPP

Wo sich Bauten einstmals erbitterter Feinde zum harmonischen Ensemble vereinen.

80 km westlich von Iraklion,
60 km östlich von Chania.

Rethimnon ist lebhaft, ohne hektisch zu wirken, und malerisch, ohne den Eindruck mühsam konservierter Romantik vorzutäuschen. Mit 81781 Einwohnern (2001) und der geisteswissenschaftlichen Fakultät der Kretischen Universität besitzt die Stadt so viel Eigendynamik und kulturellen Schwung, dass sie auch ohne Tourismus für die Bürger attraktiv ist, dennoch hängen heute viele Arbeitsplätze vom florierenden Tourismus ab. Denn bereits in der Stadt beginnt der feine, 14 km nach Osten ziehende Sandstrand, an dem viele Hotels und Apartmenthäuser direkten Zugang zum Meer garantieren. Und zu den archäologischen und landschaftlichen Sehenswürdigkeiten und Höhepunkten Mittel- und Westkretas kommt man auf guten Straßen und Wanderwegen. Schließlich lässt sich abends am venezianischen Hafen Rethimnons in romantischem Ambiente speisen und trinken – Fotos von diesem pittoresken Ort fehlen in keinem Reiseprospekt.

In Rethimnon wurde **Pandelis Prevelakis** (1909–1986) geboren, dessen Romane und Dramen stark vom kretischen Freiheitskampf geprägt sind. Er widmete seinem Geburtsort die ›Chronik einer

Die Zitadelle von Rethimnon galt als uneinnehmbar. Doch nach kurzer Belagerung fiel sie 1646 in die Hand der Türken, deren Moscheeruine bis heute das weite Areal beherrscht

Stadt‹ (1938), die u. a. vom griechisch-türkischen Bevölkerungsaustausch 1923 berichtet, der für die seit Generationen in Rethimnon lebenden Türken den Verlust ihrer Heimat bedeutete.

Geschichte Die Informationen über Rethimnons Geschichte sind spärlicher als die der anderen Nordküsten-Städte, doch spricht die in Armeni [Nr. 47] entdeckte große Nekropole aus dem 14. Jh. v. Chr. für eine frühe Besiedlung der Gegend. Auch das im südlichen Stadtteil Rethimnons (Mastambas) gefundene Felsengrab stammt aus spätminoischer Zeit. Die eingewanderten Dorer errichteten auf dem Hügel ihrer Stadt Rhithymna einen Artemis-Tempel (vielleicht auf einem seit minoischer Zeit heiligen Platz). In byzantinischer Zeit wurde die Stadt mit Mauern geschützt, welche die Venezianer im 13. Jh. verstärkten. Nachdem 1570 osmanische Truppen kurzfristig Rethimnon erobert und zerstört hatten, entstand zwischen 1573 und 1580 nach Plänen des venezianischen Baumeisters Pallavicini die gesamte Festungsanlage neu. Auch der Stadt und Hafen beherrschende Hügel im Nordwesten wurde nach neuesten militärtechnischen Erkenntnissen zu einer ›Festung in der Festung‹ ausgebaut, sodass sich 1646 beim türkischen Angriff Stadtbewohner und Verteidiger zunächst hier in Sicherheit bringen konnten. Doch die Tage der Freiheit waren gezählt: Nur wenige Wochen später musste sich das Kastell den Belagerern ergeben.

Mit Rethimnon verbindet sich der spektakulärste Aufstand Kretas gegen die Türken: Aus einem Dorf in der Nachbarschaft stammte Kostas Giamboudakis, der Moni Arkadi [Nr. 45] 1866 in die Luft sprengte, von Rethimnon rückten die osmanischen Truppen aus, die den Widerstand zerschlagen sollten. Umso überraschender ist, dass nach Abzug der Türken ausgerechnet in Rethimnon nicht alle türkischen Bauten zerstört oder umgewidmet wurden. Die Stadt bringt somit von allen Orten Kretas am deutlichsten die Zeit der türkischen Besatzung in Erinnerung. Vielleicht ist dies aber eine besonders subtile Form der Genugtuung.

Besichtigung Meist wird man sich vom Stadtstrand aus auf den Weg machen, hier befindet sich in einem Pavillon an der Promenade ein *EOT-Informationsbüro*. Sozusagen ›um die Ecke‹ liegt nördlich vom Stadtstrand der **Venezianische Hafen** 1; mit seinen einst pastellfarbenen Häusern, von denen mittlerweile der Putz abbröckelt, mit Tavernen, *Mole* und *Leuchtturm* ist er zu jeder Tageszeit reizvoll, besonders aber am Spätnachmittag und Abend. Der Hafen galt wegen seiner ständigen Versandung seit dem Mittelalter als ›Problemfall‹ und bietet heute nur noch Fischerbooten mit geringem Tiefgang Schutz; der durch eine extrem lange Mole entstandene neue Hafen hat das gleiche Problem.

Vom Venezianischen Hafen ist es in westlicher Richtung nicht weit zur ›Fortezza‹ an der Nordspitze der Halbinsel. Im mächtigen Bau vor dem Eingang zur Zitadelle, einem ehemaligen Fort und Gefängnis, befindet sich seit wenigen Jahren das **Archäologische Museum** 2 (Tel. 28 31 05 46 88, Di–So 8.30–15 Uhr). Die Sammlung zeigt im *prähistorischen Be-*

reich neolithische Funde aus den Höhlen der Präfektur Rethimnon, etwa Idole, Werkzeuge aus Stein und Knochen, Gefäße, Schmuck und Lanzenspitzen. Ferner von verschiedenen Siedlungsplätzen *minoische* Äxte und Göttinnen im Segensgestus. Besonders interessant sind Ton-Urnen der Nekropole von Armeni [Nr. 47] mit reichem, Fische und Oktopoden (Tintenfische) abbildendem Dekor, sowie Grabbeigaben: Siegelsteine, Tongefäße und Schmuckstücke. Den Handel mit Ägypten beweist die kleine *ägyptische Sammlung*; aus der *hellenistischen* und *römischen Periode* stammen Tongefäße im rotfigurigen Dekor, Lampen, Idole und Statuen, wie die Marmorstatuen von zwei Frauen aus Argyroupolis, dem antiken Lappa. Schönstes Stück der Münzsammlung ist die hellenistische Goldmünze aus Knossos mit einer Labyrinth-Darstellung. Aus einem Schiffswrack vor Agia Galini [Nr. 46] wurden Bronzestatuetten eines nackten, behelmten Kriegers und einer Frau geborgen, sicher sollten sie als Beutegut eine römische Villa schmücken.

Nach und nach werden die schmalen Gassen mit ihren typischen Erkerhäusern saniert

Wegen der schönen Blicke von den verschiedenen Bastionen aus lohnt TOP TIPP die **Fortezza** 3 (tgl. 8–18 Uhr, im Winter kürzer) den Aufstieg, denn von den Bauten innerhalb der gewaltigen, geböschten Mauern blieb außer den riesigen Zisternen fast nichts erhalten. Eindrucksvoll ist lediglich der große Kuppelbau der *Sultan-Ibrahim-Moschee*, der 1646 anstelle der venezianischen Bischofskirche entstand. Mit einer hohen Palme bietet der ansonsten schmucklose Quader ein orientalisches Bild, auch wenn vom zerstörten Minarett nur noch der Sockel zu sehen ist. Interessant sind neben den *Zisternen* ferner die unterschiedlichen, dem Gelände angepassten *Bastionen*; im Süden bietet die Elias-Bas-

Abends treffen sich nicht nur Urlauber in den Tavernen Rethimnons – auch Einheimische genießen die erfrischende Brise am Meer

tion einen prächtigen Überblick über Stadt und Berge, im Norden imponiert die Steilküste über dem Kretischen Meer, die von der Sozon-Bastion aus beherrscht wurde. Insgesamt ist die Festung heute ein ruhiger, recht beschaulicher Ort, dem man die Tragödien, die sich hier (auch im Zweiten Weltkrieg unter deutscher Besatzung) abspielten, nicht anmerkt.

Nach dem Besuch der Fortezza sollte man sich Zeit für den Weg durch die **Altstadt** nehmen, die westlich des venezianischen Hafens noch zahlreiche, zum Teil wenig gepflegte Häuser mit Renaissance-Fassaden aufweist. Manche erhielten in türkischer Zeit von den neuen Besitzern einen Holzbalkon oder Erker. Nahe beieinander liegen in der Messolongion-Straße die katholische Kirche und das Zentrum für zeitgenössische Kunst, nur wenig weiter im Süden stößt man auf den – etwas enttäuschenden – **Arimondi-Brunnen** 4. Vier korinthische Säulen mit verkröpftem Gebälk gliedern die aus Quadern erbaute Fassade des Brunnenhauses, in den so entstandenen Wandfeldern fungieren drei (ramponierte) Löwenköpfe als Wasserspeier; die Inschrift auf dem Architrav ist nur fragmentarisch erhalten. Die Anlage wurde 1629 vom venezianischen Statthalter Alvise Rimondi gestiftet, die Türken überkuppelten sie; Reste davon sind noch erhalten. Nach Osten gehend erreicht man am Odos Arkadiou die um 1600 erbaute **Venezianische Loggia** 5, die als Versammlungshaus der venezianischen Adeligen diente.

Am spektakulärsten ist zweifellos das Minarett der **Nerantzes-Moschee** 6, das

Der Stadtstrand von Rethimnon zieht sich kilometerweit nach Osten. Wer Strandleben mit quirligem Ambiente sucht, ist hier am richtigen Ort

wie eine startbereite Nike-Rakete aus der Häuserflucht der schmalen Vernardou-Gasse hervorragt. Es ist gut erhalten und gehört zum heute Odeon genannten Bau, der – im 16. Jh. von den Venezianern als Kirche errichtet und nach 1646 zur Moschee umfunktioniert – nun als Konzertsaal (Odeon) genutzt wird. Der Anblick des leider nicht mehr zugänglichen schlanken Minaretts überrascht und fasziniert jedes Mal aufs Neue.

Schlendert man auf der lebhaften Ethnikis-Antistaseos-Straße weiter nach Süden, so trifft man bei der *Megali Porta* (oder Porta Guora) auf die Nordwestecke der **Platia Tesseron Martiron** 7. Das ›große Tor‹ bildete früher den wichtigsten Zugang zur Stadt und lag in der von West nach Ost verlaufenden Mauer, welche das auf der Halbinsel liegende Rethimnon nach Süden abschirmte.

Der ›Platz der vier Märtyrer‹ ist Männern gewidmet, die für Glauben und Vaterland starben. So ruhen in der modernen *Märtyrer-Kirche* drei der vier Kreter, die in der Zeit der Türkenherrschaft gehängt wurden, weil sie ihrem orthodoxen Glauben – trotz offizieller Zugehörigkeit zum Islam – weiter heimlich anhingen und sich im Verhör dazu bekannten (der vierte ist in St. Petersburg begraben). Und in Bronze steht stolz und imponierend auf schlichtem Steinsockel *Kostas Giamboudakis*: Er gab aus seiner Pistole den Schuss ab, der das Pulvermagazin von Kloster Arkadi in die Luft sprengte. ›Freiheit oder Tod‹ stand auf den Fahnen der Kreter; Giamboudakis steht für die Männer, Frauen und Kinder von Arkadi, die der Knechtschaft den Tod vorzogen. Das Denkmal ist besonders eindrucksvoll, weil dem in kretischer Tracht dargestellten, schwer bewaffneten Giamboudakis das schlanke Minarett der einstigen Sultana-Valides-Moschee über die Schulter schaut.

Wer nach Osten zum Stadtstrand zurückwandert, kann an der Arkadiou-Straße noch die Kuppelbauten der **Kara-Moussa-Pascha-Moschee** 8 mit Resten früherer Bemalung in den Gebetsnischen und alten türkischen Grabsteinen und – in Höhe des Busbahnhofs – der **Veli-Pascha-Moschee** 9 entdecken, in der das Amt für Byzantinische Kunst untergebracht ist.

Ausflüge

Die schönste Wanderung führt auf den 858 m hohen Berg **Vrissinas**, der in minoischer Zeit ein Gipfelheiligtum besaß.

Ein Ziel, das man per Auto erreichen kann, ist der **Kournas-See**, 30 km westlich von Rethimnon. Da der See von Agios Nikolaos [Nr. 30] durch einen Kanal mit dem Meer verbunden wurde, ist der Kournas-See der einzige Süßwassersee Kretas. Klares Wasser, in dem sich blauer Himmel und kahle Berge spiegeln – auf Kreta etwas Besonderes.

TOP TIPP Auch ein Abstecher nach **Georgioupoli** (23 km westwärts) lohnt: ein hübscher alter Fischerort, bei dem der von hohen Eukalyptusbäumen gesäumte Fluss Almiros mündet. Östlich von Georgioupoli liegen an der E 75 kilometerlange **Sand-** und **Kieselstrände** (Zufahrt zu großen unbewachten Parkplätzen ausgeschildert). Diese bisher naturbelassene Strandzone wird jetzt nach und nach mit Hotelanlagen bebaut.

i Praktische Hinweise

Information

Eleftheriou-Venizelou-Str. (Strandpromenade), Rethimnon, Tel. 28 31 02 91 48, www.rethymnon.gr

Hotels

******Grecotel Creta Palace**, Missiria, Tel. 28 31 05 51 81, Fax 28 31 05 40 85, www.grecotel.gr. 4,5 km östlich von Rethimnon, direkt am Strand, Haupthaus und Bungalows, 366 Zimmer.

******Grecotel El Greco**, Kampos Pigis, Tel. 28 31 07 11 02, Fax 28 31 07 12 15, www.grecotel.gr. 9 km östlich von Rethimnon, terrassenförmige Anlage direkt am Strand, Haupthaus und Bungalows, Mountainbike-Center.

******Porto Rethymno**, El. Venizelou 52, Rethimnon, Tel. 28 31 05 04 32, Fax 28 31 02 78 25, www.portorethymno.com. Modernes Hotel direkt an der Uferpromenade (Stadtstrand, nahe Venezianischem Hafen), 199 Zimmer.

*****Mandenia**, Platanias/Platanes, Tel. 28 31 05 51 64, Fax 28 31 05 46 29. 4,5 km östlich von Rethimnon, 250 m zum Strand, freundliches Familienhotel, Pool, 22 Zimmer.

TOP TIPP ****Galeana**, Platanias/Platanes, Tel. 28 31 02 95 53, Fax 28 31 05 42 45, www.galeanahotels.gr. 6 km östlich von Rethimnon. Direkt am Strand gelegene, angenehme Anlage mit 72 Apartments.

Restaurants

Hübsche **Tavernen** gibt es in den Nebengassen beim Arimondi-Brunnen.

Knossos, Nearku 40, Rethimnon, Tel. 28 31 02 55 82. Fischgerichte, serviert auf einer Dachterrasse mit herrlichem Blick auf den Venezianischen Hafen.

TOP TIPP **Larentzo**, Odos Radamanthiou 9, Tel. 28 31 02 67 80. Griechische, sehr gute Küche, stilvoll in einem alten Gewölbe, gute Weine. Nur abends geöffnet, in der Saison vorbestellen.

Seven Brothers, Nearku 39, Rethimnon, Tel. 28 31 02 89 56. Fischspezialitäten am alten Venezianischen Hafen.

44 Margarites

Traditionsreiches Töpferdorf an den Westhängen des Ida-Gebirges.

11 km auf der neuen Nationalstraße nach Osten bis Stavromenos, rechts abbiegen, weiter auf der alten Nationalstraße Richtung Perama, ausgeschildert ›Margarites‹. 5 km nach Süden.

Noch im 19. Jh. wurde ganz Westkreta von 50 Töpferfamilien in Margarites mit den gleichen Tongefäßen versorgt, die bereits vor dreieinhalb Jahrtausenden die Magazine der minoischen Paläste füllten. In jedem Haus Kretas standen mehrere der teils mannshohen Vorratsgefäße, die **Pithoi**, gefüllt mit Öl, Oliven, Getreide und Wein. Doch seitdem auf Kreta immer mehr Menschen in Stadthaushalten wohnen, kommen die *Pithoi* aus der Mode – handlichere Ware ist gefragt. So stellen die wenigen verbliebenen Töpfer in Margarites und Thrapsano [Nr. 24] meist kleinere Gefäße und Skulpturen für Touristen her, große Pithoi werden nur noch in zwei Betrieben geformt und gebrannt.

Dort kann man die alte Technik der **Aufbaukeramik** studieren: Der Ton wird oberhalb vom Dorf abgebaut und muss auf dem fest eingerichteten Zubereitungsplatz vor der Werkstatt über Winter ›wittern‹. Im Frühjahr wird er durch Sieben von groben Verunreinigungen befreit und in drei großen, nebeneinander stehenden Tongefäßen aufgeschlämmt. Der entstehende *Schlicker* wird nun getrocknet und durch Aneinanderschlagen in den Händen homogenisiert und entlüftet, dann wird das Gefäß auf der Töpferscheibe von Hand vom Boden her aufgebaut. Der Töpfer hat stets mehrere Gefäße in verschiedenen Aufbaustadien in Arbeit; die Gefäße erhalten wie in minoischer Zeit seitlich *Ösen*. Durch sie kann später ein Seil gezogen werden, das den Pithos beim Transport hält und sichert. Eine Glasur wird nicht verwendet, eventuell wird ein Dekor mit rotfarbigem, auf-

Nur wenige Keramiker beherrschen noch die alte Technik der Aufbaukeramik

geschlämmtem Ton (*Engobe*) per Pinsel aufgetragen. Die *Brennöfen* werden anfangs vorsichtig mit Olivenlaub und Reisig beschickt und erst langsam mit armdicken Ästen auf Temperatur gebracht, es erfolgt nur ein Brennvorgang bei ungefähr 1000°–1150° Celsius.

Obwohl inzwischen viele Hotelmanager den Pithos als Zierobjekt für den Garten entdeckt haben, muss man um den Fortbestand des traditionsreichen Handwerks bangen. Kein Wunder, dass inzwischen sogar Keramikklassen von Kunstakademien (z. B. München) Exkursionen in das bezaubernd gelegene Bergdorf unternehmen, um die Technik der Aufbaukeramik kennen zu lernen und zu bewahren.

Von Margarites kann man weiter nach **Archea Eleftherna** fahren (5 km), wo wenige Ruinen und große Zisternen der antiken Stadt prächtig auf einem Bergrücken und am Hang liegen. Von hier geht es auf guter Piste weiter zum Moni Arkadi (5 km, s. u.), dessen Fassade nachmittags zum Fotografieren gut im Licht liegt.

45 Moni Arkadi

TOP TIPP

Ehrwürdigstes und eindrucksvollstes Denkmal des kretischen Freiheitswillens.

24 km südöstlich von Rethimnon, gut ausgeschildert. Beim Badeort Platanias (5 km) nach Süden abbiegen.
tgl. 9–15 Uhr

Die Fahrt zum Kloster führt durch wunderschöne Landschaft, zunächst bestimmen Olivenhaine das Bild, später zieht

Das Kloster Arkadi mit seiner schönen Kirche ist Kretas Nationalheiligtum

die gut ausgebaute Straße in vielen Kurven durch eine enge Schlucht zur kleinen, von Bergen begrenzten Hochebene mit dem einsam liegenden Kloster hinauf.

Geschichte Einer Inschrift gemäß datiert die Klostergründung ins 14. Jh., die zweischiffige Klosterkirche mit der schönsten Fassade Kretas wurde 1587 vollendet. Mit ihren 1,20 m dicken Außenmauern präsentiert sich die 5200 m² große Anlage wie eine Festung. Durch die tragischen Ereignisse beim Aufstand gegen die Türken im Jahr 1866 wurde Arkadi zum Symbol des todesverachtenden kretischen Freiheitswillens.

Der Aufstand von 1866 – der berühmteste zahlreicher Revolten – begann am 1. Mai, als sich im Kloster die Komitees verschiedener Provinzen zu gemeinsamem Vorgehen verabredeten. Das schwer zugängliche Kloster Arkadi wurde zum Sitz des Revolutionskomitees von Rethimnon bestimmt. Der türkische Pascha von Rethimnon verlangte vom Abt des Klosters, Igoumenos Gavriel, Auflösung des Komitees und Abzug der Freiheitskämpfer. Als Gavriel dies verweigerte, schickte der Pascha ein Heer (angeblich 15 000 Mann).

Inzwischen hatten sich viele griechische Familien ins Kloster geflüchtet. Als die türkischen Truppen am 8. November zum Sturm auf die Mauern ansetzten, befanden sich 964 Kreter im Kloster, zwei Drittel von ihnen Frauen und Kinder. Mit Pardon war nicht zu rechnen; als die Lage aussichtslos wurde, stimmten die Eingeschlossenen ab und entschieden sich, den Tod der Knechtschaft vorzuziehen und möglichst viele Türken mit in den Tod zu nehmen. Als einen Tag später die Feinde das Tor stürmten, jagte Kostas Giamboudakis durch einen Schuss aus seiner Pistole das Pulvermagazin, in dem sich die meisten Kreter zusammendrängten, in die Luft: Mit den Griechen starb eine große Anzahl Türken. 36 unbewaffnete Kreter, die sich ins Refektorium zurückgezogen hatten, wurden erschlagen; am Abend des Tages waren 750 Kreter tot, die Zahl der getöteten Türken war doppelt so hoch.

◁ *Das stille Amari-Tal zwischen Ida und Kedros ist vom Tourismus unberührt. Fast unbekannt sind seine byzantinischen Kapellen*

Obwohl die Schreckensnachricht ganz Europa den kretischen Freiheitswillen bewies, blieb Kreta noch bis 1898 unter dem türkischen Besatzungsregime.

Moni Arkadi wurde zum Nationaldenkmal und der 9. November zum Feiertag auf Kreta (große Prozession am 8. November). Im Jahr 1994 wurde die Anlage gründlich restauriert.

Besichtigung Besondere Attraktion des Klosters ist die schöne, mit Halbsäulen und Gesimsen gegliederte **Renaissancefassade** der Kirche. Sie zeigt trotz Restaurierung deutliche Spuren des Kampfes von 1866. Das nördliche Kirchenschiff ist der Verklärung Christi, das südliche Konstantin und Helena geweiht. Ikonostase und Ikonen stammen aus der Zeit nach 1866. In der Ostseite des Zellentrakts hat sich ein kleines **Museum** etabliert, in dem an den Freiheitskampf erinnert wird: gerettetes liturgisches Gerät, Messgewänder und die von Kugeln zerfetzte Fahne der Aufständischen. Auf der Westseite der Anlage das **Refektorium** und in der Nordwestecke das **Pulvermagazin**: Schauplätze des Schreckens, aber auch des unbändigen Freiheitswillens der Kreter.

Tipp: Auf der Südseite des Klosters beginnt ein Wanderweg nach **Thronos** [Nr.46]. Zunächst gelangt man auf der Straße nach Kavoussi, dann über die als heilkräftig bekannte Quelle ›petra sto nero‹ ins grüne Amari-Tal.

i Praktische Hinweise

Die gute **Taverne Panorama** liegt in schöner Aussichtslage am südlichen Ortsende von Loutra, eine weitere Taverne findet man in Arkadi.

46 Amari-Tal

Herrliches, von Ida und Kedros gerahmtes Hochtal mit vielen freskengeschmückten Kapellen.

23–30 km südöstlich von Rethimnon, über Prassies in Richtung Fourfouras.

Das sich am Westhang des Ida-Gebirges entlangziehende Amari-Tal ist eine Welt für sich, für die man Zeit, Sinn für die Landschaft und Interesse für byzantinische Kunst mitbringen muss. Man kann von Rethimnon einen Ausflug ins Amari-Tal mit einer kleinen Rundfahrt (Thronos – Monastiraki – Meronas) unternehmen oder weiter über Fourfouras auf aussichtsreicher, wenig belebter Nebenstrecke nach Süden (Agia Galini) fahren.

Sicher reicht die **Besiedelung** des abgelegenen Bezirks bis in minoische Zeit zurück, denn bei *Monastiraki* wurde 1942 eine minoische Anlage mit vielen Magazinräumen freigelegt, die aus dem 2. Jt. v. Chr. stammt. Wie Bronze- und Keramikfunde in der bei *Patsos* gelegenen Antonios-Höhle zeigten, knüpften die Griechen im 1. Jt. v. Chr. nahtlos an spätminoische Kultstätten an, sie weihten die Höhle dem Kult des Hermes Kranios. Im Amari-Tal lag in griechischer und römischer Zeit die Stadt Sivritos und die ununterbrochene Besiedlung in christlicher Zeit bezeugen die Ruinen der Kirchen von *Thronos* und *Vizari* sowie zahl-

Der Strand bei Agia Galini ist schmal, das Ufer steil, der Blick aufs Meer herrlich. Das Fischerdorf hat sich zu einem der beliebtesten Urlaubsorte der Südküste entwickelt

reiche, mit Fresken des 13.–15. Jh. ausgemalte Kapellen.

Das in 500 m Höhe abseits der Durchzugsrouten gelegene Tal zwischen dem Ida-Massiv und dem klotzigen Kedros (1776 m) war in Zeiten besonders harter Unterdrückung mehrfach Rückzugsgebiet für Widerständler (mit meist schlimmen Folgen für die Bevölkerung).

Auf der Fahrt durch das Amari-Tal begeistert bei jeder Straßenbiegung die majestätische Schönheit der **Bergwelt**, die mit dem Grün des quellenreichen Hochtals kontrastiert. Im Frühling, wenn auf den Höhen noch Schneefelder liegen, blühen Wildblumen und Obstbäume; im Frühsommer bieten Kinder am Wegrand die roten Jerikari-Kirschen an; im Sommer zeigt sich die Hügellandschaft als fruchtbarer Garten mit kleinen Feldern, Weinbergen, Olivenhainen und Obstplantagen.

In **Thronos** steht die kleine *Panagia-Kirche* auf den Grundmauern einer frühchristlichen Basilika, deren Fußbodenmosaik sich teilweise erhalten hat und bis auf den Vorplatz fortsetzt. Die Kirche ist innen vollständig ausgemalt. Die Fresken des Altarraums (›Panagia zwischen Erzengeln‹, ›Gastmahl des Abraham‹, ›Verkündigung‹) stammen vom Ende des 14. Jh. und wirken flächig, während die etwas jüngeren Bilder des übrigen Kirchenraums durch feine Farbabstufungen stärkere Plastizität besitzen. An der Südwand beeindruckt Christus auf dem Berg Tabor (›Christi Verklärung‹).

Prächtig ist der Blick von Thronos (und der Akropolis des antiken Sivritos) zum gegenüberliegenden weißen Hangdorf **Kalogeros**. Nur 1,5 km weiter steht außerhalb von **Genna** die *Agios-Onuphrios-Kapelle* mit Fresken von 1329/30, die im realistischen Stil der makedonischen Schule gemalt sind. Bei der in einem ehemaligen Kloster untergebrachten Landwirtschaftsschule von Assomatos kann man über Monastiraki, Amari und Meronas nach Apostoli zurückfahren und in allen diesen Orten eine oder gar mehrere freskengeschmückte Kirchen aufsuchen.

Schlägt man jedoch die Route nach Süden ein, so sind bei **Vizari** die bis zu 2 m Höhe anstehenden Ruinen der dreischiffigen Bischofskirche des 7. Jh. zu entdecken. **Fourfouras** ist dann allen Bergsteigern als Ausgangspunkt für die kürzeste Route auf den Psiloritis (2456 m) ein Begriff.

Badefans fahren weiter nach **Agia Galini** an der steilen Südküste, das sich in den vergangenen Jahren vom kleinen Fischerdorf zum besonders beliebten Ferienort entwickelt hat (viele Mittelklassehotels und Tavernen).

47 Nekropole Armeni

Interessante minoische Felsgräber in einem lichten Eichenhain.

10 km südlich von Rethimnon, westlich der Durchfahrtsstraße 77 (Hinweisschild).
Di–So 8.30–15 Uhr

Die im felsigen Boden versteckte Nekropole wurde erst 1969 entdeckt und gehörte zu einer noch unbekannten spätminoischen Siedlung.

Bisher wurden 280 Gräber freigelegt, die als Familiengrablegen fungierten. Sie stammen aus der Zeit zwischen 1400 und 1200 v. Chr. und gehören alle dem gleichen Typus an: Im leicht welligen Felsboden, den heute ein lichtes Eichenwäldchen bedeckt, führt eine schmale **Treppe** in die Tiefe, an die sich ein 3–5 m langer Gang, der **Dromos**, anschließt. Er endet vor dem (ursprünglich) mit einem mächtigen Stein verschlossenen Eingang. Die rechteckige, aus dem gewachsenen Felsen geschlagene **Grabkammer** besitzt meistens eine Steinbank, ein Grab weist eine Mittelstütze auf. Die in den Boden eingelassenen Grabanlagen wirken wie einfache Variationen mykenischer Kuppelgräber. Interessanterweise sind die Grabeingänge nach Osten zum Berg Vrissinas gerichtet, auf dem ein minoisches Gipfelheiligtum lag. Viele Gräber waren unberührt, als man sie fand, die bemalten *Tonsarkophage* (Larnakes) und *Grabbeigaben* befinden sich heute in den Museen von Rethimnon und Chania. Eine Untersuchung der **Skelette** ergab, dass das Durchschnittsalter der Männer bei 30 und das der Frauen bei 23 Jahren lag.

48 Spili und Moni Preveli

Charmantes Bergdorf mit schönem Brunnen und das wichtigste Kloster der Südküste.

38 km südlich von Rethimnon.

Bei der Fahrt zum Moni Preveli gilt – wie häufig auf Kreta – die Maxime: Der Weg ist das Ziel. Denn schon allein die Anreise ist diesen Ausflug wert. Bei der Straßengabelung vor Koxare sollte man zunächst den Abstecher nach **Spili** unternehmen. Morgens und abends, wenn die Touristenbusse auf der Durchfahrt hier halten, staut sich auf der schmalen Hauptstraße der Verkehr, denn jeder Kreta-Urlauber will die 19 *Wasserspeier* in Löwenkopfform sehen, die Spilis Ruhm ausmachen. In der Tat sprudelt das klare Quellwasser prächtig in das lange, schmale Schöpfbecken. Doch erst außerhalb der Stoßzeiten zeigt sich der wahre Charme des stillen Bergorts, der Bischofssitz ist und ein Priesterseminar beherbergt. Die Häuser sind weinumrankt und

Moni Preveli war das reichste und ist das berühmteste Kloster der Südküste. Hier gab es während der Türkenzeit eine griechische Geheimschule

Blick in das Südschiff der Doppelkirche von Moni Preveli. Kostbarster Besitz ist das Goldkreuz mit einem Splitter vom Kreuz Christi

blumenbunt, die großartige Bergkulisse verleiht dem quell- und baumreichen Ort archaischen Zauber.

Zurück auf der Straße Koxare – Asomatos geht es weiter auf guter Fahrbahn durch die eindrucksvolle **Kourtaliotiki-Schlucht**, an deren Ostflanke (nahe dem Nikolaos-Kirchlein) der Megalopotamos entspringt (= großer Fluss). Er gehört zu den wenigen, auch im Sommer wasserführenden Flüssen Kretas. Am Schluchtende überspannt eine elegante *venezianische Brücke* in hohem Bogen den Fluss, der hier eine mit Zypressen, Steineichen, Johannisbrot- und Ölbäumen begrünte Ebene durchfließt. Die Asphaltstraße umgeht die Brücke und gibt den Blick auf die Ruinen von **Moni Kato Preveli** (auch: Moni Mega Potamou) frei: bleiche Mauern mit leeren Fensterhöhlen, Schornsteine und wie Grillstäbe wirkende Holzbalken, die einst die Raumdecken trugen. Das Kloster wurde im 19. Jh. aufgegeben.

TOP TIPP

Moni Preveli

tgl. 8–13.30, 15.30–19 Uhr

Die asphaltierte Straße umrundet nun die Ostflanke des 420 m hohen, karstigen Bergrückens Timios Stavros und endet vor dem **Moni Preveli**. Das Johannes dem Theologen (Festtag 8. Mai) geweihte *Kloster* liegt einzigartig an einem Hang über dem Libyschen Meer. Wenige Bäume tupfen etwas Grün in die Terrassenanlage und auf die macchiabedeckten Hänge der Felsen, doch gehörte früher ausgedehnter Grundbesitz zum Kloster.

Spätestens im 18. Jh. erfolgte die Gründung, ein Brunnen am Hofeingang trägt die Jahreszahl 1701; die Kirche wurde 1836 errichtet. Bereits während der Türkenzeit war Preveli ein Zentrum des Widerstands. Ein Raum auf der Rückseite diente als ›Geheimschule‹ und Treffpunkt der Aufständischen. Während der deutschen Besatzung konnten sich im Kloster zahlreiche Widerstandskämpfer und Soldaten der Alliierten verstecken und auf ein U-Boot warten, um Kreta zu verlassen. Die Deutschen rächten sich dafür, raubten das Kloster aus und beschädigten die Kirche. Eine Gedenktafel im Hof erinnert an dieses Ereignis.

Kostbarstes Gut der hübschen Ausstattung im zweischiffigen *Katholikon* (Klosterkirche) ist das goldene Kreuz mit einem Splitter vom Kreuz Christi, das eine heilende Wirkung bei Augenkrankheiten haben soll.

Im kleinen *Museum* werden mehrere alte Ikonen, liturgisches Gerät und wertvolle Gewänder gezeigt.

Strand von Preveli

Baden kann man am paradiesischen Preveli-Strand tief unterhalb vom Kloster an der Mündung des Megalopotamos. Von der Straße zum Kloster zweigt links eine deutlich sichtbare Piste zu einem Hügelplateau ab (hier oder an der Straße vorher parken). Nun bergab klettern zum Strand: Herrlich klares, tiefblaues Meer am hellen Kiesstrand, hinter einer Lagune staut sich grün schimmerndes Flusswasser zu einem kleinen See, Palmen säumen flussaufwärts den sich zwischen steilen Felswänden schnell verengenden Talgrund. In der Saison fahren Badeboote von den Nachbarbuchten den ansonsten eher einsamen Strand an. – Einfache Bar vorhanden.

Empfehlenswert ist die *Rundwanderung* ab Asomatos über den Preveli-Strand und zurück (Dauer: 6 Std.).

Praktische Hinweise

Hotel

Green, Spili, an der Dorfstraße,
Tel. 28 32 02 22 25, www.greenhotel.gr.
Haus mit 23 Betten, außerhalb der Saison geschlossen.

»Limni« (See) nennen die Kreter den romantischen Lagunenstrand bei Preveli

49 Panagia-Kirche in Miriokefala

Äußerlich unauffällige Einraumkirche aus der Zeit um 1000 n. Chr. mit Fresken des 11. und 12. Jh.

33 km südwestlich von Rethimnon. Auf der alten Küstenstraße 18 km nach Episkopi (oder zunächst 14 km auf der neuen Küstenstraße E 75, dann 3 km nach Episkopi), dort südwärts über Argiroupolis zum Bergdorf Miriokefala.

Liebhabern byzantinischer Kunst sei ein Ausflug in das Bergdorf Miriokefala empfohlen, der zugleich in eine schöne, unberührte Landschaft führt.

Bei **Argiroupolis** steht ein venezianisches Herrenhaus auf römischen Fundamenten, in der Nähe liegen – auf einem Gelände, das schon in minoischer Zeit besiedelt war – die nicht ausgegrabenen Ruinen der griechisch-römischen Stadt **Lappa** mit einer frühchristlichen Kirche.

Die ehemalige Klosterkirche von **Miriokefala** wurde um das Jahr 1000 von Joannis o Xenos gegründet, der nach dem Ende der Sarazenenherrschaft über Kreta an der Erneuerung des christlichen Lebens mitwirkte. Dem Kloster Miriokefala waren mehrere Nebenklöster unterstellt.

Die der Panagia geweihte Kirche in der Dorfmitte wirkt heute durch Modernisierungsmaßnahmen des 20. Jh. äußerlich enttäuschend. Bauuntersuchungen zeigten, dass sie ursprünglich als kleine Kreuzkuppelkirche (mit Tambour) erbaut wurde und der unverfälscht erhaltenen Agios-Paulos-Kirche an der Südküste (Sfakia, außerhalb von Agios Joannis) gleicht, die ebenfalls eine Gründung von Joannis o Xenos ist. Auffallend sind die verkürzten Kreuzarme im Norden und Süden sowie das um drei Stufen erhöhte Bema (Altarraum). Ein Jahrhundert später wurde dann, etwas schiefwinklig, ein zweijochiges Langhaus angefügt.

Miriokefala: ›Einzug in Jerusalem‹ im westlichen Kreuzarm der Panagia-Kirche

Die *älteren Fresken* der Zeit um 1000 wurden unter mehreren Kalkmörtelschichten des Kernraums entdeckt und sind vor allem in der Kuppel vollständig erhalten (Pantokrator mit Engeln und Propheten). Die Malereien sind deutlich vom späten Makedonenstil in Byzanz beeinflusst: streng hieratische, frontale Darstellung der Heiligen mit klaren Umrissen, welche die Figuren unkörperlich (abstrakt) wirken lassen. Im gleichen Stil sind die Evangelisten Matthäus und Markus am südlichen Kreuzarm dargestellt.

Von den *jüngeren Fresken* (spätes 12. Jh.) sind vier Szenen des Passionszyklus im Tonnengewölbe des westlichen Kreuzarms erwähnenswert, die einen mehr expressiven Stil zeigen: ›Einzug in Jerusalem‹ und ›Judasverrat‹ (Süden); ›Beweinung Christi‹ und ›Christus in der Vorhölle‹ (Norden).

Auf der Rückfahrt kann man einen Abstecher zum Süßwassersee bei **Kournas** unternehmen, auch der Strand des beliebten Badeorts **Georgioupoli** [vgl. Nr. 43] ist nah.

i Praktische Hinweise

Einfache **Kafenia** in Miriokefala und Argiroupolis.

50 Frangokastello

TOP TIPP

Eines der ältesten venezianischen Kastelle: einsam und legendenumwoben.

55 km südwestlich von Rethimnon (über Armeni, Sellia, Rodakino). Oder 80 km südöstlich von Chania (über Vrysses und die Askifou-Hochebene, kurz vor Chora Sfakion nach Osten über Komitades).

Landschaftlich ungemein reizvoll ist die Anfahrt von Osten (Sellia). Die gut ausgebaute Straße zieht kurvenreich am Hang

Wie eine Zwingburg streckt sich das venezianische Kastell Frangokastello vor die Felsküste des Südens. Die Venezianer bekamen das Bergland allerdings nie ganz unter Kontrolle

über dem Meer entlang, berührt weiße Dörfer in Olivenhainen; Bauern reiten auf Eseln, Ziegenherden sind unterwegs; das Meer glitzert silbern im Gegenlicht oder tiefblau in der Mittagssonne – Kreta, wie aus dem Bilderbuch.

Die **Festung** wurde 1371 auf einer flachen, nach Süden vorspringenden Halbinsel nahe an der Küste erbaut und besitzt den typisch rechteckigen Grundriss frühvenezianischer Kastelle [vgl. Ierapetra, Nr. 36]. Damals genügten vier mächtige, aus der Mauerflucht vorspringende Ecktürme und zinnengekrönte Mauern, um Angreifer – Piraten und aufständische Einheimische – in Schach zu halten. Erstaunlich genug, dass die Türken die Burg nicht ›modernisierten‹.

Die Venezianer benannten die Festung nach dem hl. Nikitas, dem in der Nähe (etwas weiter östlich, links der Straße) eine Kapelle geweiht war, bald hieß sie im Volksmund jedoch nur noch ›Frankenkastell‹. Die Burg ist teilweise aus antiken Spolien erbaut und wird von einem Relief des Markuslöwen über dem Südportal bewacht.

Nach dem großen Aufstand von 1826 kam es am 17. Mai 1828 bei Frangokastello zu einer erbitterten Schlacht zwischen aufständischen Kretern und einem türkischen Heer. Angeblich standen 700 Pallikaren gegen die Übermacht von 8000 Türken, die alle Kreter, einschließlich ihres Anführers Chadzimichali Daliani, töteten. Bis heute hält sich der Glaube, dass jedes Jahr im Mai der Geisterzug der Freiheitskämpfer an der Burg vorbeiwallt, und zwar in den frühen Morgenstunden, »wenn der Tau fällt«. Deshalb heißen die in unheimlicher Stille vorbeiziehenden Geister ›Taumänner‹. Nüchtern denkende Zeitgenossen vermuten, dass speziell im Mai wirksame atmosphärische Faktoren Luftspiegelungen verursachen. Wie auch immer, etwas Unheimliches umgibt im zeitigen Frühling die (leere) Burg.

Doch im Sommer sorgen der nahe, feine Sandstrand, an dem auch Kinder sorglos ins Meer gehen können, und viele junge Leute dafür, dass die Geister verschwinden. Der Anblick des von blühendem Oleander umgebenen, von lehmfarbenen Felsen der Südküste überragten Kastells ist besonders vom Meer aus faszinierend.

i Praktische Hinweise

Mehrere einfache Tavernen und Pensionen in nächster Umgebung der Burg.

51 Panagia-Kapelle in Alikambos

Die Fresken im Kirchenschiff schuf der berühmte, viel beschäftigte Maler Johannes Pagomenos (Anfang 14. Jh.).

Auf halbem Weg zwischen Rethimnon und Chania: über Vrysses in Richtung Süden (Chora Sfakion). Nach 5 km: Abzweigung nach Osten, 1 km Alikambos. Die Kapelle liegt vor dem Dorf links in einem aufgelassenen Friedhof.

Zur kleinen Kapelle geht man vom Brunnenplatz an der Straße einen kurzen Weg

Panagia-Kapelle in Alikambos: ›Tempelgang Mariens‹, Fresko von Johannes Pagomenos

bergab. Die nur 6 m lange Panagia-Kirche steht im Schatten großer Eichen; eine Nische im Entlastungsbogen über der Tür und Keramikteller sind der einzige äußere Schmuck der Westfassade, seit bei den kürzlich vorgenommenen Restaurierungsarbeiten die schlichte Glockenarkade entfernt wurde. Auch die weiß gekalkte Putzschicht ließen die Restauratoren abschlagen, sodass nun das ursprüngliche Bruchsteinmauerwerk wieder sichtbar ist. Grabungsberichte über Bodensondierungen im Umkreis der Kirche liegen noch nicht vor.

Wie fast alle Einraumkapellen besitzt die Panagia-Kirche im Osten eine halbkreisförmige Apsis mit Fensterschlitz, im Übrigen erfolgt die Belichtung des tonnengewölbten Rechteckraums über das Portal im Westen. Die Fresken im **Altarraum** (›Christi Himmelfahrt‹, ›Panagia‹, ›Liturgie der Kirchenväter‹) werden nicht Pagomenos zugeschrieben. Dagegen sind die Bilder im Kirchenraum sicher von Johannes Pagomenos gemalt und durch Stifterinschrift auf 1315/16 datiert.

Die **Pagomenos-Fresken** stehen stilistisch zwischen der flächenhaften Körperauffassung der vorangegangenen Zeit und dem neuen Stil der Paläologen, der das Körpervolumen durch sanfte Farbabstufungen betont und stärkeren Realismus anstrebt. Die meisten Bilder sind gut erhalten und von warmer Leuchtkraft, grüne Schatten und helle Lichter betonen die Plastizität der Figuren.

Im **Tonnengewölbe** des Langschiffs, Südseite: ›Geburt Christi‹, ›Judasverrat‹, ›Lazarus‹, ›Christus in der Vorhölle‹. Nordseite: ›Kreuzigung‹, ›Darbringung im Tempel‹, ›Tempelgang Mariens‹, ›Taufe Christi‹.

An der **Westwand** im Giebelfeld das traditionelle Thema ›Marientod‹. Links von der Tür: Konstantin und Helena; rechts: der hl. Mamas (Patron der Hirten). An der Südwand beim Portal: Stifter mit Kirchenmodell und Inschrift.

52 Askifou-Hochebene, Imbros-Schlucht, Chora Sfakion

Großartige, geschichtsträchtige Strecke, auf der typische Landschaftsformen Westkretas durchquert werden.

Von Vrysses 37 km nach Süden zur Hauptstadt der Sfakia.

Auf knappen 40 km zeigt sich die ganze herbe Schönheit Westkretas: kreisrunde Hochebenen im Kranz der Berge, tiefe Schluchten und die felsige Südküste am Saum des Libyschen Meers.

Südlich von Vrysses steigt die Straße in vielen Kurven an und erreicht die kleine **Krapis-Ebene**, hier ist im Süden der Anfang der schmalen, 2 km langen *Katre-Schlucht* zu erkennen, die als ›Thermopylen von Sfakia‹ gilt. Zweimal war sie Schauplatz besonders blutiger Massaker: 1821 und 1866 wurden hier türkische Truppen von kretischen Widerstandskämpfern vollständig vernichtet.

Vom Pass (800 m) bietet sich ein schöner Blick auf die fruchtbare, brettebene **Askifou-Hochebene**, in der vorwiegend Kartoffeln und Getreide angebaut werden. Östlich der Straße liegt auf einem markanten Hügel die Ruine eines *türkischen Kastells*. Im Dunst lassen sich im Westen zwei Gipfel der Lefka Ori (Weiße Berge) – Kastro (2218 m) und Fanari (2190 m) – ausmachen. Das größte Dorf der Ebene, *Askifou*, ist in das Grün von Reben, Nussbäumen und Steineichen gebettet.

Nach dem Passübergang bei Imbros schlängelt sich die Straße in abenteuerlichen Kurven am Westrand der **Imbros-Schlucht** – manchmal unter überhän-

Zu den typischen Landschaftsformen Kretas gehören Hochebenen, deren fruchtbare Erden von den umgebenden Bergen stammen. Auf der Askifou-Ebene (750 m) wächst sogar Wein

gender Felswand – zur Küste hinab. Bis zum Ende des Zweiten Weltkriegs war der Schluchtgrund der einzige Zugang zur Südküste. Ein eindrucksvoller Wanderweg führt ab Imbros durch die vom Bach ausgeschliffene, z. T. nur 2 m breite Felsenschlucht in 21/2 Std. bis Komitades.

Nach Haarnadelkurven und prächtigen Ausblicken gelangt man zum bewaldeten Vorberg über **Chora Sfakion**, den ein Kastell beherrschte. Die Hauptstadt der Sfakia, des Herzens Westkretas, war früher nur über Saumpfade erreichbar und ist heute durch die Nähe zur Samaria-Schlucht fast zu einem Durchgangsort geworden. Einst Zentrum der stolzen, unbesiegten Sfakioten, leben hier heute noch 300 Kreter – vorwiegend vom Tourismus. Wer jedoch das Dorf als Ausgangspunkt für Wanderungen in das Bergland der Lefka Ori (Weiße Berge), nach *Aradena*, *Anopolis* oder zu den *Pachnes-Gipfeln* wählt, wird eine grandiose Bergwelt, gastfreundliche Menschen, einsame Dörfer mit eindrucksvollen Kirchen, kurz: Westkreta in seiner ursprünglichsten Form erleben.

Lange ein Geheimtipp für Insider: Loutro – der bezauberndste Ort der Südküste

Die Sfakioten: Freiheit, Mut, Ehre

»Kreta ist das Herz Griechenlands und das Herz Kretas ist die Sfakia!«, sagen die Sfakioten mit berechtigtem Stolz. Denn die Bewohner der Weißen Berge mit ihrer ›Hauptstadt‹ **Chora Sfakion** wurden während der jahrhundertelangen Fremdbestimmung nie wirklich unterworfen, weder von Sarazenen, Venezianern, Türken, noch von Deutschen. Zu unübersichtlich ist das raue **Bergland**, zu zahlreich sind die weit verzweigten Höhlen und die scheinbar unpassierbaren Schluchten, in denen Einheimische Unterschlupf finden.

Dass die unter extrem harten Bedingungen lebenden **Hirten** und **Kleinbauern** der Sfakia ihren besonderen **Ehrenkodex** besaßen und z.B. Viehraub nicht als Diebstahl ansahen, verschaffte ihnen den Beinamen ›Klephten‹ (Diebe). Doch ihr mutiger und kompromissloser **Widerstand** gegen jegliche Unterdrückung ließ den Namen rasch zur Ehrenbezeichnung für alle Widerständler werden.

Der bekannteste Widerstandskämpfer gegen die Türken war der Sfakiote **Daskalojannis**. Wegen seines Wissens ›Lehrer‹ (Daskalo) genannt, führte der in Anopolis geborene Jannis Vlachos den **Aufstand von 1770/71** an. Unter falschen Versprechungen lockten ihn die Türken nach Iraklion und ließen ihn (im Beisein seines Bruders und – zur Verstärkung der Schmerzen – vor einem Spiegel) bei lebendigem Leib häuten.

Stolz und **Ehre** sind auch innerhalb der Familienverbände höchste Werte. So kann schon der Eindruck persönlicher Kränkung, erst recht jedoch die Verführung eines jungen Mädchens die **Blutrache** auslösen, die noch im 20. Jh. ganze Sippen auslöschte. Auge um Auge, Zahn um Zahn, Tod um Tod gilt für Sfakioten. Dass diese leidenschaftlichen, selbstbewussten und eher wortkargen Gebirgler aber auch besonders hilfsbereit und gastfreundlich sind, können viele Bergwanderer bezeugen.

Ausflug

Zu den malerischsten und noch immer ruhigen Orten der Südküste gehört der kleine autofreie Weiler **Loutro**, der nur aus gut 20 Häusern besteht. Viele Touristen entdecken die von kahlen Bergrücken umgebene Bucht mit dem schmalen, von weißen Häusern gerahmten Strand auf der Bootsfahrt von Agia Roumeli nach Chora Sfakion – einige kommen dann im nächsten Urlaub für mehrere Tage nach Loutro. Hier und in den benachbarten Buchten (Finix-, Lykos-, Marmarabeach) können sie noch in Ruhe träumen und die Seele baumeln lassen. Noch – denn eine Straße wurde bereits geplant. Einstweilen ist der ehemalige Fischerort nur *per Schiff* von Chora Sfakion oder *zu Fuß* erreichbar (steinige Küstenwanderung oder strapaziöser, aber lohnender Weg über Anopolis).

i Praktische Hinweise

Hotels

Top Tipp **Porto Loutro, Loutro, Tel. 28 25 09 14 33, Fax 28 25 09 10 91, www.hotelportoloutro.com. Das reizvoll gelegene Hotel am Hafen mit seiner hübschen Terrasse hat eine Dependance in einem weiteren Haus am Hang etwas oberhalb des Hafens.

Xenia, Chora Sfakion, Tel. 28 25 09 12 02, Fax 28 25 09 14 91. Das Hotel am Landungsplatz mit schönem Blick auf das Meer bietet einige einfache, aber gute Zimmer.

Restaurants

In Chora Sfakion gibt es mehrere kleine Tavernen, in Loutro sind die Tavernen **To Kri Kri** und **Finix** wegen guter Fischgerichte empfehlenswert

53 Chania

Plan Seite 108

TOP TIPP

Bedeutendste, traditionsreichste und liebenswerteste Stadt Kretas vor den ›Weißen Bergen‹.

Chania – von 1851 bis 1972 Kretas Hauptstadt – ist heute mit rund 150 000 Einwohnern die zweitgrößte Stadt der Insel. Mehr als die anderen kretischen Städte besitzt Chania viele gut erhaltene Bauten der venezianischen und türkischen Periode und gilt heute als touristischer Stützpunkt bei der Erkundung West- und Südwestkretas. Mit Flughafen (12 km entfernt auf der Halbinsel Akrotiri) und hervorragendem Naturhafen in der Souda-Bucht ist Chania das zweitwichtigste *Wirtschaftszentrum* Kretas.

Geschichte Seit 1965 nahe des Hafens (Kastelli-Hügel) minoische Straßenzüge freigelegt und Gefäße mit Linear-A- und Linear-B-Inschriften gefunden wurden, ist klar, dass der Ort bereits in der 1. Hälfte des 2. Jt. v. Chr. besiedelt war und dass von hier Handel und Seefahrt betrieben wurden. Auch nach der Zerstörung von Knossos blieb er ein blühendes Gemeinwesen. Funde auf Kastelli beweisen die Fortexistenz in geometrischer, griechischer und römischer Zeit. Die wohlhabende Stadt hieß in der Antike **Kydonia**, angeblich nach dem Volksstamm der Kydonier mit ihrem sagenhaft gastfreundlichen König Kydon; antike Münzen zeigen als Symbol die Quitte (Kydoni).

Im 9. Jh. wurde Kydonia von den Arabern umbenannt und hieß seit der Eroberung durch die Venezianer ab dem Jahr 1252 La Canea. Um 1300 legten die Venezianer einen ersten Mauerring um den Hügel Kastelli, 1537 wurde dann die ganze Stadt nach Plänen des Veroneser Baumeisters *Michele Sanmicheli* ummauert und befestigt. Viele Patrizierhäuser, Kirchen und Schiffshallen sind aus der venezianischen Epoche erhalten. Die Herrschaft der Venezianer endete 1645, als die Türken nach nur 55 Tagen Belagerung Canea eroberten.

Diese widmeten in Folge die meisten Kirchen zu Moscheen um und betrieben von Chania aus die Eroberung Kretas. Ab 1852 wurde die gesamte Insel von hier verwaltet und nach der Befreiung vom Türkenjoch 1898 war Chania Hauptstadt des autonomen Kretischen Staates unter dem Hochkommissar Prinz Georg. Erst 1972 übernahm Iraklion wieder die Funktion der Hauptstadt.

Besichtigung Schon vor Jahren wurde der größte Teil der Altstadt zur Fußgängerzone, viele altstadtnahe Straßen zu Einbahnstraßen erklärt: Wer einen Parkplatz sucht, findet ihn, wenn überhaupt, nur *vor* 16 Uhr. Die gesamte Zone um den **Venezianischen Hafen** ist eine einzige Flanier- und Restaurantmeile, die abends zur Bühne der Einheimischen und Urlauber wird. Porträtisten, Schmuckhändler und Haarflechter haben ihr Publikum, Taverne grenzt an Taverne, die Luft riecht

Chania bietet Denkmäler vor grandioser Kulisse. Hinter den venezianischen Arsenalen am Jacht- und Fischerhafen ragen Glockenturm und Minarett der Nikolaos-Kirche auf

salzig, der Leuchtturm strahlt: kurzum, der Hafen verspricht Ferne, bietet Nähe und gehört zu den reizvollsten Orten Kretas. In den sich anschließenden Gassen locken kleine Souvenir-, Schmuck- und Volkskunstläden und auch hier haben sich in romantischen Ruinen Tavernen eingenistet.

Blickpunkt am Hafen ist die **Janitscharen-Moschee** 1 mit ihren weißen Kuppeln. Der originelle Bau wurde gleich nach der türkischen Eroberung errichtet, lediglich die Strebebögen sind eine spätere Zutat. Es lohnt sich, in den verwinkelten Gassen um den Hafen ohne festen Plan herumzubummeln, denn hier kann man viele einst prächtige venezianische Patrizierhäuser – wenn auch teils in ruinösem, aber dennoch malerischem und fotogenem Zustand – entdecken.

Einen Besuch verdient auch das **Nautische Museum** 2 (tgl. 9–16 Uhr) in der Firkas-Bastion. Es zeigt zahlreiche Schiffsmodelle und Schiffsfotos sowie Panoramen antiker Seeschlachten und besitzt darüber hinaus auch eine interessante Muschelsammlung. Abends finden im Hof des Museums (während der Saison) Vorführungen griechischer Volkstänze statt.

In der Chalidon-Straße 30 ist das **Archäologische Museum** 3 (Di–So 8.30–15 Uhr) in den drei gotischen Schiffen der

Der venezianische Hafen – Chanias Flanier- und Restaurantmeile – abendlicher Treffpunkt von Einheimischen und Touristen

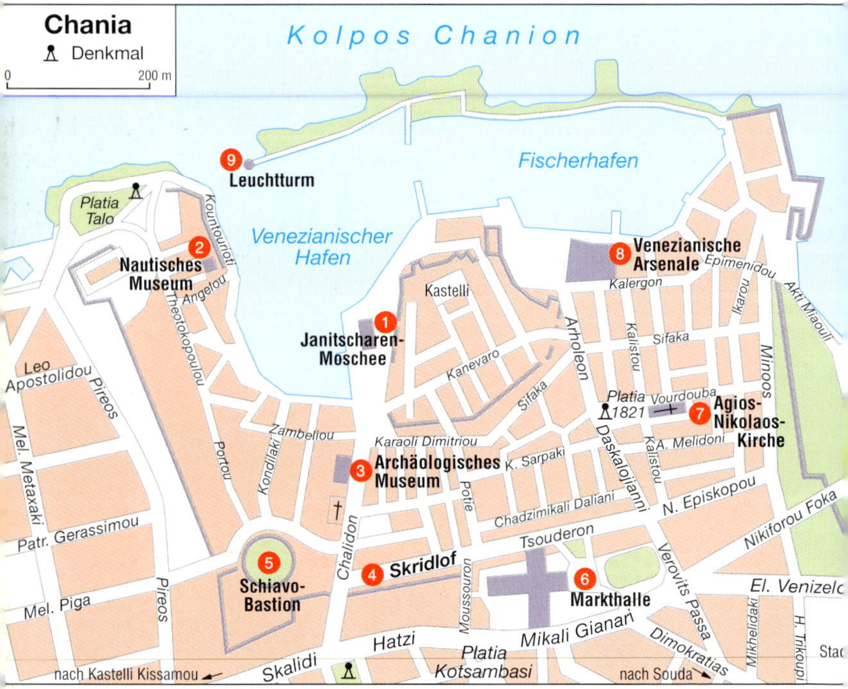

venezianischen San-Francesco-Kirche aus dem 16. Jh. untergebracht.

Im vorderen Bereich der ehemaligen Klosterkirche sind Funde vom *Neolithikum* bis zur *Bronzezeit* ausgestellt, u. a. kykladische und helladische Gefäße, die den Seehandel seit dem 3. Jt. v. Chr. belegen. Besonders interessant sind Siegel und Tontäfelchen mit Linear-A-Inschriften vom Kastelli-Hügel, die im Feuer der Katastrophe von 1450 v. Chr. gebrannt wurden, darunter ein Siegel mit dem Bild einer minoischen Stadt, die von einem Gott beschützt wird. Aus der *spätminoischen Zeit* (bis 1200 v. Chr.) stammen bemalte Larnakes der Nekropole von Armeni [Nr. 47] und Schmuck aus einem Tholosgrab in Phylaki.

Die zweite Gruppe der Exponate im hinteren Kirchenschiff umfasst die Zeitspanne von der *Eisenzeit* bis in *spätrömische Zeit*. Unter ihnen imponiert das Fragment eines Kalksteinfrieses mit Reitern, die einen Tempel angreifen (Anfang 7. Jh. v. Chr.). Ferner Grabstelen und Grabbeigaben, eine sehr schöne Artemis-Marmorstatue vom Diktynna-Heiligtum (Menies), Glasgefäße und römische Fußbodenmosaike des 3. Jh. n. Chr. aus Chania: Eines zeigt Poseidon mit der Nymphe Amymone, das andere Dionysos und Ariadne auf Naxos.

Im kleinen **Museumsgarten** steht – beinah versteckt – das besonders hübsche *Brunnenhaus* einer türkischen Moschee.

Das Archäologische Museum Chanias ist in den gotischen Schiffen der venezianischen San-Francesco-Kirche untergebracht

Etwas weiter südlich folgt an der Chalidon-Straße die Orthodoxe Kathedrale und kurz danach die Gasse **Skridlof** 4, auch Ledergasse genannt, in der ein Ledergeschäft an das nächste grenzt. Von der Handtasche bis zu Sandalen, von der Jacke bis zum Koffer ist hier alles zu haben.

Wendet man sich jedoch nach Westen, so kann man auf die **Schiavo-Bastion** 5 steigen, die einen herrlichen Blick auf die Berge (im Süden) und Hafen und Meer (im Norden) gewährt.

Abwechslung bringt ein vormittäglicher Besuch der riesigen kreuzförmigen **Markthalle** 6 (Di–Sa 7–16 Uhr) an der Platia Sofia Venizelou. Hier kann man den Hausfrauen von Chania beim Einkauf zuschauen oder auch selbst einen Imbiss nehmen und die Basaratmosphäre genießen. Die Halle wurde 1913 erbaut und ist auf Kreta einzigartig.

Im kleinen Park nördlich der Markthalle entdeckt der aufmerksame Stadtwanderer die Spitze eines Minaretts (es liegt in einer Seitengasse und ist nicht zugänglich). Geht man in der Daskalojianni-Straße nach Norden, trifft man am kleinen 1821-Platz auf die ungewöhnlichste Kirche Kretas, ja Griechenlands: die **Agios-Nikolaos-Kirche** 7, die an der Nordseite ihrer Fassade einen Glockenturm, an der Südseite ein Minarett besitzt! Die venezianische Kirche diente in der Türkenzeit als Moschee. Weiter im Norden stößt man auf den Fischerhafen, der zahlreiche **Venezianische Arsenale** 8 aufweist sowie eine lange Mole mit dem schlanken venezianischen **Leuchtturm** 9. Von hier aus hat man gegen Abend den prächtigsten Blick über den Hafen und die Stadt auf die Kette der Weißen Berge.

Das Angebot in Chanias Ledergasse ist so riesig, dass die Auswahl schwer fällt!

Praktische Hinweise

Information

Odos Kriari 40, Chania, Tel. 28 21 09 29 43, Fax 28 21 09 26 24, Mo–Fr 7.30–15 Uhr, Sa und So geschl.

Strände

Strände finden sich in westlicher Richtung von Chania, wo *Agia Marina* und *Platanias* beliebte Urlaubsorte geworden sind.

Hotels

******Amphora**, Parodos Theotokopulu 20, Chania, Tel. 28 21 09 32 24, Fax 28 21 09 32 26, www.amphora.gr. Am Venezianischen Hafen in einem Haus aus dem 13. Jh., 21 mit Antiquitäten eingerichtete Zimmer.

*****Porto Veneziano**, Akti Enosseos, Chania, Tel. 28 21 02 71 00, Fax 28 21 02 71 05, www.porto-veneziano.gr. Hotel in günstiger Lage am Fischerhafen etwas abseits des Rummels, Parkplatz, 57 Zimmer.

*****Doma**, Eleftheriou Venizelou 124, Chania, Tel. 28 21 05 17 72-3, Fax 28 21 04 15 78, www.hotel-doma.gr. Traditionsreiche neoklassizistische Villa im vornehmen Viertel Chalepas mit Meerblick, 25 individuell eingerichtete Zimmer.

*****Samaria**, Platia 1866, Chania, Tel. 28 21 03 86 00. Fax 28 21 03 86 10, www.samaria-hotel.gr. Im Stadtzentrum, etwas laut, 62 Zimmer.

Restaurants

Am venezianischen Hafen vorwiegend Bars. Empfehlenswerte Restaurants in den Gassen der Altstadt.

TOP TIPP **Tamam**, Odos Zabliou 49 (in altem türkischem Bad), Chania, Tel. 28 21 09 60 80. Traditionelle kreti-

Moni Agia Triada wurde im 17. Jh. von dem Venezianer Jeremias Zangarola gegründet

sche Küche, gut und preiswert, täglich wechselnde Speisekarte, Wein vom Fass.

To Karnagio, Platia Katechaki 8, Chania, Tel. 28 21 05 33 66. Am Fischerhafen, gute Fischgerichte.

54 Akrotiri

Mit dem Moni Agia Triada und dem Moni Gouverneto sowie dem Grab von Eleftherios Venizelos eine der wichtigsten Sehenswürdigkeiten Westkretas.

Größte der drei nach Norden vorspringenden Halbinseln Westkretas, nordöstlich von Chania.

Akrotiri heißt ›Kap‹. Vom Meer aus sieht man, dass die vegetationsarme Halbinsel sogar ein sehr eindrucksvolles Kap mit einer Steilküste ist, die bis zu 530 m hoch aufragt. Einsiedlern und Mönchen bot die Felsküste Schutz gegen Seepiraten; die Halbinsel wiederum schützt im Süden die Souda-Bucht und macht diese zum besten Naturhafen Kretas.

Bis vor wenigen Jahrzehnten war die nur langsam nach Norden ansteigende, windige Halbinsel Akrotiri ein einsames, vorwiegend als Weidefläche genutztes Gebiet; hier fanden Mönche Ruhe und hier suchte sich der bedeutendste Politiker Kretas, Eleftherios Venizelos, einen Platz für sein Grab. Heute heulen die Düsenjets des zivilen und militärischen Flugverkehrs über das Kap, denn der **Flughafen von Chania** liegt auf Akrotiri und muss – zusammen mit jenem von Iraklion – den ständig zunehmenden Passagier- und Güterverkehr Kretas bewältigen. Gleichzeitig besitzt hier die **NATO** ihre wichtigste Mittelmeerbasis.

Grabmal von Eleftherios Venizelos

Von Chania fährt man durch den Stadtteil Chalepas, in dem schöne Villen aus der Hauptstadt-Zeit (1851–1972) stehen. Nach 6 km erreicht man die gut ausgeschilderte Anlage in der Nähe der Technischen Universität.

Der im Jahr 1864 bei Chania geborene **Eleftherios Venizelos** war von Beruf Rechtsanwalt und erreichte als Politiker 1913 die ›Enosis‹, die lange ersehnte Vereinigung Kretas mit Griechenland. In der Folge wurde er mehrfach zum *Ministerpräsidenten* Griechenlands gewählt und engagierte sich stark für seine Heimatinsel, auf der er bis heute höchste Verehrung genießt. Venizelos starb 1936, den Platz für sein Grab hatte er bereits zu Lebzeiten in herrlicher Aussichtslage auf dem sog. *Prophet-Elias-Hügel* gewählt. Auch sein Sohn **Sophokles Venizelos** (1894–1964), der ebenfalls mehrfach das Amt eines Ministers und des Ministerpräsidenten bekleidete, erhielt hier seine letzte Ruhestätte.

Beide Politiker ruhen unter schlichten Grabplatten in einer wunderschön begrünten Umgebung: Aleppokiefern spenden Schatten, zwischen Rasenflächen blühen Rosen, Hibiskus und Sommerblumen. Der Ausblick umfasst die Küste von Chania bis zur Halbinsel Rodopou und im Süden die Bergkulisse der Lefka Ori (Weiße Berge).

Moni Agia Triada: Die kostbarsten Ikonen sind heute im kleinen Klostermuseum zu bewundern

Das Moni Gouverneto feiert am 7. Oktober das wichtigste Patroziniumsfest Westkretas

Moni Agia Triada

16 km von Chania entfernt, den Flugplatz rechts liegen lassen, geradeaus weiter (ausgeschildert), 4 km nach Norden, eine Zypressenallee begleitet den Besucher auf dem letzten Kilometer bis zum Kloster
tgl. 6–14 und 17–19 Uhr

Das im Zentrum der Halbinsel liegende Kloster wurde im 17. Jh. von den Venezianern *Jeremias und Laurentzios Zangarola* gegründet, die zum griechisch-orthodoxen Glauben konvertiert waren. Deshalb heißt es im Volksmund auch ›Moni Tzangarolou‹. Die festungsartige Anlage erhält durch die große, zum **Mittelportal** führende Freitreppe einen freundlichen Akzent, früher war natürlich das weit über dem Bodenniveau liegende Portal nicht so leicht zugänglich. Über dem von Halbsäulen und Giebeln gegliederten Renaissance-Portal der Umfassungsmauer erhebt sich der **Glockenturm**, der bei den jüngsten Umbaumaßnahmen von vier Geschossen auf drei verkürzt wurde. Das **Katholikon**, eine Kreuzkuppelkirche mit nach Westen verlängertem Kreuzarm und Narthex, nimmt den größten Teil des Innenhofs ein. Kostbar ist die ganz unter Treibsilber verborgene *Dreifaltigkeits-Ikone*, die Vater und Sohn sitzend unter dem als Taube dargestellten ›Pnevma‹ zeigt. Die ausdrucksstarken *Fresken* entstanden erst Ende des 20. Jh., folgen aber dem traditionellen byzantinischen Bilderkanon. Die holzgeschnitzte Bilderwand stammt aus dem Jahr 1887.

Sehr sehenswert ist das **Museum** mit dem Kirchenschatz, der einen kostbaren goldgestickten *Epitaphios* und die Stola des Gründers aus dem 17. Jh. umfasst, ferner eine *Pergamenthandschrift* der Basilius-Messe aus dem 12. Jh. und u. a. drei Emmanouil Skordilis zugeschriebene *Ikonen* (Mitte 17. Jh.): ›Das Jüngste Gericht‹, ›Christus in der Glorie‹ und ›Maria als Lebensspenderin‹.

Im viel besuchten Kloster leben noch fünf Mönche; das bis 1973 hier untergebrachte Priesterseminar wurde ausgesiedelt. Genaues Hinsehen erfordert der Baum auf der Südseite der Freitreppe, der nach mehrfacher Pfropfung gleichzeitig Orangen, Mandarinen, Zitronen und Limonen hervorbringt.

Moni Gouverneto

Die schmale Straße zum Kloster biegt direkt beim Moni Agia Triada nach Norden ab (ausgeschildert, 4 km) und zieht sich kurvenreich, aber asphaltiert bis an den Rand des Kaps in 400 m Höhe hinauf.
tgl. 8–12.30 und 16.30–19.30 Uhr

Die Anlage des Moni Gouverneto thront auf einem kleinen Plateau und wird von einer Wehrmauer umschlossen, die an den Ecken vier Türme besitzt. Der Kirchenfassade verleihen die auf hohen Postamenten stehenden und im unteren Teil fantasievoll dekorierten Säulen manieristische Züge. Das überkuppelte Gotteshaus (1. Hälfte 17. Jh.) ist der Panagia gewidmet, in den Seitenkapellen werden der Eremit Johannes und die Zehn Heiligen (Agii Deka) verehrt. Die schöne *Ikonostase* wurde aus Marmor gearbeitet. Im dem kleinen dazugehörigen Museum sind mehrere alte Ikonen und Messgewänder ausgestellt.

Nur ein Mönch lebt noch ständig im Kloster. Höchstes **Kirchenfest** ist der 7. Oktober – der Gedenktag des hl. Eremiten Johannes –, an dessen Vorabend bereits viele Gläubige zum Kloster strömen, am Festtag selbst ist die Straße kilometerweit mit Autos zugeparkt. Neben der Glockenarkade der Kirchenfassade wehen dann zwei Fahnen: die griechische und die byzantinische mit dem schwarzen Doppeladler auf gelbem Grund.

Vom Klosterplateau kann man auf steilem Pfad in einer halben Stunde in die Schlucht hinabsteigen und unterwegs die sog. **Bärenhöhle** besichtigen. Eine kleine Marienkapelle am Eingang stellt die in der Antike der Artemis geweihte Höhle (Funde aus römischer und hellenistischer Zeit) in den christlichen Kontext. Ein Stalagmit (Tropfstein vom Boden her) der Höhle soll einem Bären gleichen – Artemis als Herrin der Tiere wurde von der ›Panagia Arkoudiotissa‹ (arkouda = Bär) abgelöst.

An steile Felswände geschmiegt – Moni Katholiko wurde im 16. Jh. zerstört

Am Schluchtgrund stehen schließlich die eindrucksvollen Ruinen des **Moni Katholiko** zwischen fast senkrecht aufragenden Felswänden. Und hier liegt auch das Ziel vieler Pilger: Die *Höhle*, in der Johannes der Eremit um 1100 lebte und starb. Ein Bauer soll den heiligmäßig lebenden Eremiten für ein Tier gehalten und angeschossen haben, worauf sich der Schwerverletzte zum Sterben in die Höhle zurückzog. Diese ist ein recht schmales (10–15 m), ehem. unterirdisches Flussbett und steigt auf 135 m Länge leicht an. Ganz am Ende bildet ein Tropfstein einen kleinen Wandaltar, auf dem die Ikone des viel verehrten Eremiten steht.

Schon im Frühsommer können Ab- und Aufstieg sehr anstrengend sein. Eine gefüllte Wasserflasche ist auf jeden Fall nützlich.

Ein Muss für Kino-Fans ist schließlich **Stavros** (13 km von Chania) an der Nordwestspitze Akrotiris, denn hier wurde die Schlussszene des Films ›Alexis Sorbas‹ gedreht! Hier steht der Berg, den die so eindrucksvoll zusammenbrechende Seilbahn erschließen sollte, und hier tanzte Anthony Quinn den eigens für ihn erfundenen (heute als typisch kretisch geltenden) Sirtaki, den Tanz seines Lebens. Die Badebucht am Fuß des Berges lohnt in jedem Fall den Ausflug.

Sorbas Tanz

Der von Mikis Theodorakis für die Verfilmung des ›Alexis Sorbas‹-Romans komponierte Sirtaki gehört heute zu jedem auf Kreta verbrachten Folklore-Abend, gilt als **der** kretische Tanz. Nur wenige wissen, dass er ein Kunstprodukt ist. Denn der ursprünglichere **Pendosalis**, der ›Fünfschritt-Tanz‹, ist längst nicht so einfach zu beherrschen wie der eigens für Anthony Quinn kreierte Sirtaki.

Getanzt wird bei Familien- und Volksfesten oder im Kentro, einem speziellen Abendlokal. Die Musiker spielen Lyra (die dreisaitige Kniegeige) und Laute, dazu singen sie; der Rhythmus ändert sich kaum, treibt wild und heftig, aber gleichbleibend voran, scheint endlos und monoton.

Theodorakis beschreibt, wie er den **Sirtos Chaniotiki** kennen lernte, der ihn zum Sirtaki inspirierte: »Die Musiker stiegen am Samstagabend auf den Tisch und erst am Montag wieder herunter. In der Zwischenzeit gab es keine Unterbrechung. Und der Rhythmus änderte sich kaum.«

Uralt, schon frühgriechisch, ist die Rolle des **Vortänzers**, der mit gewagten Sprüngen die Reihe der Tänzer anführt. Er fasst mit einer Hand das Tuch, das von wechselnden Mittänzern gehalten wird. Alle Tänzer bleiben stumm und werden von den Zuschauern durch Zurufe angefeuert; es handelt sich zwar um einen Reigen- und Reihentanz, der Kreis wird aber nicht geschlossen.

»Spiele, Fanurios, spiele!«, schreit der junge Schafhirte im Sorbas-Roman dem Musikanten zu, »auf dass der Tod sterben muss.« Und an anderer Stelle ruft Sorbas: »Chef, ich werde dir zuerst den **Seibebiko** beibringen, einen wilden, kriegerischen Tanz. Wir tanzten ihn vor der Schlacht.« Und genauso ist Sorbas' Tanz, der **Sirtaki**: wild, leidenschaftlich, herausfordernd. Selbstaufgabe und Selbstbestätigung, Sieg über den Tod und – schneller und schneller werdend – **Ausdruck des Lebens**. »Ich habe dir viel zu sagen, aber meine Zunge schafft es nicht. Ich werde es dir vortanzen!«, ruft Sorbas, nachdem der Bau einer Materialbahn gescheitert ist.

Die 1050 m hoch gelegene Omalos-Ebene ist Weidegrund – und Ausgangspunkt vieler Bergwanderer

55 Aptera

In der Antike einer der bedeutendsten Stadtstaaten Kretas.

14 km östlich von Chania, ausgeschildert an der alten und neuen Straße. Bei der türkischen Festung Idzedin in engen, asphaltierten Kurven bergauf (1 km) zum Dorf Megala Chorafia und weiter zum neuen Dorf Aptera (2 km). Die Ruinen sind ausgeschildert.

Die *Ruinen* von Aptera (frei zugänglich) stehen in beherrschender Lage im Süden der Bucht von Souda. Man überblickt von hier die drei kleinen Inseln, welche die Zufahrt zur inneren Bucht sperren; auf der größten blieb die *venezianische Festung*, die bis 1715 dem osmanischen Ansturm widerstand, gut erhalten.

Die Stadt Aptera hatte ihre Blütezeit im 3. Jh. v. Chr., ihr Wohlstand gründete sich auf den Seehandel, wobei die Souda-Bucht einen hervorragenden Ankerplatz

für ihre Handelsschiffe bot. Die Ausgrabung Apteras wurde Anfang des 20. Jh. begonnen und vor kurzem wieder aufgenommen. So werden auf der Hügelkuppe eine Straße und ein zweischiffiges Heiligtum freigelegt. Das aufgelassene venezianische **Johannes-Kloster** ragt mit wuchtigem Kirchen- und Refektoriumsbau mitten im Ruinengelände auf. Am sehenswertesten sind die römischen **Zisternen** (ausgeschildert), drei lange, durch Pfeiler getrennte, überwölbte Schiffe (Vorsicht: Einsturzgefahr). An mehreren Stellen des großen antiken Stadtgeländes sind Reste der griechischen **Stadtmauer** und römischer Gebäude erhalten; hinreissend ist der Blick aufs Meer im Norden und die Berge im Süden.

Auf dem Hin- oder Rückweg von Chania aus kann man das gepflegte **Moni Chryssopigi** (tgl. 8–12 und 15–18 Uhr; 2 km östlich von Chania bei Kamaki, ausgeschildert) besuchen. Das von Nonnen bewohnte Kloster unterhält eine Malwerkstatt, die wegen ihrer qualitätvollen Ikonen weithin bekannt ist (Verkauf nach Vorbestellung und Anzahlung).

56 Omalos-Hochebene und Samaria-Schlucht

Kretas berühmteste Wanderroute.

42 km südlich von Chania beginnt die 18 km lange Samaria-Schlucht.

Diese Tour lässt sich am besten mit örtlichen Veranstaltern durchführen (Buchungen in allen größeren Orten). Der Bus fährt die Wanderer nach Xylokastro am Südrand der Omalos-Hochebene. Die sechs- bis siebenstündige Wanderung führt zunächst steil bergab und ist sehr anstrengend, denn der Höhenunterschied beträgt 1200 m. Als eine Alternative bietet sich an, von Agia Roumeli aus lediglich bis zu den ›Eisernen Pforten‹ in die Schlucht hineinzuwandern.

Am Ende des beschwerlichen Weges, am Ausgang der Samaria-Schlucht, warten dann Motorboote auf die müden Wanderer und bringen sie nach Chora Sfakion, von dort fahren Busse zum Ausgangsort zurück. Allein ist man während der Wanderung nicht, denn während der Saison durchqueren täglich mehrere tausend Menschen die Schlucht.

Schon die Auffahrt zur Omalos-Ebene ist ein großartiges Erlebnis, denn von den dunkelgrünen Orangenhainen der Nordküste gelangt man über die silbergrünen Olivenhaine der Bergterrassen nach *Lakki*, wo das dichte Grün der Kiefern, Zypressen und Laubbäume vor dem Hintergrund der kahlen Bergrücken ganz andere Akzente setzt. Dann beginnt die kurvenreiche Bergstrecke durch die vegetationsarmen Felshänge der Lefka Ori (Weiße Berge); Farne, Phrygana, Wacholder bilden grüne Tupfer, Maschendrahtgeschützte Bäume säumen die Straße. Über einen Pass in fast 1200 m Höhe geht es in einigen Serpentinen hinab in die 25 km^2 große, tellerrunde Ebene, deren einziger Ort der Weiler Omalos ist.

Der **Omalos** gehört zu den kretatypischen Hochebenen im Herzen der Berge. Die Einheimischen nennen sie ›Oropedia‹ (Fuß der Berge) und bezeichnen damit auch ihre Entstehung, denn ihr Erdreich wurde von den umliegenden Bergen herabgeschwemmt. Im Frühjahr sammelt sich in den Becken das Wasser und läuft je nach Beschaffenheit des Untergrunds (Karst) unterschiedlich rasch ab. Entsprechend der Höhenlage sind die Hochebenen mehr oder weniger fruchtbar: Die 1050 m hoch liegende Omalos-Ebene ist wie die Nida-Hochebene (1370 m) nur als *Weidegebiet* nutzbar, während auf der Lassithi-Ebene (805 m) Obst, Kartoffeln und Getreide gedeihen.

Im Winter liegen auf dem Omalos bis zu 2 m Schnee, das Schmelzwasser läuft durch den Karsttunnel der (angeblich bis in 2500 m Tiefe reichenden) *Tsanis-Höhle* am Nordrand des Omalos ab.

4 km südlich des Weilers beim 1227 m hoch liegenden Pass Xyloskala (=Holztreppe) beginnt der Einstieg zur viel besuchten **Samaria-Schlucht** (Mai–Okt. tgl. 7–16 Uhr, nach 12 Uhr darf man nicht mehr in die Schlucht hineingehen; Eintrittsgebühr). Seit 1962 ist die Schlucht Nationalpark, daher gilt es Vorschriften (Tafel am Park-eingang) zu beachten. Majestätisch ragt die Steilwand des 2080 m hohen *Gingilos* über dem Beginn der Samaria-Schlucht auf, einen besonders großartigen Blick bietet die Terrasse des Xenia-Restaurants über dem Einstieg. Der Wanderweg führt zunächst in engen Serpentinen am kieferbewachsenen Hang hinab zu einem Aussichtspunkt und weiter bis zur *Kapelle Agios Nikolaos*. Der Weg im Schluchtgrund verläuft im schattigen Flussbett, mächtige Felsblöcke, Platanen und Zypressen bieten ständig neue Eindrücke. Nach der halben Wegstrecke wird in einer Lichtung das verlassene *Dorf Samaria* (heute mit Station des Wärters und Notfall-Telefon) erreicht, dessen Kapelle (Ossia Maria – Sia Maria) für Dorf und Schlucht namengebend war. Die Felswände rücken nun immer enger zusammen, bis sie sich an der engsten Stelle, den *Sideroportes* (›Eisernen Pforten‹), einander auf nur 3 m annähern. Bald danach tauchen die ersten Häuser von **Agia Roumeli** auf, wo man sich nach einer Erholungspause bei einem Bad im Libyschen Meer erfrischen kann.

i Praktische Hinweise

In **Agia Roumeli** gibt es mehrere Kafenia und Tavernen, auch zwei kleine Hotels und Zimmervermietung.

57 Maleme

Zweitgrößter deutscher Soldatenfriedhof in Griechenland.

Von Chania 18 km nach Westen auf der Küstenstraße E 65, gut ausgeschildert beim Hotel Chandris, 1,5 km durch hohe Schilfwände leicht bergan. Ganztägig geöffnet.

Die schöne, schlichte Anlage befindet sich am sanften Hanggelände mit Blick über die Bucht zur Halbinsel Rodopou. Der Friedhof wird während der Saison täglich von mehreren Touristenbussen besucht, nicht nur Angehörige der hier ruhenden deutschen Soldaten kommen, auch Griechen, Australier, Engländer und Amerikaner schreiben in die aufliegenden Gästebücher ihren Namen – mit der Hoffnung, dass dieser Ort ein Mahnmal für den Frieden sein möge.

Während der verlustreichen deutschen Luftlandeaktion auf Kreta im Mai 1941 war das Gelände, auf dem heute der Friedhof liegt, wegen der Nähe zum damals strategisch wichtigen Flugplatz besonders erbittert umkämpft. Die Gebeine von vielen Gefallenen wurden zunächst im Kloster Gonias auf der Halbinsel Rodopou untergebracht. Im Oktober 1974 konnte der

Die ›Eisernen Pforten‹ der Samaria-Schlucht sind die spektakulärste Engstelle der anstrengenden Wanderstrecke

Moni Gonias wurde 1618 gegründet. Die Mönche hüten ein sehr schönes Ikonenmuseum

vom deutschen Verein für Kriegsgräberfürsorge eingerichtete Friedhof eingeweiht werden. Hier sind 4465 deutsche Soldaten bestattet, die meisten wurden nicht älter als 21 Jahre. Der größte deutsche Soldatenfriedhof auf griechischem Boden mit mehr als 10 000 Gräbern liegt in der Nähe von Athen.

58 Moni Gonias

Moni Odigitria

Kloster mit wertvoller Ikonensammlung.

23 km westlich von Chania. In Kolimbari (ausgeschildert ›Moni Gonia‹) nach Norden abbiegen, 2 km.
So–Fr 8–12.30 und 16–20 Uhr, Sa nur 16–20 Uhr. Das Museum wird nach Bedarf geöffnet

Bezaubernd ist schon allein die Lage des Klosters am Fuß der Halbinsel Rodopou, über der Bucht von Kolimbari, wo der Golf von Chania eine Ecke (= gonia) bildet – sie wurde namengebend für das Kloster Moni Gonias.

Geschichte Die Geschichte des Klosters reicht bis in die Mitte des 9. Jh. zurück, damals ließen sich am Nordkap der Halbinsel Rodopou Eremiten nieder, bald darauf wurde am Platz des antiken *Artemis-Diktynna-Heiligtums* ein Kloster gegründet. Nach mehrfachen Überfällen von See zogen sich im 13. Jh. Asketen und Mönche an die innere Bucht, auf das Gelände des heutigen Klosterfriedhofs, zurück.

Aufgrund einer Vision errichtete der **hl. Blasius** von Zypern 1618–34 das Kloster an der heutigen Stelle, die Familie Zangarola [vgl. Nr. 54] unterstützte das Bauvorhaben. In den darauf folgenden Jahrzehnten wurde es von den Türken zweimal niedergebrannt, 1662 wieder aufgebaut und nach Intervention des Patriarchen in Konstantinopel erhielt es sogar die Erlaubnis, eine Schule einzurichten und Priester auszubilden. Wie Arkadi war auch Gonias stets ein Zentrum des kretischen *Widerstands* gegen die Türken, weshalb das Kloster noch mehrfach schwere Verwüstungen erlitt (1822, 1841). 1867 wurde beim Beschuss durch türkische Kriegsschiffe die wertvolle Bibliothek vernichtet.

Auch im Zweiten Weltkrieg war das Kloster Zufluchtsort kretischer Widerstandskämpfer und wurde 1941 von deutschen Truppen schwer beschädigt, die Mönche sogar zeitweilig inhaftiert.

Dennoch war der Abt des Klosters nach dem Krieg bereit, die Gebeine deutscher Soldaten bis zur Umbettung nach Maleme im Klostergelände zu beherbergen. Heute leben noch vier Mönche im Moni Gonias, das nach einer Ikone der Panagia Odigitria (Wegweiserin) auch *Moni Odigitria* genannt wird.

Besichtigung Von außen wirkt das direkt an der Straße stehende Kloster wenig ansehnlich. Neben dem Portal sind noch Marmorkonsolen einer ehemaligen Balustrade in Form springender Löwen erhalten, der *Glockenturm* über der Kirchenfassade entstand 1899. 1634 wurde die Klosterkirche fertig gestellt, Ende des 19. Jh. kamen zwei Seitenschiffe und eine gemeinsame *Vorhalle* im Westen hinzu. Das Katholikon ist im Besitz sehr schöner **Ikonen**: rechts von der Orea Pyli ›Christus Pantokrator‹, daneben ›Johannes d. Täufer‹, links die thronende ›Muttergottes Odigitria‹ (reich mit Votivgaben behängt), neben ihr ›Johannes d. Theologe‹. Alle vier Ikonen wurden 1671 vom Mönch Parthenios gemalt. Aus der Mitte des 15. Jh. stammt ›Christus als Hoherpriester‹ im linken Seitenschiff (vielleicht von Andreas Ritzos), ebenfalls aus dem 15. Jh. eine ›Barmherzige Muttergottes‹ (Panagia Eleousa) im rechten Seitenschiff. Prächtig ist auch der reich geschnitzte Bischofsstuhl. Eindrucksvoll ist schließlich noch das ›Jüngste Gericht‹ mit dem Feuer speienden Rachen des Höllendrachens (im Mittelschiff links).

Das **Museum** bewahrt neben vielen Priestergewändern weitere hervorragende Ikonen, darunter eine ›Nikolaos-Ikone‹ aus dem 15. Jh., ferner eine ›Kreuzigung‹ und ein ›Nikolausbild‹ von Konstantinos Paleokapas (1634 und 1638); die vielfigurige ›Josephsgeschichte‹ von Neilos (1642) u. a. m.

Gegenüber vom Klosterportal steht an der Straße ein recht beschädigter, in gutem Quadermauerwerk errichteter *Brunnen* von 1708.

Kretas originellster Sakralbau – die Erzengel-Michael-Kirche von Episkopi

Knapp einen Kilometer weiter nördlich liegt der moderne Bau der **Orthodoxen Akademie**, in der viele Tagungen, auch mit deutschen Teilnehmern, stattfinden. Die Akademie wurde vom Metropoliten des Bezirks Kissamos, Bischof Ireneos, gegründet, der in den Sechzigerjahren die orthodoxe Kirche den Lebensproblemen öffnete. Er engagierte sich für soziale Fragen und initiierte 1968 die Gründung der volkseigenen Reederei ANEK, die das Monopol der Reeder von Piräus durchbrach.

59 Erzengel-Michael-Rotunde bei Episkopi Kisamou

Die einzige Rotunde Kretas erhebt sich inmitten einer einsamen Landschaft.

Von Chania zunächst 23 km auf der Küstenstraße westwärts nach Kolimbari; in Kolimbari nach Süden über Spilia (3 km) und Drakona in Richtung Episkopi. 2 km südlich Drakona nach rechts auf Feldweg (ausgeschildert), 1 km.

Die Erzengel-Michael-Rotunde – eines der bemerkenswertesten Bauwerke Kretas – steht in der Tradition des römischen Pantheon und der Georgs-Rotunde in Thessaloniki, die Ende des 4. Jh. zu einer christlichen Kirche umgebaut wurde. Wie alle byzantinischen Kirchen überrascht sie durch das Miniatur-Format, besitzt jedoch durch ihre ungewöhnliche Raumlösung und originelle Kuppel eine ganz besondere Ausstrahlung.

Die **Baugeschichte** wird seit 1994 untersucht, offensichtlich steht die Rotunde auf dem Boden einer frühchristlichen Basilika, von der Reste des *Fußbodenmosaiks* (Ranken, Schuppenmuster und Fisch) im südwestlichen Narthex erhalten sind. Aus frühchristlicher Zeit dürfte auch das in den Boden eingelassene *Taufbecken* stammen, das im Südgang erhalten ist.

Die Rotunde entstand entweder noch in vorarabischer Zeit (7./8. Jh.) – also in spätantik-frühchristlicher Tradition –, oder nach Ende der Sarazenenherrschaft (961), jedenfalls sicher noch vor der Jahrtausendwende. Ungeklärt ist, ob der ursprüngliche Bau eine Ringhalle besaß. Besonders interessant ist die **Kuppel**, die im Längsschnitt eine halbe Ellipse zeigt und sich außen mit fünf konzentrischen Mauerringen stufenförmig aufbaut. Der relativ tiefe Mönchschor wurde nachträglich an den Rundbau angefügt.

In späterer Zeit wurde die Rotunde zu einer Kirche über nahezu quadratischem Grundriss erweitert. Der *Freskenschmuck* (vermutlich 10. Jh.) wurde übermalt, erhalten blieben ein wunderschönes Antlitz des Erzengels Michael, einige Heilige und ›Mariä Tempelgang‹.

Die Vermutung, dass die Rotunde als Martyrium erbaut wurde, konnte durch die Untersuchung des Friedhofs vor der Ostapsis nicht bestätigt werden, denn diese Gräber enthalten Opfer eines Massakers aus dem 17./18. Jh.

Auf dem Rückweg kann man die kleine *Agios-Stephanos-Kirche* besuchen, 1 km südlich von Drakona (ausgeschildert, Wagen an der Straße stehen lassen, 10 Minuten Fußweg). Fast noch lohnender ist es, in **Spilia** zur *Panagia-Kirche* über dem südlichen Dorfende zu wandern (20 Minuten) oder zu fahren. Schöner Weg mit Blick auf die Weißen Berge. Die nur 5 m lange Einraumkirche ist vollständig ausgemalt (Fresken sind stark beschädigt). Bei **Kolimbari** übrigens ist einer der ältesten Ölbäume der Welt (2000 Jahre) mit einem Durchmesser von 3,64 m zu bewundern.

i Praktische Hinweise

Ein sehr einfaches Kafenion gibt es in **Spilia**, bessere Tavernen sind in **Kolimbari** zu finden.

60 Anisaraki

In Olivenhaine gebettetes kleines Dorf mit vier byzantinischen Kirchen.

66 km südwestlich von Chania. Zunächst nach Maleme (18 km), kurz nach Maleme Richtung Süden bis Kandanos (44 km). In Kandanos nach Osten bis Anisaraki, 4 km.

Man wird kaum alle vier byzantinischen Kapellen des Ortes ansehen, denn während früher die Dorfkirchen unverschlossen waren, muss nun für jede mühsam der Schlüssel besorgt oder der Betreuer gefunden werden. Doch Freunde der für Kreta so typischen, vollständig ausgemalten Einraumkirchen des 14.–15. Jh. sollten wenigstens die Anna-Kirche besuchen, die eine – auf Kreta höchst seltene – steinerne Ikonostase und die am besten erhaltenen Fresken Anisarakis besitzt. Wer am Hauptplatz in **Kandanos** anhält, muss wissen, dass Kandanos im Zweiten Weltkrieg von deutschen Truppen als Vergeltungsmaßnahme für die Tötung von 25 deutschen Soldaten völlig zerstört wurde. »Es war Krieg«, sagen die Bewohner des wieder aufgebauten Ortes. Am Marktplatz erinnern *Mahntafeln* an diesen grausamen Vergeltungsakt.

In **Anisaraki** führt ein kurzer, von Olivenbäumen beschirmter Hohlweg zur **Agia-Anna-Kapelle** (Hinweisschild) hinab. Im Herbst werden schwarze Kunststoffnetze über den Pfad gespannt, um die herabfallenden Oliven aufzufangen, dann geht man wie durch einen hellen Tunnel zur Kapelle (nur hochwertige Oliven werden von Hand gepflückt, die anderen »pflückt der Wind«, wie die Bauern sagen). Uralte knorrige Ölbäume beschirmen auch die kleine Kirche, die wahrscheinlich auf dem Boden eines früheren Heiligtums steht, denn mehrere monolithische Säulenschäfte liegen auf dem *Vorplatz* im Gras. Über der einzigen Tür im Westen sitzen eine hohe Rundbogennische und eine Glockenarkade. Das überwölbte *Langschiff* der Einraumkapelle ist in zwei Joche unterteilt, besitzt an der Nord- und Südwand je zwei Wandnischen und ist vollständig ausgemalt, wobei die Fresken mit der Vita der hl. Anna sehr schlecht erhalten sind.

In die *Stein-Ikonostase* sind zu beiden Seiten der spitzbogigen Orea Pyli relativ tiefe Nischen mit großflächigen Christus- und Panagia-Fresken eingelassen. Möglicherweise sind die aus Stein aufgemauerten, verputzten Ikonostasen auf Kreta deshalb so selten, weil sie später ›wertvolleren‹ (holzgeschnitzten und vergoldeten) Bilderwänden weichen mussten.

Die *Fresken* zeigen in der Apsis die ›Panagia Platytera‹ (Allumfassende), darunter Kirchenväter, am Triumphbogen das ›Gastmahl Abrahams‹ und eine ›Verkündigung‹, im Gewölbe die ›Himmelfahrt‹. An der Südwand sind im östlichen Blendbogen Demetrios und Theodoros dargestellt; im Bogen daneben Stifter und dazwischen Christus.

An der *Nordwand* sind im östlichen Blendbogen der Erzengel Michael, im westlichen Georg als Reiter, rechts Anna mit dem Marienkind, an den Laibungen der Blendbögen ganzfigurige Heilige zu erkennen, ferner an der Westwand das ›Jüngste Gericht‹ und beidseits der Tür

Das auf einer Halbinsel erbaute Paleochora besitzt zwei ›Gesichter‹: Auf der Westseite lockt ein prächtiger Strand, auf der steilen Ostseite (im Bild) legen die Fischerboote an

Höllenstrafen. Nur fragmentarisch erhalten sind die Fresken des Tonnengewölbes mit dem Anna-Zyklus, durch Stifterinschrift sind die Malereien auf das Jahr 1462 datiert.

Die ebenfalls freskengeschmückte **Panagia-Kirche** liegt oberhalb vom Dorf im Friedhof. Steinstufen führen weiter hinauf zur **Paraskevi-Kapelle**, in deren Apsis ein schönes Christusbild zu bewundern ist. Von beiden Kirchen hat man einen herrlichen Blick auf das üppig bebaute Tal. Schließlich führt mitten im Dorf noch ein langer Weg nach Norden durch alten Olivenbestand zur **Agios-Georgios-Kirche**. Hier sind die um 1400 gemalten Fresken des hl. Georg (stehend und zu Pferde) sowie Demetrios, Konstantin und Helena am besten erhalten.

Im Oktober wird an vielen Plätzen bei Anisaraki und Kandanos **Raki** (kretisch: Tsikoudia) gebrannt, ein klarer Schnaps aus Traubentrester. Nur wer im Besitz der alten einfachen Destilliergeräte ist, darf ihn herstellen. Der vorüberkommende Fremde wird gastlich mit einem Gläschen des noch warmen ›Obstlers‹ bewirtet, dazu gibt es Walnüsse.

i Praktische Hinweise

Am Dorfplatz in Kandanos gibt es eine gute **Taverne**.

61 Paleochora

Kretas südwestlichster Ort, auf einer Halbinsel mit schönem, von Tamarisken gesäumten Strand.

80 km südwestlich von Chania, 18 km von Kandanos.

Die Überraschung ist groß, wenn man von den kahlen Küstenbergen die sichelförmig ins Libysche Meer vorstoßende Halbinsel Paleochora erblickt: Ein herrlicher, breiter **Sandstrand** säumt ihre sanft geschwungene Westküste! Gerahmt von hohen Tamarisken, feinsandig und flach, ist er der schönste Strand der Südküste, ursprünglich bewacht vom *Kastell Selinou*. Die Venezianer erbauten es 1279 auf dem niedrigen Felsplateau an der Südspitze des Dorns; 1539 legte Chaireddin Barbarossa die Festung in Schutt und Asche.

Von hier hat man den schönsten Blick auf den Ort und den ihn im Norden begrenzenden Kranz der hellen Berge. Die Häuser des **Dorfzentrums** an der Ostseite der Halbinsel stocken mächtig auf, denn nicht nur ausländische Rucksack- und Pauschaltouristen haben Paleochora entdeckt, auch Griechen machen bevorzugt hier Urlaub. Und da es keine Sehenswürdigkeiten gibt, steht dem reinen Bade-, Sonnen- und Wandervergnügen nichts im Weg. Am Kai machen Fischer-

und Ausflugsboote fest, die Tavernen haben sich auf den sommerlichen Touristenansturm eingestellt, nur der alte Pelikan interessiert sich nicht für den Rummel, der sich noch verstärken wird, denn ein größerer Hafen wurde an der äußersten Spitze der Halbinsel erbaut.

Ausflüge

Wenn die Windverhältnisse es erlauben, fahren täglich Boote nach **Agia Roumeli**, von wo man ein Stück in die Samaria-Schlucht [Nr. 56] hineinwandern kann. Auch **Sougia** [Nr. 62] und **Elafonisi** [Nr. 65] werden angesteuert und sind für Wanderer interessant.

Freunde byzantinischer Kirchen können Tagesausflüge ins Gebiet um **Kandanos** unternehmen, wo ungewöhnlich viele freskierte Einraumkapellen stehen.

Wöchentlich legen hier mehrfach Schiffe zum südlichsten Punkt Europas – zur Insel **Gavdos** – ab, vielleicht die Insel der Calypso, sicher aber auch Verbannungsort im 20. Jh. Die meisten Bewohner verließen das Eiland wegen zunehmender Trockenheit und übersiedelten nach Paleochora. Der südlichste Vorposten Europas zieht Menschen, die Einsamkeit suchen, magisch an.

i Praktische Hinweise

Hotels

*****Elman**, Pachia Ammos, Paleochora, Tel. 28 23 04 14 12, Fax 28 23 04 14 14, www.elman.gr. Gut geführtes Hotel in Strandnähe. 16 Apartments, im Hochsommer oft von griechischen Familien gebucht.

****Aris Hotel**, Afoi Ar. Liataki, Paleochora, Tel. 28 23 04 15 02, Fax 28 23 04 15 46, www.aris-hotel.gr. Einfaches ruhiges Familienhotel am Rand der Altstadt, 25 Zimmer.

****Dictamo**, Paleochora, Tel. 28 23 04 15 69, Fax 28 23 04 15 81, www.paleochora-holidays.gr. Schlicht und sauber, an der Straße zwischen Strand und Hafenmole, 16 Zimmer.

****Polydoros**, Paleochora, Tel. 28 23 04 11 50, Fax 28 23 04 15 78, www.palbeach.gr. Zentral gelegenes einfaches Haus mit hübschem Patio, 13 Zimmer.

****Rea**, Peraki-Str. (östlich der Ortseinfahrt), Paleochora, Tel. 28 23 04 13 07, Fax 28 23 04 16 05, im Winter Tel./Fax 28 21 09 57 81, www.paleochora-holidays.gr/rea. 14 Zimmer.

Tavernen

Viele Tavernen liegen an der Hauptstraße von Paleochora, die abends für den Autoverkehr gesperrt ist. Empfehlenswerter sind die kleinen Lokale im Zentrum zwischen der westlichen Strand- und der östlichen Uferpromenade.

62 Sougia und Lisos

Antike Stätten, durch die Sougia zu neuem, einfachem Leben erwacht.

An der Südküste zwischen Paleochora und Agia Roumeli. Anfahrt nach Sougia entweder von Chania aus entlang der Westflanke der Lefka Ori über Fournes, Nea Roumata und Moni (69 km) oder von Chania über Maleme und Kandanos (85 km). Von Paleochora aus über Kandanos und Moni (41 km) oder per Boot an der Südküste entlang (während der Saison täglich morgens).

Sougia ist das antike Syia, das Strabo als »Stadt mit gutem Hafen« erwähnt. Syia war Mitglied eines kretischen Städtebundes und diente später als Hafen von Elyros (beim heutigen Rodovani), das seit dem 3. Jh. v. Chr. die bedeutendste Stadt im Südwesten, in byzantinischer Zeit sogar Bischofssitz war. Im 9. Jh. wurden Syia und Elyros von den Sarazenen völlig zerstört.

Vom antiken **Syia** ist bis auf den schönen *Mosaikfußboden* einer frühchristlichen Basilika (in und vor der neuen Dorfkirche) fast nichts zu sehen. Die nur in den Grundmauern erhaltene dreischiffige Basilika wurde im 6. Jh. errichtet, ihre Mosaikreste gehören zu den besten Kretas. Sie zeigen neben geometrischen Motiven Amphoren, ein Reh, Enten und Pfaue. Die Ruinen von zwei weiteren Basiliken und Wohnhäusern östlich vom Flussbett sind noch nicht erforscht.

Nur wenige Familien lebten noch in Sougia, als Rucksacktouristen den breiten Kiesstrand an der Mündung des Flusstals entdeckten. Längst sind neue Häuser mit Zimmervermietung, Kafenia, Tavernen und sogar Discos entstanden. Doch noch ist **Sougia** die idyllische Alternative zum laut und turbulent gewordenen Paleochora. Alles ist überschaubar im kleinen Dorf zwischen den steilen Felswänden der Südküste, und nur wenn der Bus aus Chania kommt (zweimal pro Tag) oder das Schiff aus Paleochora auf der Hin-

Obwohl sich das Dorf Jahr für Jahr vergrößert, kann man an dem breiten Kiesstrand von Sougia noch ruhige und erholsame Ferientage verbringen

und Rückfahrt nach Agia Roumeli an der Mole festmacht, wird tagsüber die Stille für kurze Zeit unterbrochen. Nach einem ereignislosen, heißen und ruhigen Tag am Strand scheint die nächtliche Discomusik länger bleibende Urlauber noch wenig zu stören.

Für Landschafts- und Antikenfreunde ist die gut einstündige, nicht zu anstrengende Wanderung nach Westen zum antiken **Lisos** (auch: Lissos) lohnend. Lisos war ursprünglich Hafenort der von den Dorern gegründeten Stadt Hyrtakina.

Früh wurde die quellenreiche Stätte als Heilbad berühmt und unter den Schutz von Asklepios gestellt. Im unübersichtlichen Gelände sind wenige Ruinen identifiziert (Bäder, Theater), ausgegraben wurde nur das *Asklepios-Heiligtum*, das bis in spätrömische Zeit viel besucht und mit Skulpturen geschmückt wurde (u. a. Pan-Statue und Votivgaben des 3. Jh. v. Chr. im Archäologischen Museum Chania). Der aus Quadern errichtete Tempelbau besaß ein erhöhtes Podium für Kultstandbilder und einen prächtigen, z. T. erhaltenen *Mosaikfußboden* mit Tiermotiven und geometrischen Ornamenten. Das Wasser der Heilquelle wurde unter dem Hofpflaster hindurch zu einem Brunnenbecken dicht unterhalb des Tempels geleitet. Eine breite Treppe führte zum Heiligtum.

Im Norden stand ein spätrömisches Wohn- und Gästehaus, auf dem Abhang im Westen liegen überwölbte *Grabhäuser* aus hellenistisch-römischer Zeit – nicht allen Genesung Suchenden konnte Asklepios helfen.

Was heute Lisos so reizvoll macht, sind die aus Spolien erbauten Kapellen, besonders die *Kyriakos-Kapelle* mit eingemauerten Säulentrommeln, Resten eines Palmettenfrieses und Giebels. Weniger interessant ist ihr Innenraum mit zwei symmetrischen Nischen. Näher am Ufer steht die *Panagia-Kapelle* mit wenigen Freskenresten, auch sie eine Einraumkirche. Die beiden frühchristlichen Basiliken sind noch nicht erforscht, beweisen aber die ununterbrochene Tradition der heiligen Stätte.

i Praktische Hinweise

In Sougia gibt es mehrere **Tavernen**. Hilfreich ist das Reisebüro **Polifimos Travel**, www.sougia.info. Lisos ist unbewohnt.

63 Falasarna Phalasarna

Wenige Ruinen der westlichsten antiken Hafenstadt Kretas und ein feinsandiger, kilometerlanger weißer Strand.

60 km westlich von Chania, über Kissamos nach Platanos. In Platanos zweigt nordwärts die Panoramastraße nach Falasarna ab, 7km.

Noch haben die Anbieter von Pauschalreisen die Westküste nicht entdeckt – zum Entzücken der Freunde unberührter

Natur. Dagegen war die Antike hier spätestens seit nachminoischer Zeit präsent: Bei Platanos wurde beim Bau der Straße ein Grab aus dem Anfang des 1. Jt. v. Chr. gefunden.

Das antike Phalasarna war zunächst Zweithafen der im sicheren Bergland thronenden dorischen Stadt *Polyrhinia*, deren Ruinen (6 km südlich von Kissamos) nur wegen der prächtigen, exponierten Aussichtslage einen Abstecher lohnen (Haupthafen Polyrhinias war das heutige Kastelli Kissamos).

Mit Polyrhinia verband Phalasarna in frühgriechischer Zeit auch die kultische Verehrung der Artemis Diktynna auf der Halbinsel Rodopou; später wurde Phalasarna autonom und prägte eigene Münzen. Noch unter den Römern war der Hafen bedeutend. Die Erdbewegungen des 4.–6. Jh. haben den Hafen im wörtlichen Sinn trockengelegt: Der gesamte Westen Kretas hob sich um 6 m, während der Osten abgesenkt wurde (deutlich sichtbar bei Olous [Nr. 31]).

Der Besuch der antiken Stadt Phalasarna enttäuscht denjenigen, der vor allem Ruinen besichtigen möchte. Denn die weit geschwungene Bucht begeistert durch den flach ins Meer übergehenden Sandstrand von **Falasarna** und die bizarre Felskulisse im Hintergrund, die einst die Küstenlinie bildete. Auf der prächtigen Aussichtsroute von Platanos überrascht beim Blick auf die Bucht, dass auch hier nicht vorwiegend Fischer, sondern Bauern wohnen. In vielen Plastikgewächshäusern reifen Tomaten, Gurken, Frühgemüse, sogar Bananen, die z. T. vom Hafen (Limani) etwas weiter südlich abtransportiert werden.

TOP TIPP

Die **Ruinen** der Stadt liegen im Norden der Bucht, an der Südostseite des kleinen Kaps. Durch die griechisch-römische *Nekropole* kommt man zum Gebiet des ehemaligen *Hafens*, der durch einen Kanal mit dem Meer verbunden war. Felsabarbeitungen, Reste eines Befestigungsturms und Hausruinen sind im Gelände verborgen. Am auffälligsten ist an der Straße der aus dem Felsen gearbeitete ›Thron‹ (Bedeutung ungeklärt).

Schneeweiß auf hohem Felssockel – Moni Chryssoskalitissa im Südwesten Kretas

64 Moni Chryssoskalitissa

Das ›Kloster mit der goldenen Stufe‹ in Kretas äußerstem Südwesten am Meer.

50 km von Chania, an der Südwestküste Kretas. Über Topolia nach Vathi. Die durch ein Tal führende Piste ist asphaltiert und wird inzwischen von Linienbussen (ab Chania und Kissamos), Mietwagen und Mountainbikern befahren. **Wichtig:** Rechtzeitig tanken, an der Südwestküste keine Tankstelle.
tgl. 8.30–12 und 15–18 Uhr

Bei der Anreise von Chania über Kaloudiana durchfährt man südlich vom Bergdorf Topolia die 1,5 km lange **Topolia-Schlucht** mit hoch aufragenden, rostbraunen Felswänden und wild gezackten Spitzen. Am Schluchtende führen Stufen zur 80 m höher liegenden Agia-Sofia-Höhle, die seit neolithischer Zeit benutzt wurde. Der größte Kastanienwald Kretas umringt das Gebiet rund um *Elos* und *Kefali*, hier wird Anfang Oktober ein ›Kastanienfest‹ gefeiert. In dieser Gegend gibt es mehrere freskengeschmückte Einraumkirchen.

Moni Chryssoskalitissa, ›Goldtreppen-Kloster‹, heißt die Abtei am Meer, die jahrhundertelang in größter Einsamkeit Heimat für bis zu 200 Mönche war. Wer das Kloster unvermutet auf hohem Felsensockel schneeweiß in den Himmel ragen sieht und das Gold (Chrysos) vermisst, muss die Legende kennen: Von den 90 Stufen, die zur Kirche emporführen, ist eine aus Gold – aber nur, wer ohne Sünde ist, kann sie sehen! Die Anlage ist ein typisches *Wehrkloster* aus venezianischer

Elafonisi: Feinsandige Lagunen, glasklare Wasserbecken, sanft ins Meer schwingende Küstenlinien unter blauem Himmel – Kretas südwestlichster Strand verführt zum Schwärmen

Zeit. Durch moderne Erweiterungsbauten verlor es allerdings den wehrhaften Charakter. Auf dem Felshügel überragt eine Kapelle die tonnengewölbte Klosterkirche. Das als Bau eindrucksvolle Kloster wird nur noch von einer Nonne und einem Mönch bewohnt.

Die **Klosterkirche** ist Agia Triada (Dreifaltigkeit) und der Koimisis (Tod Mariens) gewidmet; wie die ganze Ikonostase stammen auch die Dreifaltigkeits- und die Koimisis-Ikone neben der Orea Pyli aus dem 19. Jh. Meistverehrte Ikone ist das ganz mit Silber verkleidete und mit vielen Votivgaben behängte *Marienbild* an der Nordwand der Kirche. Es wurde ursprünglich in einer Höhle verehrt. Patrozinium wird am 15. August gefeiert.

Die sich allmählich vergrößernde Streusiedlung **Chryssoskalitissa** war Ausgangspunkt des ›Internationalen Minoa Kelefthos‹, bei dem Kreta von West nach Ost durchquert wurde. Geblieben ist die lückenhafte Ausschilderung als ›Europäischer Fernwanderweg Nr. 4‹ mit rautenförmigen gelb-schwarzen Schildern. Der Wanderweg teilt sich in eine küstennahe Strecke (ideal im Frühjahr und Herbst) und eine im Inselzentrum verlaufende, in 2300 m Höhe führende Bergroute (ideal im Sommer).

i Praktische Hinweise

Einige Kafenia und Tavernen im Ort vorhanden, ebenso einfache Übernachtungsmöglichkeit.

65 Elafonisi

TOP TIPP

Mehrere Kilometer feiner, manchmal leicht rötlicher Sandstrand – ›Kretas Südseestrand‹.

6 km südlich von Moni Chryssoskalitissa, Asphaltstraße vom Kloster bis zum Strand. Von Paleochora aus 4 km Fahrstraße bis Koundoura, dann fünfstündige Wanderung über küstennahe Bergrücken, ca. 10 km. Empfehlenswerter: Tagesausflug per Motorboot ab Paleochora (während der Saison mehrmals täglich).

Seine abgeschiedene Lage hat nicht verhindert, dass zunächst Wanderer von Paleochora, dann Camper den schönen Strand entdeckten. Mancher mag den Sandstrand bei Falasarna vorziehen, andere mögen vom Palmenstrand bei Vaï schwärmen – doch der lange, an manchen Stellen wie eine Lagune wirkende Strand von Elafonisi am Rand der flachen, weit geschwungenen und zerlappten Küste besitzt seinen eigenen Reiz. Der Leuchtturm von Elafonisi setzt vor dem weiten Meer den einzigen senkrechten Akzent.

i Praktische Hinweise

Im flachen Meer kann man zur Insel hinüberwaten. Es existieren einige einfache Tavernen und Kioske am Strand. Quartier sollte man allerdings in Paleochora [Nr. 61] beziehen.

Kreta aktuell A bis Z

Vor Reiseantritt

ADAC Info-Service:
Tel. 0 18 05/10 11 12, Fax 0 18 05/30 29 28 (0,12 €/Min.).

ADAC im Internet:
www.adac.de
www.adac.de/reisefuehrer

Kreta im Internet:
www.travelling.gr
www.culture.gr
www.hotels.gr
www.crete.tournet.gr

Griechische Zentrale für Fremdenverkehr (GZF): www.gnto.gr

Deutschland

Wittenbergplatz 3a, 10789 Berlin,
Tel. 030/217 62 62, Fax 030/217 79 65,
info-berlin@gzf-eot.de

Neue Mainzer Str. 22,
60311 Frankfurt/Main,
Tel. 069/257 82 70,
Fax 069/25 78 27 29, info@gzf-eot.de

Neuer Wall 18, 20354 Hamburg,
Tel. 040/45 44 98, Fax 040/45 44 04,
info-hamburg@gzf-eot.de

Pacellistr. 5, 80333 München,
Tel. 089/22 20 35, Fax 089/29 70 58,
info-muenchen@gzf-eot.de

Österreich

Opernring 8, 1010 Wien,
Tel. 01/512 53 17, Fax 01/513 91 89,
grect@vienna.at

Schweiz

Löwenstr. 25, 8001 Zürich,
Tel. 012 21 01 05, Fax 012 12 05 16,
eot@bluewin.ch

Allgemeine Informationen

Reisedokumente

Reisende aus Deutschland, Österreich und der Schweiz benötigen einen gültigen **Reisepass** oder **Personalausweis**. Für Personen unter 16 Jahren genügt ein Kinderausweis (ab 10 Jahren mit Foto) oder ein Eintrag im Elternpass.

Kfz-Papiere

Nötig sind Führer- und Fahrzeugschein. Die *Internationale Grüne Versicherungskarte* ist sehr zu empfehlen, ebenso Kurzkasko- und Insassenunfallversicherung.

Krankenversicherung und Impfungen

Vor Reiseantritt erhalten gesetzlich Versicherte bei ihrer Krankenkasse seit 2005 die scheckkartengroße Europäische Krankenversicherungskarte, die eine eventuell notwendige ärztliche Behandlung und Versorgung garantiert. Sicherheitshalber empfiehlt sich jedoch der Abschluss einer zusätzlichen Reisekranken- und Rückholversicherung.

Für **Hunde** und **Katzen** ist bei Reisen innerhalb der EU ein gültiger, vom Tierarzt ausgestellter EU Heimtierausweis vorgeschrieben, ebenso Kennzeichnung durch Mikrochip oder Tätowierung. Bis zum Jahr 2011 gelten Übergangsregelungen.

Kreta genießen und erleben leicht gemacht: Griechische Küche am Strand von Kato Zakros **(oben)**, *sportliche Aktivitäten zu Wasser und zu Land* **(Mitte)** *und Entspannung im komfortablen Urlaubsquartier* **(unten)**

Zollbestimmungen

Es ist verboten, **Antiquitäten** aus Griechenland auszuführen!

Reisebedarf für den persönlichen Gebrauch darf abgabenfrei mitgeführt werden. Richtmengen für Reisende aus **EU-Ländern** sind: 800 Zigaretten, 400 Zigarillos, 200 Zigarren, 1 kg Tabak, 10 l Spirituosen, 20 l Zwischenerzeugnisse, 90 l Wein (davon max. 60 l Schaumwein), 110 l Bier. Für Reisende aus **Nicht-EU-Ländern** (z. B. Schweiz) gelten geringere Höchstgrenzen.

Geld

Die gängigen *Kreditkarten* werden in Banken, in Hotels und zahlreichen Geschäften akzeptiert. An zahlreichen Geldautomaten kann man rund um die Uhr Geld abheben. Auch mit der *Postbank SparCard* erhält man an VISA PLUS-Automaten rund um die Uhr Geld.

Tourismusämter im Land

Die griechische Zentrale für Fremdenverkehr, **EOT** oder **Ellenikos Organismos Tourismou** (www.gnto.gr), unterhält in den größeren Orten Kretas wie Agios Nikolaos [Niederlassungen s. ›Praktische Hinweise‹], die allerdings wechselnde und unterschiedliche Öffnungszeiten haben. Das größte EOT-Büro liegt in Iraklion, schräg gegenüber vom Archäologischen Museum, Odos Xanthoudidou 1, Tel. 28 10 24 62 99, Fax 28 10 24 61 05, Mo–Sa 8–14.30 Uhr).

Informationen in englischer Sprache über Flug- und Schiffslinien, Busverbindungen, Hotels u. ä. enthält das rund 500 Seiten starke Monatsmagazin *gtp – Greek Travel Pages*, www.gtp.gr, bzw. die gleichartige Veröffentlichung *Hellenic Travelling*, Tel. 21 09 94 01 09, Fax 21 09 93 65 64, www.travelling.gr

Die **Touristenpolizei** ist bemüht, mit Auskünften zu helfen, besitzt jedoch selten aktuelle Informationen.

Notrufnummern

Polizeinotruf: Tel. 100

Unfallrettung: Tel. 166 (Großstädte), Tel. 151, in Mobilnetzen Tel. 122

Pannenhilfe: Tel. 104 00, die Hilfeleistung ist für ADAC-Mitglieder verbilligt.

ADAC-Notrufstation Athen:
Tel. 21 09 60 12 66 (ganzjährig)

ADAC-Notrufzentrale München:
Tel. 00 49/89/22 22 22
(rund um die Uhr)

ADAC-Ambulanzdienst München:
Tel. 00 49/89/76 76 76
(rund um die Uhr)

Österreichischer Automobil Motorrad und Touring Club
ÖAMTC Schutzbrief Nothilfe:
Tel. 00 43/(0)1/2 51 20 00

Touring Club Schweiz
TCS Zentrale Hilfsstelle:
Tel. 00 41/(0)2 24 17 22 20

ADAC-Partnerklub:
Automobil- und Touringklub von Griechenland **Ellinikí Léschi Periigíseon kai Aftokinítou (ELPA)**, Odos Messogion 395, 153 43 Athen, Tel. 21 06 06 88 00, Fax 21 06 06 89 81

Gesundheit

Bedenken Sie, dass Medikamente teilweise nicht, oder nur in anderer Zusammensetzung bzw. Dosierung als in Deutschland erhältlich sind. Stellen Sie deshalb Ihre individuelle Reiseapotheke zusammen.

Apotheken (*Farmakeíon*) erkennt man an einem grünen Kreuz. Sie sind Mo, Mi und Sa 8.30–14.30 Uhr, Di, Do und Fr 8.30 –13.30 und 17–20 Uhr geöffnet.

Diplomatische Vertretungen

Deutsche Botschaft, Karaoli & Dimitriou 3, 10675 Athen,
Tel. 21 07 28 51 11, Fax 21 07 25 12 05,
www.athen.diplo.de

Deutsches Honorarkonsulat, Paraliakí, Stassi Nr. 13, 73014 Chania-Agia Marina,
Tel. 28 21 06 88 76, Fax 28 21 06 88 76

Deutsches Honorarkonsulat, Odos Dikeossinis 7, 4. Stock, 71202 Iraklion,
Tel. 28 10 22 62 88 Fax 28 10 22 21 41,
honkons@her.forthnet.gr

Österreichische Botschaft, Vass. Sofias 4, 10674 Athen, Tel. 21 07 25 72 70, Fax 21 07 25 72 92, athen-ob@bmaa.gv.at

Österreichisches Honorarkonsulat, Platia Eleftherias u Dedalou 36,
3. Stock, 71201 Iraklion, Tel. 28 10 22 33 79,
Fax 28 10 22 33 79

Schweizer Botschaft, Odos Iassiou 2, 11521 Athen, Tel. 21 07 23 03 64, Fax 21 07 24 92 09, www.eda.admin.ch/athens

Besondere Verkehrsbestimmungen

Höchstgeschwindigkeiten: Pkw innerorts 50 km/h, außerhalb geschlossener Ortschaften je nach Ausschilderung 90 bis 110 km/h, Motorräder innerorts 40, außerorts 70 km/h.

Promillegrenze: 0,5. Für Motorradfahrer und Personen, die den Führerschein noch keine zwei Jahre besitzen, gelten 0,2 Promille.

Autofahrer müssen sich anschnallen, Motorradfahrer einen Helm tragen. Auf Straßen mit gelben Randbegrenzungen und auf ausgeschilderten Vorfahrtsstraßen gilt Parkverbot. Telefonieren während der Fahrt ist nur mit Freisprechanlage erlaubt.

Zeit

Der Zeitunterschied zu Deutschland, Österreich und der Schweiz beträgt ganzjährig plus 1 Stunde.

Anreise

Auto

Umfangreiches **Informations-und Kartenmaterial** können Mitglieder des ADAC kostenlos bei ihren Geschäftsstellen oder unter Tel. 0 18 05/10 11 12 (0,12 €/Min.) anfordern. Im ADAC Verlag sind außerdem die Länderkarten *Kreta* (1:175 000) und *Griechenland* (1:750 000) (www.adac.de/karten) sowie das Reisemagazin *Griechische Inseln* (www.adac.de/reisemagazin) erschienen.

Aus Sicherheitsgründen ist es verboten, auf Fähren Kraftstoff in Kanistern mitzunehmen. In Griechenland kann man an allen Tankstellen **bleifreies Benzin** zu günstigen Preisen kaufen.

Fähre

Mehrere Reedereien bieten Fährverbindungen ab Piräus nach Iraklion und Chania an, empfehlenswert sind ANEK und Minoan Lines (moderne Schiffe). ANEK-Fährschiffe fahren auch ab Triest und Ancona über Korfu nach Igoumenitsa und Patras. Minoan Lines ab Venedig, Ancona und Brindisi nach Igoumenitsa und Patras.

Informationen zu Fährverbindungen und Preisen sind erhältlich bei der Griechischen Zentrale für Fremdenverkehr (GZF), beim ADAC [s. S. 127], bei Seetours international (für Minoan Lines), Neu-Isenburg, Tel. 061 02/81 10 04, Fax 061 02/81 19 13, www.seetours.de oder www.minoan.gr, bei IKON (für ANEK) München, Tel. 0 89/5 50 10 41, Fax 089/59 84 25, www.ikon-reiseagentur.de, sowie in Reisebüros.

Flugzeug

Charterflüge gibt es direkt nach Iraklion und Chania von März bis Ende Oktober.

Linienflüge sollte man ganz besonders zu griechischen Feiertagen (Ostern, Mariä Entschlafung am 15. 8.) rechtzeitig vorbuchen; eine zusätzliche Flughafensteuer wird beim Abflug von Kreta erhoben.

Auf Kreta werden der **Nikos Kazantzakis Airport** (Tel. 28 10 39 71 29) bei Iraklion sowie der **Souda Airport** (Tel. 28 21 08 38 00) bei Chania regelmäßig von Charterflügen angesteuert, weniger häufig sind die Linienflugverbindungen nach Iraklion.

Bank, Post, Telefon

Bank

Banken (*Trápeza*) öffnen meist Mo–Do 8–14 Uhr und Fr 8–13.30 Uhr, in größeren Städten mitunter auch nachmittags.

Post

Postämter (*Tachydromeía*) öffnen meist Mo–Fr 7.30–14 Uhr, in größeren Städten oft auch nachmittags.

Telefon

Internationale Vorwahlen:
Griechenland 00 30
Deutschland 00 49
Österreich 00 43
Schweiz 00 41

In Griechenland wurden die Ortsvorwahlen in die nunmehr zehnstelligen Teilnehmernummern integriert und müssen immer mitgewählt werden.

Am günstigsten sind die halbstaatlichen Telefonämter der **OTE** (*Organismós Tilepikoinonión Elládos*). **Kartentelefone** sind auf Kreta weit verbreitet. An Kiosken und in OTE-Büros bekommt man Telefonkarten. Die Benutzung handelsüblicher **GSM-Mobiltelefone** aller deutschen Netzbetreiber ist auf Kreta möglich.

Einkaufen

Die **Öffnungszeiten** der Geschäfte variieren beträchtlich. Grundsätzlich gilt: Mo, Mi und Sa 8.30–15 Uhr, Di, Do und Fr 8.30–14 und 17.30–20.30 Uhr.

Antiquitäten

Die Ausfuhr von Antiquitäten ist streng verboten.

Bücher

Auf Kreta wird viel deutsch- und englischsprachige Literatur zu speziellen Inselthemen (Geschichte, Botanik sowie Werke kretischer Dichter) angeboten. Lohnend sind die Museumskataloge, speziell die des Archäologischen Museum Iraklion.

Holzschnitzarbeiten

Schnitzarbeiten (Schalen, Löffel) aus Olivenholz gibt es in vielen Souvenirläden.

Ikonen

Alte Ikonen dürfen nicht oder nur unter Sonderbedingungen ausgeführt werden. Gute neue Ikonen werden im Shop des Moni Toplou [Nr. 39] beim Klostereingang und auf Bestellung im Nonnenkloster Chryssopigi [Nr. 55] verkauft.

Keramik

In den Dörfern Margarites und Thrapsano [Nr. 44, 24] lebt die jahrtausendealte Töpfertradition weiter. Die Töpfer haben sich jedoch inzwischen auf kleinere kunsthandwerkliche Ware spezialisiert.

Komboloï

Diese Ketten mit großen oder kleinen Holz-, Glas- oder Plastikperlen, der klassische ›Zeitvertreib für die Finger‹ der Männer, gibt es in allen Größen und Materialien in Andenkengeschäften; traditionell muss die Perlenanzahl ungerade sein, häufig sind es 33.

Kunsthandwerk

Die Organisation kleinerer und mittlerer Kunsthandwerksbetriebe (EOMMECH) unterhält in Iraklion, Chania und Rethimnon Ausstellungsräume, in denen sich potentielle Käufer über das Angebot kretischer Kunsthandwerker informieren können (kein Verkauf).

Lebensmittel und Spirituosen

Zum Mitbringen recht gut geeignet sind **Brote aus Salzteig**. Auf Kreta heißt dieses meist in Form eines Kranzes gebackene Brot ›Paradosíako psomí‹, Geschenkbrot.

Olivenöl gehört seit minoischer Zeit zu den kretischen Grundnahrungsmitteln

Das Brautpaar bekommt es zur Hochzeit, die Braut als Mitgift. Der kretische **Honig** schmeckt nach Kräutern, Sommer und Gebirge. Auf Kreta wachsen ungemein viele **Kräuter**, die teils in der Küche, besonders häufig jedoch als Heilmittel verwendet werden. Alle diese Dinge findet man in der Marktgasse (Odos 1866) in Iraklion und in der Markthalle in Chania.

Eine schöne Erinnerung an Ferientage ist der (nicht auf Kreta hergestellte) Weinbrand **Metaxa**. Er besitzt das Aroma von Pomeranzen und wird in drei Varianten angeboten: mit sieben, fünf und drei Sternen. Empfehlenswert: fünf Sterne. Ferner **Ouzo**, der typische Anisschnaps, den man mit Wasser verdünnt oder pur als Aperitif und Digestif trinkt. Die Mitnahme von **Wein** empfiehlt sich weniger.

Leder

Leder wird in ordentlicher Verarbeitung überall angeboten. Handtaschen, Rucksäcke, Koffer, Gürtel und Schuhe findet man in reicher Auswahl in der ›*Ledergasse*‹, Odos Skridlof, in Chania. Hier ist auch die Maßanfertigung von Schuhen möglich. In Iraklion gibt es im Zentrum mehrere Boutiquen. In Rethimnon findet man viele Läden in der Altstadt.

Messer

Seit Jahrhunderten fertigen die Kreter aus dem Horn der Widder und Ziegenböcke Griffe für Jagdmesser. Heute sind sie direkt in den Werkstätten zu kaufen.

Musik

Kretische Volksmusik wird auf CD, Kassetten und (seltener) auf Langspielplatten angeboten, meist eine Mischung aus Instrumentalmusik und von Lyra (Kniegeige) und Laute begleitete Lieder. Es gibt auch Kompositionen von Mikis Theodorakis, dessen Vorfahren Kreter waren, in vielen Einspielungen.

Schmuck

Interessant ist der nach antiken Vorbildern gearbeitete Gold- und Silberschmuck. Speziell die ›Biene von Malia‹ [s. S. 25] wird in vielen Größen und Materialien angeboten (Tipp: Die Kugel im Körbchen muss frei beweglich sein, die Originalbiene ist 4,8 cm breit.) In Iraklion haben die bedeutenden Juweliere ihre Läden in der Odos Dikeossinis sowie in der Dedalou.

Textilien

Webarbeiten und Stickereien werden in den Dörfern Anogia [Nr. 6] und Axos [Nr. 8], auf der Lassithi-Hochebene [Nr. 27] und in Kritsa [Nr. 33] hergestellt und verkauft, Häkelarbeiten u. a. in Fodele [Nr. 10].

Essen und Trinken

Auf Kreta ist alles einfach, ganz besonders die Küche. Brot, Oliven, Käse, Wasser und Wein – das war und ist die Grundnahrung der Bauern. Wer ›feine‹ Küche sucht, ist auf Kreta am falschen Platz.

Restaurants

Mittags isst man im **Estiatório**, in einer **Psárotaverna** (Fischrestaurant) oder in einer **Tavérna**. Das Estiatório gilt als besseres Restaurant, was nicht bedeutet, dass es in unserem Sinn ›gediegen‹ eingerichtet ist. Zu den für Deutsche überraschendsten Merkmalen griechischer Restaurants, Kafenía und Tavernen gehört ihre ›Ungemütlichkeit‹: kahle, oft grün getünchte Wände, Neonleuchten, wackelige Tische, die im Vergleich zu den Stühlen zu hoch sind. In kleinen Dörfern gibt es oft nur ein **Kafenion**, das Getränke zur Verfügung hat, manchmal macht die Wirtin auch ein Omelett.

Aufgrund des starken Tourismus gleichen sich inzwischen in vielen Orten die Speisenangebote, sogar Fast-Food-Lokale, Pizzerias o. Ä. sind in allen Küstenorten zu finden. Die meisten Lokale haben ihre Speisenangebote auf großen Tafeln mehrsprachig vor dem Lokal angeschrieben und besitzen Speisekarten in Griechisch, Englisch und Deutsch; dennoch hat kein Wirt etwas dagegen, wenn man nach guter alter Sitte erst einmal an der Theke oder in der Küche die Gerichte anschaut, ehe man sie bestellt.

Kretisches Menü

Meist beginnt man mit **Vorspeisen**, z. B. mit *Dolmádes*, mit Reis oder Hackfleisch gefüllten Weinblättern, oder *Jemistés*, gefüllten Paprikaschoten oder Tomaten. Beliebt ist *Koriátiki*, Bauernsalat aus Gurken, Tomaten, Oliven, Zwiebelringen und Féta (weißem Schafskäse). Zum Besteck kommt **Psomí**, Brot, das zusammen mit dem Besteck als *Couvert* berechnet wird.

Leckere **Fleischgerichte** sind *Stifádo*, mit Zwiebeln geschmortes Rindfleisch, oder

Typisches Restaurant in Chania: lauschiger Platz für Romantiker

das auch bei uns bekannte *Suvláki*, Fleischspieß vom Grill, der aus *Arnáki*, Lammfleisch, bestehen sollte, da Rindfleisch oft zäh ist. Häufig gibt es neuerdings Tellergerichte; in guten Restaurants (mit echtem Tischtuch und Servietten) muss man Fleisch und Gemüse einzeln bestellen. Typisch griechische Aufläufe mit Fleisch, die häufig auf der Speisekarte stehen, sind *Mussaká*, ein Auflauf aus Kartoffel- und Auberginenscheiben mit Hackfleisch, oder *Pastítsio*, ein Makkaroni-Hackfleisch-Auflauf.

Bei der Bestellung von **Fisch** (*Psárja*) wichtig: nicht nur zeigen, sondern auch wiegen lassen, oder den genauen Portionspreis erfragen. Fisch ist teuer, kommt oft nicht vom Fischerboot nebenan, sondern tiefgefroren aus Fernost.

Was man unbedingt probieren sollte, ist *Jaúrti me méli*, Joghurt mit Honig. Der **Joghurt** hat 10% Fett, zusammen mit dem Inselhonig ist er eine Delikatesse – und an heißen Tagen ein ideales Mittagessen. *Kalí órexi!* – Guten Appetit!

Getränke

Der griechische **Kaffee** wird meist als Mokka aufgekocht und dampfend heiß in kleinen Tassen serviert. Man trinkt ihn *skétto*, ohne Zucker, *métrio*, leicht gesüßt, oder *glikó*, sehr süß. Wer große Tassen vorzieht, erhält löslichen Kaffee, auch gekühlt als *Neskaffee frappé*.

Süße **Erfrischungsgetränke** und **Mineralwasser** mit und ohne Kohlensäure sind selbst in den Läden der kleinsten Dörfer zu haben.

Unter den **Spirituosen** haben sich die *Metaxa*-Weinbrände international zu einem griechischen Markenzeichen entwickelt. Als Aperitif und auch nach der Mahlzeit trinkt man oft *Oúzo*, Anisschnaps, den man mit *Neró*, Wasser, verdünnen kann (wird dann milchig). Speziell am Abend wird man sich nach einem **Bíra**, Bier (griechische Marke *Mythos* oder europäische Marken in Lizenz wie *Amstel* und *Heineken*), wohl für **Krasí**, Wein, entscheiden, der auf Kreta reichlich gekeltert wird und preiswert ist. Retsína – geharzter Wein, ist selten. Landwein wird in der Taverne meistens offen in kleinen Glaskaraffen serviert. Man trinkt Weißwein (*Áspro krasí*) und Rotwein (*Mávro krasí*). Flaschenweine von der Insel sind ›Minos Palace‹ und ›Myrto‹. *Jiá sas!* – Zum Wohl!

Feste und Feiern

Feiertage

1. Januar (*Protochroniá*, Neujahrstag), 6. Januar (*Theofániá*, Dreikönigstag), Februar/März (Beginn der Fastenzeit mit dem *Katharí Deftéra*, dem Reinen Montag), 25. März (*Ethnikí Yortí Ikostís Pemptís Martíou*, Unabhängigkeitstag), März/ April (*Megáli Paraskeví*, Karfreitag, und *Páscha Anástassi*, Ostern), 1. Mai (*Ergatikí Protomagiá*, Tag der Arbeit), Mai/Juni (*Pentikostí*, Pfingsten), 15. August (*Koímissis tis Theotókou*, Mariä Entschlafung), 28. Oktober (*Epétios tou Óchi*, Gedenktag an die Ablehnung des italienischen Ultimatums 1940), 8. November (*Kretischer Nationalfeiertag*, s. Moni Arkadi, Nr. 45), 25./26. Dezember (*Christoúgenna*, Weihnachten).

Feste

Zu den genannten Feiertagen kommen die vielen **Heiligen- und Märtyrer-Gedenkfeste**, die in allen jeweiligen Patronatskirchen und Klöstern gefeiert werden. Auf den Hauptgottesdienst folgt ein fröhliches Volksfest mit gutem Essen, Musik und Tanz.

Januar

7.1.: **Fest Johannes des Täufers** (Prodromos = Vorgänger).

Ostern, das höchste griechische Fest, verbringt jeder Kreter in seinem Heimatdorf

April

23.4.: **Heiliger Georg**. Ihm sind auf Kreta besonders viele Kirchen geweiht. Er gilt auch als der Schutzpatron der Bauern.

Das **Osterfest** ist das bedeutendste Fest Griechenlands und hat den Stellenwert, den bei uns Weihnachten besitzt. Jeder Grieche versucht, zu den Feiern in seinem Heimatort zu sein; auch zahlreiche Auslandsgriechen kommen zu Besuch nach Kreta. Obwohl der Ostertermin der Ostkirche ebenso festgelegt wird wie in der westlichen Christenheit (erster Sonntag nach dem Frühlingsvollmond), differieren die Termine häufig, da die Ostkirche die Gregorianische Kalenderreform nicht mitvollzogen hat. **Ostertermine:** 23. April 2006 – 8. April 2007 – 27. April 2008

Mai

8.5.: **Johannes der Theologe**.

21.5.: **Konstantin und Helena**.

Juni

24.6.: **Geburt Johannes des Täufers**. Sonnwendfest, auf den Bergen viele Feuer. Hirten benachbarter Regionen feiern bei Lyraspiel und Gesang.

29.6.: **Petrus und Paulus**.

August

6.8.: **Verklärung Christi**. U. a. Feier auf dem Jouchtas [Nr. 4], die ersten Trauben werden zur Kapelle gebracht.

15. 8.: **Mariä Entschlafung** (offizieller Feiertag). In zahlreichen Klöstern großer Festtag, z. B. Kloster Gonias [Nr. 58], Moni Chryssoskalitissa [Nr. 64].

25. 8.: **Titustag**. Große Prozession in Iraklion [Nr. 1] zu Ehren des Schutzpatrons und ersten Bischofs der Insel.

29. 8.: **Enthauptung Johannes des Täufers**, zweitägiges Fest auf der Halbinsel Rodopou.

31. 8.: **Fest der Gürtelspende Mariens**. Wird besonders auf der Lassithi-Hochebene [Nr. 27] gefeiert.

September

14. 9.: **Kreuzaufrichtung**, wird vorwiegend im Gebirge gefeiert, so auf dem Psiloritis (Ida) und dem Afendis Stavromenos (Thripti-Berge).

Oktober

7. 10.: **Johannes der Eremit**, Fest und Prozession von Moni Gouverneto [Nr. 54] zur Höhle, in welcher der Eremit lebte.

November

11. 11.: **Heiliger Minas**, Schutzpatron Iraklions, wird in einer Prozession geehrt (Große und Kleine Minaskirche in Iraklion [Nr. 1]).

Dezember

6. 12.: **Heiliger Nikolaus**, Schutzpatron der Häfen und Kinder, besonders gefeiert in Agios Nikolaos [Nr. 30].

Klima und Reisezeit

Von November bis März ist es auf Kreta kühl und oft regnerisch, viele Hotels haben geschlossen, andere heizen nicht. Ein Winterreiseziel für Wärmebedürftige ist Kreta daher nicht, obwohl die Prospekte viele Sonnentage versprechen. Tatsächlich kann man am Mirabello-Golf oder im südlichen Ierapetra Weihnachten bei Sonnenschein verbringen – nur muss man sich dann warm anziehen.

Wer einen echten **Wanderurlaub** plant, sollte die Frühlingsmonate März/April wählen, wenn alle Hänge grün sind und überall Wildblumen blühen. Allerdings sind manche Schluchten wegen des Wasserstands dann noch unpassierbar, so ist etwa die berühmte Samaria-Schlucht von November bis Ende April geschlossen. Nicht zu heiß ist meistens auch der September bis in die erste Oktoberwoche. Danach können Regenfälle die Wanderung unterbrechen, dennoch ist auch der Oktober noch ein guter Wandermonat.

Mai und September sind ideale Monate für **Studienreisende**, die ein großes Besichtigungsprogramm absolvieren wollen, denn es ist selten zu heiß.

Wer einen **Badeurlaub** plant, sollte zwischen Ende Mai und Ende September kommen: Das Meer besitzt angenehme Temperaturen (Juni–Ende September 22 bis 24° Celsius), die Lufttemperatur liegt normalerweise zwischen 24° und 30° Celsius. Im Binnenland kann es sehr heiß sein, an der Küste weht jedoch meistens ein erfrischender Wind. Übrigens: In Griechenland wird Baden ›oben ohne‹ in vielen Touristenorten mittlerweile geduldet.

Klimadaten Kreta

Monat	Luft (°C) min./max.	Wasser (°C)	Sonnen-std./Tag	Regen-tage
Januar	9/16	16	3	12
Februar	9/16	15	5	7
März	10/17	16	6	8
April	12/20	16	8	4
Mai	15/23	19	10	2
Juni	19/27	22	12	1
Juli	22/29	24	13	0
August	22/29	25	12	0
September	19/27	24	10	2
Oktober	17/24	23	7	6
November	14/21	20	6	6
Dezember	11/18	17	4	10

Kultur live

Theateraufführungen, Tanzveranstaltungen und Konzerte kann man vorwiegend in den Universitätsstädten der Nordküste erleben. Iraklion bietet neben wechselnden Kunstausstellungen in der Markoskirche im Rahmen seines *Kulturfestivals* (Mitte Juni–Mitte September) verschiedene kulturelle Veranstaltungen. Das *Renaissance-Festival* in Rethimnon wird Mitte Juli–Mitte August abgehalten. Das *Internationale Kulturfestival* in Chania findet Ende Mai statt. Kleinere Folkloreveranstaltungen mit typischen Tänzen zu kretischer Musik kann man in vielen Orten auf der Insel bei Feiern miterleben [siehe auch Feste und Feiern, S. 132].

Nachtleben

Mondänes Nachtleben gibt es lediglich in den Spitzenhotels von *Elounda*. Dagegen findet man in allen größeren Urlaubszentren Discos, die Pop, Rock, Techno und (in Chania und Rethimnon) auch Lasershows bieten. Stimmungsvoller sind die Gewohnheiten der Kreter: Sie treffen sich spätabends in den Lokalen der Paralia (Uferstraße) oder in den lauschigen Innenhöfen der Altstadt. Hier findet man auch die Restaurants mit kretischer Musik: Gesang zu Bouzouki, Lyra und Gitarre. Oft beginnen die Gäste zu tanzen [siehe ›Sorbas Tanz‹, S. 114].

Sport

Auf Kreta kann man Aktivurlaub zu Wasser und zu Land auf unterschiedlichste Weise machen.

Surfen

Das Surfzentrum an der Nordküste liegt bei *Rethimnon*. Da der Wind hier nicht so heftig bläst, sind Surf-Anfänger in einer der zahlreichen Schulen am besten aufgehoben. Bretter können ausgeliehen werden. Fortgeschrittene Surfer treffen sich in Plakias, Ierapetra und Matala an der Südküste.

Segeln

Ports of Entry für Jachten sind die Hafenstädte der Nordküste, eine Inselumseglung sollten nur erfahrene Segler riskieren.

Die **ADAC-Sportschifffahrt** – der größte Wassersportverein in Europa – bietet AdAC-Mitgliedern zahlreiche Leistungen an und berät in allen Fragen rund um die Wassertouristik, u.a. auch zum Chartern eines Bootes oder einer Segelyacht (www.adac.de/sportschifffahrt).

Tauchen und Schnorcheln

Tauchen mit Sauerstoffflaschen ist genehmigungspflichtig. Tauchkurse bieten die großen Hotels in Agia Pelagia, Elounda und Rethimnon. Schnorcheln ist überall erlaubt. Besonders reizvoll ist es, bei Elounda nach den Überresten der antiken Stadt Olous zu schnorcheln.

Wandern

Neben der Samaria-Schlucht [Nr. 56], gehören Touren durch die Rouwas- [Nr. 11] und die Imbros-Schlucht [Nr. 52] zum Beeindruckendsten, was Kreta zu bieten hat. Reiseveranstalter bieten geführte Wanderungen an. Landschaftlich schön sind auch die Lefka Ori, die Weißen Berge Westkretas. In Ostkreta ist die Lassithi-Hochebene ideal für Touren zu Fuß. Eine leichtere Wanderung führt durch das Tal der Toten von Zakros nach Kato Zakros [Nr. 42]. Vom späten Frühjahr bis zum Herbst zieht der Ida trainierte Bergwanderer an, die ihn von der Nida-Hochebene aus besteigen [Nr. 7]. Interessant ist auch der die Insel durchquerende Europäische Fernwanderweg Nr. 4 [s. S. 125]. **Achtung:** Nicht immer stimmen Wegmarkierungen und Wanderkarten überein.

Mountainbiking

Es ist schön, die bergige Insel mit dem Fahrrad zu erkunden – bei entsprechender Kondition. Drahtesel kann man in den meisten Touristenzentren mieten. ›Hellas Bike Travel‹ hat in mehreren Orten Zweigbüros. Leichtere Touren sind die in den Regionen um Chania und Rethimnon im Norden oder bei Ierapetra im Süden.

Statistik

Geographie: Kreta ist mit 8335 km² die größte griechische Insel und die fünftgrößte des Mittelmeers. Die Südküste liegt auf dem 35. Breitengrad und damit südlicher als Tunis. Höchste Erhebungen sind Ida-Gipfel (2456 m) und Pachnes (2453 m). Mit 255 km Länge und 13–55 km Breite gehört Kreta zum seismisch sehr aktiven Südrand der Ägäis (schwere Erdbeben 1929 und 1992).

Bevölkerung: Die 601159 Kreter (2001) sind die gesündesten Europäer! Das ergab eine Studie der EU, welche als Gründe die einfache Ernährung und den reichlichen Verzehr kaltgepressten Olivenöls vermutet. Fast alle Kreter gehören der griechisch-orthodoxen Religion an. 75% der Bevölkerung wohnen im Norden.

Verwaltung: Kreta ist einer von zehn griechischen Regierungsbezirken mit Iraklion als Hauptstadt (294312 Einwohner, 2001). Die Insel wird in vier Verwaltungsbezirke, sog. Nomoi, unterteilt und besitzt eine Universität (in Iraklion und Rethimnon) sowie eine Polytechnische Hochschule (in Chania).

Wirtschaft: Traditionell ist die Landwirtschaft mit ca. 50% der Erwerbstätigen wichtigster Wirtschaftszweig, Exportgüter sind Oliven, Wein, Rosinen, Zitrusfrüchte und Frühgemüse. In den Bergregionen wird Viehzucht betrieben (Schafe und Ziegen). Profitabelster Bereich ist heute der Tourismus. 1,5 Mio. Besucher kommen jährlich auf die Insel.

Unterkunft

Apartments

Das Angebot an Ferienwohnungen und Apartments wird in den Prospekten der Pauschalreiseveranstalter jedes Jahr immer größer. Während der Hochsaison empfiehlt sich die Vorausbuchung.

Camping

Wildes Campen ist nicht erlaubt und wird mit hohen Geldstrafen geahndet. Die meisten Campingplätze Kretas haben eine solide, durchschnittliche Sanitärausstattung. In der Hauptsaison ist eine Voranmeldung ratsam. Empfehlenswert ist die Mitnahme der Camping Card International (CCI), die oft als Grundlage für Preisreduzierungen dient. Sie gilt ein Jahr und kann bei den ADAC-Geschäftsstellen beantragt werden. Eine Beschreibung geprüfter Campingplätze bietet der jährlich erscheinende **ADAC Camping-Caravaning-Führer**, Band Südeuropa, der auch als CD-Rom erhältlich ist (www.adac.de/campingfuehrer).

Die Griechische Zentrale für Fremdenverkehr [s. S. 127] schickt auf Anfrage eine Campingplatz-Liste zu.

Hotels

Hotels und Ferienapartments sind bei Pauschalreiseveranstaltern am günstigsten; die meisten Hotels bieten Zimmer mit Halbpension an. Für Individualreisende empfiehlt sich die Vorausbuchung, speziell für Hotels am Strand. Abseits der Strände lassen sich in der Vor- und Nachsaison fast immer Zimmer (mit und ohne Frühstück) finden.

Die Zimmerpreise werden zwar amtlich kontrolliert, können aber je nach Saison beträchtlich schwanken. Reservieren kann man entweder direkt beim jeweiligen Hotel oder über **Hellenic Chamber of Hotels**, Stadiou 24, 10564 Athen, Tel. 21 03 31 00 22, Fax 21 03 22 54 49.

Privatzimmer

Viele Einheimische bieten Zimmer in ihren Privathäusern und damit eine günstige Unterkunftsmöglichkeit an.

Verkehrsmittel im Land

Bus

Busse verbinden relativ regelmäßig alle größeren Orte miteinander. Fahrpläne und Preise bei den örtlichen Touristen-Informationsbüros und an den Busbahnhöfen. Tickets werden vor der Abfahrt am Busbahnhof gekauft, in kleineren Orten beim Busfahrer (keine Kreditkarten).

Mietwagen

Viele Straßen sind Staubpisten, die nach Winterregen ausgewaschen und holprig sind. Im Binnenland sind auch die asphaltierten Straßen kurvenreich, daher höchstens als *Tagespensum* 100 km einplanen. Auf Bergstraßen vor Kurven hupen. In allen touristischen Zentren können Urlauber ein Auto mieten. Allerdings müssen sie mindestens 21 Jahre alt sein und den Führerschein bereits länger als 12 Monate besitzen. Vor Vertragsabschluss sollte man den Wagen auf seinen Zustand hin überprüfen. Neben lokalen, oft billigeren Autoverleihern unterhalten alle internationalen Firmen Niederlassungen. Für Mitglieder bietet die **ADAC Autovermietung GmbH** günstige Bedingungen. Buchungen über Geschäftsstellen oder unter Tel. 0 18 05/31 81 81 (0,12 €/Min.).

Taxi

Die Preise für bestimmte Strecken, z. B. Flughafen–Iraklion, werden behördlich festgelegt (Tabelle im Taxi zeigen lassen). Innerhalb der Städte auf Einschalten des Taxameters achten. Bei weiteren Strecken, z. B. für einen Tagesausflug zu Dörfern im Binnenland, unbedingt vor Fahrtbeginn Preis für Fahrt plus Wartezeit aushandeln. Die Preise liegen etwas unter dem deutschen Preisniveau.

Schiff und Motorboot

Von Iraklion und Chania aus werden ein- bis zweitägige **Schiffsreisen** auf die Kykladeninsel Santorin angeboten. Empfehlenswert sind auch **Motorbootausflüge** zu abgelegenen Badestränden und vorgelagerten Inseln.

Sprachführer

Griechisch für die Reise

Das Wichtigste in Kürze

Ja / Nein	Nä / 'Ochi	Ναι / Όχι
Bitte / Danke	Paraka'lo / Efchari'sto	Παρακαλώ / Ευχαριστώ
Entschuldigung!	Si'gnomi	Συγνώμη!
Wie bitte?	O'riste	Ορίστε;
Ich verstehe Sie nicht.	δen sas katala'wäno	Δεν σας καταλαβαίνω.
Können Sie mir bitte helfen?	Bo'rite na me woi'θisete, paraka'lo	Μπορείτε να με βοηθήσετε, παρακαλώ;
Das gefällt mir (nicht).	A'fto (den) mu a'ressi	Αυτό (δεν) μου αρέσει.
Ich möchte …	'θelo …	Θέλω…
Haben Sie …?	'Echete …	Έχετε… ;
Wie viel kostet …?	'Posso kostisi …	Πόσο κοστίζει…;
Kann ich mit Kreditkarte bezahlen?	Bo'ro na pli'rosso me pistoti'ki 'karta	Μπορώ να πληρώσω με πιστωτική κάρτα;
Wie viel Uhr ist es?	Ti 'ora 'inä	Τι ώρα είναι;
Guten Morgen!	Kali'mera	Καλημέρα!
Guten Tag!	Kali'mera / 'Chärete	Καλημέρα! / Χαίρετε!
Guten Abend!	Kali'spera	Καλησπέρα!
Gute Nacht!	Kali'nichta	Καληνύχτα!
Hallo! / Grüß Dich!	Jassu	Γεια σου!
Wie ist Ihr Name, bitte?	Poss 'inä to 'ono'ma sas, paraka'lo	Πώς είναι το όνομά σας, Παρακαλώ;
Mein Name ist …	To'ono'ma mu 'inä …	Το όνομά μου είναι…

Wochentage

Montag	δe'ftera	Δευτέρα
Dienstag	'Triti	Τρίτη
Mittwoch	Te'tarti	Τετάρτη
Donnerstag	'Pempti	Πέμπτη
Freitag	Paraske'wi	Παρασκευή
Samstag	'Sawwato	Σάββατο
Sonntag	Kiria'ki	Κυριακή

Monate

Januar	Ianu'arios	Ιανουάριος
Februar	Fewru'arios	Φεβρουάριος
März	'Martios	Μάρτιος
April	A'prilios	Απρίλιος
Mai	'Maios	Μάϊος
Juni	'Iunios	Ιούνιος
Juli	'Iulios	Ιούλιος
August	'Awgustos	Αύγουστος
September	Se'ptemwrios	Σεπτέμβριος
Oktober	O'ktowrios	Οκτώβριος
November	No'emwrios	Νοέμβριος
Dezember	δe'kemwrios	Δεκέμβριος

Zahlen

0	mi'den	μηδέν	19	δekae'nnia	δεκαεννιά
1	'ena	ένα	20	'ikossi	είκοσι
2	'Dio	δύο	21	ikossi'ena	εικοσιένα
3	'tria	τρία	22	ikossi'dio	εικοσιδύο
4	'tessera	τέσσερα	30	tri'anta	τριάντα
5	'pente	πέντε	40	sa'ranta	σαράντα
6	'exi	έξι	50	pe'ninta	πενήντα
7	e'fta	επτά	60	e'xinta	εξήντα
8	o'chto	οκτώ	70	ewδo'minta	εβδομήντα
9	e'nnia	εννιά	80	o'gδonta	ογδόντα
10	'deka	δέκα	90	ene'ninta	ενενήντα
11	'enteka	έντεκα	100	eka'to	εκατό
12	'δodeka	δώδεκα	200	δia'kossia	διακόσια
13	δeka'tria	δεκατρία	1000	'chilia	χίλια
14	δeka'tessera	δεκατέσσερα	2000	'δio chili'ades	δύο χιλιάδες
15	δeka'pente	δεκαπέντε	10000	'δeka chili'ades	δέκα χιλιάδες
16	δeka'exi	δεκαέξι	100000	eka'to chili'ades)	εκατό χιλιάδες
17	δekae'fta	δεκαεφτά	1/2	mi'sso	μισό
18	δekao'chto	δεκαοχτώ	1/4	'ena 'tetarto	ένα τέταρτο

Wie geht es Ihnen?	Poss 'isste	Πώς είστε
Auf Wiedersehen!	A'dio	Αντίο!
Tschüs!	'Jassu	Γεια σου!
gestern / heute / morgen	Chtess / 'simera / 'awrio	Χτες / σήμερα / αύριο
am Vormittag /	Pro messi'mwrias /	προ μεσημβρίας /
am Nachmittag	me'ta messi'mwria	μετά μεσημβρία
am Abend / in der Nacht	to 'wraδi / ti 'nichta	το βράδυ / τη νύχτα
um 1 Uhr / um 2 Uhr ...	stiss 1 i 'ora / stiss 2 i 'ora ...	στις 1 η ώρα / στις 2 η ώρα ...
um Viertel vor (nach) ...	pa'ra 'tetarto (kä) ...	παρά τέταρτο (και) ...
um ... Uhr 30	stiss ... 'ora kä 30	στις ... ώρα κα ι30
Minute(n) / Stunde(n)	le'pto(a) / 'ora(es)	λεπτά / ώρα (ες)
Tag(e) /Woche(n)	i'mera(es) / ewδo'mada(es)	ημέρα (ες) / εβδομάδα (ες)
Monat(e) / Jahr(e)	'minas(es) / 'etos(i)	μήνας (ες) / έτος (η)

Unterwegs

Nord / Süd /West / Ost	Wo'rras/'Notos/'δissi/Anato'li	Βορράς / Νότος / Δύση / Ανατολή
geöffnet / geschlossen	ani'chto / kli'sto	ανοιχτό / κλειστό
geradeaus / links /	ef'θia / ariste'ra /	ευθεία / αριστερά
rechts / zurück	δexi'a / 'piso	δεξιά / πίσω
nah / weit	ko'nta / makri'a	κοντά / μακριά
Wie weit ist ...?	'Posso makri'a 'inä ...	Πόσο μακριά είναι ...;
Wo sind die Toiletten?	Pu 'inä i tua'letes	Πού είναι οι τουαλέτες;
Wo ist die (der) nächste ...	Pu 'inä i(o) e'pomeni(os) ...	Πού είναι η(ο) επόμενη (ος) ...
Telefonzelle /	tilefoni'kos 'θalamos /	τηλεφωνικός θάλαμος /
Bank /	'trapesa /	τράπεζα /
Geldautomat /	a'ftomato chri'maton /	αυτόματο χρημάτων /
Post /	tachiδro'mio /	ταχυδρομείο /
Polizei?	astino'mia	αστυνομία;
Bitte, wo ist ...	Paraka'lo pu 'inä ...	Παρακαλώ πού είναι ...
der Fährhafen /	to li'mani ton feri'bot /	το λιμάνι των φεριμποτ /
der Flughafen?	to aero'δromio	το αεροδρόμιο;
Wo finde ich ...	Pu θa wro ...	Πού θα βρω ...
eine Bäckerei /	'enan 'furno /	έναν φούρνο /
ein Lebensmittelgeschäft /	'ena ka'tastima tro'fimon /	ένα κατάστημα τροφίμων /
den Markt?	tin ago'ra	την αγορά;
Ist das der Weg/	'Inä af'tos o 'δromos /	Είναι αυτός ο δρόμος /
die Straße nach ...?	i o'dos ja ...	η οδός για ...;
Ich möchte mit ...	'θelo na 'pao me ...	Θέλω να πάω με ...
dem Bus/	to leofo'rio /	το λεωφορείο /
der Fähre/	to feri'bot /	το φεριμπότ /
dem Flugzeug	to aero'plano	το αεροπλάνο
nach ... fahren.	sto ...	στο ...
Wo ist ...	Pu 'inä ...	Πού είναι ...
das Fremdenverkehrsamt /	i turisti'ki ipire'sia /	η τουριστική υπηρεσία /
ein Reisebüro?	'ena turisti'ko gra'fio	ένα τουριστικό γραφείο;
Ich suche eine Hotelunterkunft.	'Psachno δiamo'ni se xenodo'chio.	Ψάχνω διαμονή σε ξενοδοχείο.
Ich möchte eine Anzeige	'θelo na ipo'walo 'minisi	Θέλω να υποβάλω μήνυση.
erstatten.		
Man hat mir ...	'Kapios mu 'eklepse ...	Κάποιος μου έκλεψε ...
Geld / die Tasche /	'chrimata / tin 'tsanta /	χρήματα / την τσάντα /
die Papiere / die Schlüssel /	ta charti'a / ta kliδi'a /	τα χαρτιά / τα κλειδιά /
den Fotoapparat /	tin fotografi'ki micha'ni /	την φωτογραφική μηχανή /
den Koffer gestohlen.	tin wa'litsa	την βαλίτσα.

Bank, Post Telefon

Ich möchte Geld wechseln.	'θelo na a'llaxo 'chrimata	Θέλω να αλλάξω χρήματα.
Brauchen Sie meinen	Chri'asesste tin ta'ftoti'ta mu	Χρειάζεστε την ταυτότητά μου;
Ausweis?		

Hinweise zur Aussprache

' die nachfolgende Silbe wird betont
δ wie englisches ›th‹ in ›the‹, mit der Zungenspitze hinter den Zähnen
θ wie englisches ›th‹ in ›thank‹, mit der Zungenspitze zwischen den Zähnen

Ich möchte eine Telefonverbindung nach …	θa 'iθela tilefoni'ki 'sinδesi gia …	Θα ήθελα τηλεφωνική σύνδεση για…
Haben Sie … Telefonkarten / Briefmarken?	'Echete … tile'kartes / gramma'tossima	Έχετε … τηλεκάρτες / γραμματόσημα;

Tankstelle

Wo ist die nächste Tankstelle?	Pu 'inä to e'pomeno pra'tirio kaf'simon	Που είναι το επόμενο πρατήριο καυσίμων;
Ich möchte … Liter …	θa 'iθela … 'litra …	Θα ήθελα … λίτρα …
Super / Diesel / bleifrei / verbleit.	'super / 'disel / a'moliwδi / moliwδu'cha.	σούπερ / ντίζελ / αμόλυβδη / μολυβδούχα.
Volltanken, bitte.	Ge'miste, paraka'lo	Γεμίστε, παρακαλώ.
Bitte prüfen Sie …	Paraka'lo e'legxte …	Παρακαλώ ελέγξτε …
den Reifendruck /	tin 'piesi stis 'rodes /	την πίεση στις ρόδες /
den Ölstand /	tin 'stathmi la'dion /	την στάθμη λαδιών /
den Wasserstand /	tin 'stathmi ne'ru /	την στάθμη νερού /
die Batterie.	tin bata'ria	την μπαταρία.

Panne

Ich habe eine Panne.	'Echo 'wlawi	Έχω βλάβη.
Der Motor startet nicht.	O kini'tiras δen a'nawi	Ο κινητήρας δεν ανάβει.
Ich habe kein Benzin.	Den 'echo ka'tholu we'nsini	Δεν έχω καθόλου βενζίνη.
Gibt es hier in der Nähe eine Werkstatt?	I'parchi e'δo ko'nta 'ena sine'rgio	Υπάρχει εδώ κοντά ένα συνεργείο;
Können Sie mein Auto abschleppen?	Bor'ite na rimoulk'isete to aftok'int'o mu?	Μπορείτε να ρυμουλκήσετε το αυτοκίνητό μου;
Können Sie mir einen Abschleppwagen schicken?	Bo'rite na mu 'stilete 'ena rimu'lko	Μπορείτε να μου στείλετε ένα ρυμουλκό ;
Können Sie den Wagen reparieren?	Bo'rite na epidio'rθosete to a'maxi	Μπορείτε να επιδιορθώσετε το αμάξι;
Bis wann?	'Mechri 'pote	Μέχρι πότε;
Ich möchte ein Auto mieten.	'θelo na eniki'aso 'ena afto'kinito	Θέλω να ενοικιάσω ένα αυτοκίνητο.
Was kostet die Miete …	'Poso ko'stisi to e'nikio …	Πόσο κοστίζει το ενοίκιο …
pro Tag /	tin i'mera /	την ημέρα /
pro Woche /	tin ewδo'mada /	την εβδομάδα /
mit unbegrenzter km-Zahl /	cho'ris periori'smo chilio'metron /	χωρίς περιορισμό χιλιομέτρων /
mit Kaskoversicherung /	me 'pliri a'sfalia /	με πλήρη ασφάλεια /
mit Kaution?	me e'ngiisi	με εγγύηση;
Wo kann ich den Wagen zurückgeben?	Pu bo'ro na epi'strepso to a'maxi	Πού μπορώ να επιστρέψω Το αμάξι;

Unfall

Hilfe!	Wo'ithia	Βοήθεια!
Achtung! / Vorsicht!	Proso'chi	Προσοχή!
Rufen Sie bitte schnell …	Fo'naxte paraka'lo 'grigora …	Φωνάξτε παρακαλώ γρήγορα …
einen Krankenwagen /	'ena nosokomia'ko /	ένα νοσοκομειακό /
die Polizei /	tin astino'mia /	την Αστυνομία /
die Feuerwehr.	tin piroswesti'ki	την Πυροσβεστική.
Es war (nicht) meine Schuld.	(δen) 'eftäxa	(Δεν) έφταιξα.
Ich brauche die Angaben zu Ihrer Autoversicherung.	Chri'asomä ta stichia tis a'sfalias tu aftoki'nitu sas	Χρειάζομα τα στοιχεία της ασφάλειας του αυτοκινήτου σας.
Geben Sie mir bitte Ihren Namen und Ihre Adresse.	'δoste mu paraka'lo to 'ono-'ma kä tin di'efθi'nsi sas	Δώστε μου παρακαλώ το όνομα και την διεύθυνσή σας.

Krankheit

Können Sie mir einen Arzt/Zahnarzt empfehlen?	Bo'rite na mu ipo'δixete 'enan ja'tro / oδo'ntiatro	Μπορείτε να μου υποδείξετε έναν γιατρό / οδοντίατρο;
Wann hat er Sprechstunde?	Pi'es 'ores 'dechetä asθe'nis	Ποιες ώρες δέχεται ασθενείς;
Wo ist die nächste Apotheke?	Pu 'inä to e'pomeno farma'kio	Πού είναι το επόμενο φαρμακείο;

Ich brauche ein Mittel gegen … Durchfall / Fieber / Insektenstiche / Kopfschmerzen/Verstopfung/ Zahnschmerzen.	Chri'asomä 'ena 'farmako gia … δi'aria / pire'to / 'tsimpima e'ntomu / pono'kefalo / δikili'otita / po'noδonto	Χρειάζομαι ένα φάρμακο για.... διάρροια / πυρετό / τσίμπημα εντόμου / πονοκέφαλο / δυσκοιλιότητα / πονόδοντο.

Im Hotel

Können Sie mir bitte ein Hotel empfehlen?	Bo'rite na mu si'stisete 'ena xenodo'chio	Μπορείτε να μου συστήσετε ένα ξενοδοχείο;
Ich habe bei Ihnen ein Zimmer reserviert.	'Echo 'klisi se sas 'ena δo'matio	Έχω κλείσει σε σας ένα δωμάτιο.
Haben Sie …	'Echete …	Έχετε …
ein Einzelzimmer /	'ena mo'noklino δo'matio /	ένα μονόκλινο δωμάτιο /
ein Doppelzimmer …	'ena 'δiklino δo'matio …	ένα δίκλινο δωμάτιο …
mit Dusche /	me dus /	με ντους /
mit Bad …	me 'banio …	με μπάνιο …
für eine Nacht /	ja 'mia 'nichta /	για μία νύχτα /
für eine Woche?	ja 'mia ewδo'mada	για μία εβδομάδα ;
Was kostet das Zimmer …	'Posso ko'stisi to do'matio …	Πόσο κοστίζει το δωμάτιο..
mit Frühstück /	me proi'no /	με πρωϊνό /
mit Halbpension?	me 'ena 'jewma	με ένα γεύμα;

Im Restaurant

Ich suche ein gutes / günstiges Restaurant.	'Psachno 'ena ka'lo / fti'no estia'torio	Ψάχνω ένα καλό / φτηνό εστιατόριο.
Herr Ober! / Kellner! / Bedienung!	'Kirie serwi'tore / Ga'rson	Κύριε σερβιτόρε! / γκαρσόν!
Die Speisekarte, bitte.	Paraka'lo ton ka'talogo fagi'ton	Παρακαλώ τον κατάλογο φαγητών.
Haben Sie vegetarische Gerichte?	'Echete fagi'ta ja fito'fagus	Έχετε φαγητά για φυτοφάγους;
Rechnung! / Bezahlen, bitte!	Ton logaria'smo / Na pli'rosso, paraka'lo	Τον λογαριασμό / Να πληρώσω, παρακαλώ!

Essen und Trinken

Baklava	Bakla'was	Μπακλαβάς
Bauernsalat	Cho'rjatiki sa'lata	Χωριάτικη σαλάτα
Bier	'Bira	Μπύρα
Brot / Brötchen	Pso'mi / pso'maki	Ψωμί / ψωμάκι
Butter	'Wutiro	Βούτυρο
Ei	Aw'go	Αυγό
Essig	'Xiδi	Ξύδι
Fisch	'Psari	Ψάρι
Flasche	Bu'kali	Μπουκάλι
Fleisch	'Kreas	Κρέας
gegrillt	psi'meno sti s'chara	Ψημένο στη σχάρα
Gemüse	Lachani'ka	Λαχανικά
Glas	Po'tiri	Ποτήρι
Huhn	Ko'topulo	Κοτόπουλο
Käse	Ti'ri	Τυρί
Kaffee	Ka'fes	Καφές
Knoblauch	'Skordo	Σκόρδο
Lamm	A'rni	Αρνί
Milchkaffee	Ka'fes me 'ghala	Καφές με γάλα
Mineralwasser (mit / ohne Kohlensäure)	Metalli'ko ne'ro (me / choris anθraki'ko)	Μεταλλικό νερό (με / χωρίς ανθρακικό)
Nachspeise	Epi'δorpio	Επιδόρπιο
Obst	'Fruta	Φρούτα
Öl	'Ladi	Λάδι
Pfeffer	Pi'peri	Πιπέρι
Salz	A'lati	Αλάτι
Tee	'Zai	Τσάϊ
Vorspeisen	Orekti'ka	Ορεκτικά
Wein	Kra'si	Κρασί
Zucker	'Sachari	Ζάχαρη

Register

J

K

L

M

N

O

P

Q

R

Bildnachweis

Umschlag-Vorderseite: Agia Galini – weiße Fassaden über kleinem Hafen.
Foto: Ernst Wrba, Wiesbaden

Titelseite
Oben: Bilderbuch-Insellandschaft am malerischen Mirabello-Golf (Wh. von S. 65)
Mitte: Die ›Damen in Blau‹ bezaubern die Besucher von Knossos (Wh. von S. 7)
Unten: Verträumte Idylle am Hafen von Loutro (Wh. von S. 105)

Karin de Cuveland, Bornheim: 131 – *Franz Marc Frei/laif, Köln:* 9 unten, 65, 78, 81 – *Rainer Hackenberg/laif, Köln:* 5 ganz oben, 5 zweites von oben, 10 Mitte, 11 oben, 18/19, 29, 37 Mitte, 48/49, 51, 53, 62/63, 66, 67, 88, 91 unten, 93, 98, 102, 103, 105 oben, 134, Umschlag-Rückseite Wanderungen – *Gerold Jung, Ottobrunn:* 6/7 unten, 7 oben, 9 oben, 32 unten, 64, 105 unten, 126 Mitte rechts – *laif, Köln:* 126 oben (Raach), 126 Mitte links (Henglein-Klover) – *Knut Liese, Ottobrunn:* 2 ganz oben, 6 unten links, 8 (3), 10 oben, 11 unten, 12, 13 oben, 14, 15 (2), 16 oben, 21, 25 unten, 26 unten, 27, 31, 33, 35, 37 oben (2), 37 unten (2), 39 (2), 42 (2), 45, 46, 50, 54, 55 (2), 56, 59 (2), 61 (2), 69 (2), 71, 72, 73, 74, 75, 77 (2), 84, 85, 90, 91 oben, 95 (2), 96/97, 99, 100, 101, 104, 106, 107, 108/109, 109 unten, 111, 112 unten, 113, 114/115, 117, 118, 123, 125 – *Gregor M. Schmid, Gilching:* 23 – *Wilkin Spitta, Loham/Mariaposching:* 17, 24, 25 oben, 26 oben, 32 oben, 110, 121, 126 unten – *Ernst Wrba, Sulzbach/Taunus:* 52, 124, 133 – *Erica Wünsche, Fischbachau:* 13 unten, 47, 79, 83, 112 oben, 119

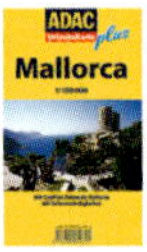

Ägypten
Algarve
Allgäu
Amsterdam
Andalusien
Australien
Bali und Lombok
Barcelona*
Berlin*
Bodensee
Brandenburg
Brasilien
Bretagne
Budapest
Bulgarische Schwarzmeerküste
Burgund
Costa Brava und Costa Daurada
Côte d'Azur
Dalmatien
Dänemark
Deutschland, City Guide
Dominikanische Republik
Dresden*
Dubai, Vereinigte Arabische Emirate, Oman
Elsass
Emilia Romagna
Florenz
Florida
Französische Atlantikküste
Fuerteventura
Gardasee
Germany, City Guide
Golf von Neapel
Gran Canaria
Hamburg*
Hongkong und Macau
Ibiza und Formentera
Irland
Israel
Istrien und Kvarner Golf
Italienische Adria
Italienische Riviera
Jamaika
Kalifornien
Kanada – Der Osten
Kanada – Der Westen
Karibik
Kenia
Kreta
Kuba
Kykladen
Lanzarote
London*
Madeira
Mallorca*
Malta
Marokko
Mauritius und Rodrigues
Mecklenburg-Vorpommern
Mexiko
München*
Neuengland
Neuseeland
New York*
Niederlande
Norwegen
Oberbayern
Österreich
Paris*
Peloponnes
Piemont, Lombardei, Valle d'Aosta
Polen
Portugal
Prag*
Provence
Rhodos
Rom*
Rügen, Hiddensee, Stralsund
Salzburg
Sardinien
Schleswig-Holstein
Schottland
Schwarzwald
Schweden
Schweiz
Sizilien
Spanien
St. Petersburg
Südafrika
Südengland
Südtirol*
Sylt
Teneriffa*
Tessin
Thailand
Toskana
Tunesien
Türkei-Südküste
Türkei-Westküste
Umbrien
Ungarn
USA-Südstaaten
USA-Südwest
Usedom
Venedig*
Venetien und Friaul
Wien*
Zypern

* auch als ADAC Reiseführer Plus mit CityPlan bzw. UrlaubsKarte

Impressum

Lektorat und Bildredaktion:
Johannes Graf v. Preysing
Aktualisierung: Astrid Rohmfeld
Karten: Mohrbach Kreative Kartographie, München
Satz: Filmsatz Schröter GmbH, München
Herstellung: Martina Baur
Druck, Bindung: Druckerei Uhl, Radolfzell

Printed in Germany

Ansprechpartner für den Anzeigenverkauf:
Komunalverlag, München

ISBN 3-87003-697-4
ISBN 3-89905-290-0

Neu bearbeitete Auflage 2005

Leserforum

Die Meinung unserer Leserinnen und Leser ist wichtig, daher freuen wir uns von Ihnen zu hören. Wenn Ihnen dieser Reiseführer gefallen hat, wenn Sie wichtige Hinweise zu den Inhalten haben – Ergänzungs- und Verbesserungsvorschläge, Tipps und Korrekturen – dann schreiben Sie uns:

Redaktion ADAC Reiseführer
ADAC Verlag GmbH
81365 München
verlag@adac.de